中國史料로 보는 百濟

양종국 지음

서 경

● **양 종 국**

부여 출생
공주대학교 사학과 교수
공주대학교 백제문화연구원장 겸 백제문화연구소장
『宋代 士大夫社會 研究』(1996), 『송대 중국인의 과거생활 – 배움의 가시밭길 – 』
(2001) 등 중국사 관련 저서와 번역서 및 『백제멸망의 진실』(2004), 『백제부흥운
동사연구』(공저, 2004)를 비롯한 백제사 관련 저서와 논문 다수를 발표하였다.

초판 인쇄일 | 2006년 5월 25일
초판 발행일 | 2006년 5월 30일

저　　자 | 양종국
발 행 인 | 김선경
발 행 처 | 도서출판 서경문화사
편　　집 | 김현미
표　　지 | 김윤희
필　　름 | 안문화사
인　　쇄 | 한성인쇄
제　　책 | 반도제책사
등록번호 | 1–1664호
주　　소 | 서울시 종로구 동숭동 199–15 105호
전　　화 | 02–743–8203, 8205
팩　　스 | 02–743–8210
메　　일 | sk8203@chollian.net

ISBN 89–86931–97–4　　93900

※ 파본은 본사나 구입처에서 교환하여 드립니다.

정가　10,000원

"史料가 없으면 歷史도 없다"는 말이 나올 만큼 歷史에서 史料가 지니는 중요성은 크다. 韓國史, 東洋史, 西洋史 등 모든 분야의 歷史學 研究에서 연구자들이 史料의 調査, 收集, 分類, 分析 등 史料와 관련된 문제 때문에 여러 가지 어려움을 겪으면서도 그것을 극복하기 위해 노력을 다하고 있는 것 역시 이와 같은 이유 때문이다. 다시 말해 史料의 確保나 活用方法의 開發與否가 歷史學 研究의 質을 결정하기에 이와 같은 어려움을 모두가 기꺼이 받아들이며 연구를 진행하고 있는 것이다.

歷史學의 범주는 時間的으로나 空間的으로 상당히 광범위하고 研究主題도 無限的으로 확대시켜 나갈 수 있다. 따라서 우리 앞에는 바닷가 백사장의 모래알이나 조약돌처럼 헤아리기 어려울 정도로 많은 史料들이 다양한 형태로 펼쳐져 있는 것이 현실이다. 그러나 마음에 드는 조약돌 하나 주우려면 쉽지 않은 것처럼 수많은 史料의 洪水 속에서도 필요로 하는 史料는 늘 부족하여 목말라하는 것이 오늘날 歷史學의 모습이다.

本書는 題目만 보아도 알 수 있듯이 中國史料에서 百濟와 관련된 내용을 선별한 것이다. 百濟史 분야는 최근 공주 수촌리나 서산 부장리 金銅冠帽의 경우처럼 新聞紙上을 요란하게 장식하고 뭇 사람들의 이목을 집중시킬 정도의 유물들이 발굴에 의해 계속 출토되고 있으며, 또 이를 근거로 百濟史에 대한 새로운 조명도 조심스럽게 진행되고 있다. 그렇지만 수많은 百濟遺物들이 발굴되었음에도 考古學的으로 史料不足의 어려움이 해결되었다고는 보기 힘들고, 現存의 文獻史料나 金石文 史料 역시 數的으로 매우 제한되어 있어서 지금까지 이루어진 진실규명이 어느 정도의 정확성을 지니고 있는지 여부는 누구도 장담할 수 없는 형편이다. 이러한 상황에서 國內 史料의 不足을 해결하기 위해 中國이나 日本에 散在해 있는 外國 史料가 활용되고 있는데, 이때의 문제점은 史料의 폭넓은 收集과 分類 및 比較와 分析이 제대로 이루어지지 않은 가운데 필요에 따라 史料를 선택적으로 利用하고 있다는 것이다. 이것이 지금까지의 百濟史 硏究에서 찾아볼 수 있는 가장 큰 문제라고 판단된다.

本書는 두 가지 目的에서 編纂되었다.

첫째는 百濟史 硏究가 지니고 있는 상기한 바와 같은 史料 利用의 문제를 해결해보고자 하는 것이다. 史料의 성격에 따라 내용이 달라지거나 오류가 발생할 수 있는 百濟關聯 記錄들을 한 곳에 모아·소개함으로써 서로 간의 比較와 分析이 용이하게 이루어질 수 있게 하고자 하는 의도이다. 특히 相反되거나 誤謬가 많은 내용을 직접 비교해 볼 필요가 있는 경우에는 紹介 史料의 뒷부분에 (비교자료: …)라는 표시로 比較 史料의 내용을 첨가해 놓음으로써 이해의 편의를 꾀해 보기도 했다.

둘째는 "東洋史 講讀" 敎材로 활용하고자 하는 것이다. 本書를 講讀敎材로 사용하는 경우 學生들에게 세 가지 측면에서 도움이 되리라고 본다. 먼저, 學生들의 漢文 讀解能力 향상이다. 같은 내용이면서도 다르게 표현되고 있는 史料들을 접해봄으로써 漢文의 다양한 활용에 대해 이해할 수 있을 것이다. 다음, 原書에 대해 정확하게 이해할 수 있는 안목을 갖게 한다. 原書 상호간의 比較를 통해 그 內容 속에 자리 잡고 있는 誤謬 또는 歪曲을 직접 찾아봄으로써 原書의 虛와 實에 대해 스스로 깨닫게 될 것이다. 마지막으로 歷史의 實相을 올바로 파악하게 한다. 中國과 百濟 상호간의 관계기사를 통해 당시에 형성되었던 동아시아 國際關係의 실재성격과 百濟의 활동모습 및 그 결과에 대한 내용 등을 보다 정확하게 이해할 수 있을 것이다.

과도한 욕심이기는 하지만 本書에 이상과 같은 두 가지 目的이 담겨있다면, 결국 本書는 필요에 따라 다양하게 활용될 수 있을 것이고, 따라서 독자층 역시 歷史學이라는 學問의 문턱을 막 넘어선 초보단계의 大學生부터 이미 나름대로의 歷史學 研究方法論과 學問世界를 지니고 있는 研究者에 이르기까지 폭을 넓혀볼 수 있지 않을까 생각하는데, 물론 이는 독자들이 선택해야 할 몫으로 남아 있다.

本書의 構成과 內容 및 體制에 대해 간단히 소개하겠다.

本書는 1. 活用史料 紹介, 2. 文獻史料, 3. 金石文 史料, 4. 附錄 등 4부분으로 구성되어 있다.

1. 活用史料 紹介에서는 本書에서 활용한 史料를 文獻史料와 金石文史料로 나누어 개략적으로 소개하였다. 이때 原書와 그것을 손질하여 새롭게 편집한 부차적인 史料가 있으면 기본적인 原書의 내용만을 소개하는 것으로 하였다. 예를 들어 『資治通鑑』의 내용은 같은 계열의 책인 『資治通鑑考異』나 『通鑑紀事本末』 등에 반복적으로 보이는데, 이러한 경우 『資治通鑑』만을 소개 대상으로 삼고 나머지는 제외시켰다. 『宋文紀』, 『南濟文紀』, 『梁文紀』, 『隋文紀』 등에 보이는 百濟와 관련된 내용 역시 이와 같은 이유로 本書에 올리지 않았다. 소개 순서는 쉽게 찾아볼 수 있도록 하기 위해 史料의 作成年代를 무시하고 書名 등을 가나다 순으로 배열하였다.

2. 文獻史料는 綜合史料와 個別史料로 구분하였는데, 正史와 같이 百濟傳을 설정하여 百濟에 관한 종합적인 내용을 다룬 경우는 綜合史料에 배치하고, 개별적인 人物이나 事物, 制度, 文化 등에 관한 내용은 個別史料에 넣었다. 여기에서는 각 시기별 특징이나 시간에 따른 변화를 체계적으로 이해해야 할 필요가 있기 때문에 史料의 作成年代 순서대로 소개하였다. 위의 活用史料 紹介에서 출처를 밝히지 않은 史料는 대개 文淵閣四庫全書電子版에서 선별해 냈지만 正史는 우리가 가장 많이 활용하고 있는 北京中華書局 標點校勘本을 참고하였고, 『觀世音應驗記』나 『文館詞林』, 『天地瑞祥志』, 『翰苑』 등의 자료는 日本에만 남아서 전해오기 때문에 오늘날 연

구자들에 의해 밝혀진 내용을 소개하였다. 그리고 각 史料의 原文은 誤字까지도 있는 그대로 이해한다는 차원에서 수정없이 옮겨오는 것을 원칙으로 삼았다. 따라서 本書에 보이는 誤字는 活用史料의 原文이 지니고 있는 誤字를 그대로 표기한 것이라 이해해도 좋겠다.

3. 金石文 史料는 지금까지 判讀이 이루어져 소개된 內容을 발췌한 것으로서 역시 作成時期別로 배치하였다.

4. 附錄에서는 1) 百濟와 中國의 朝貢 및 冊封 關係記事 總攬, 2) 中國史料에 나타나는 扶餘氏, 3) 中國 河川名·地名으로서의 百濟 등 세 가지 내용을 소개하였다. 1)은 中國史料만이 아니라 우리나라『三國史記』에 보이는 朝貢 및 冊封 關係記事까지를 전부 조사하여 이해하기 쉽도록 시기별로 정리해 놓은 것이다. 百濟와 中國 사이에 이루어진 朝貢 및 冊封 關係의 전체적인 흐름을 파악하는 데에 도움이 되리라고 본다. 다만 최초의 朝貢記事를 전하는『晋書』馬韓傳에는 咸寧 3年(277)에 다시 왔다는 내용이 있어서 이를 그대로 받아들여 277年에 처음 朝貢이 이루어진 것으로 파악하는 견해가 많은데, 馬韓傳의 年號 배치순서는 太康 元年(280)을 최초의 使臣 파견시기로 설정해 놓고 있는 만큼 本書에서는 이를 따랐다.『晋書』馬韓傳의 기록대로라면 咸寧 3年의 일은 적어도 290年 이후에 있었던 것이 되므로 年號와 실제시기가 맞지 않는다.『晋書』의 편찬자가 年號의 명칭을 착각한 것인지, 咸寧 3年의 실제시기를 잘 몰라서 뒤에 위치시켰는지 자세한 사정은 알 수 없으나 여하튼『晋書』의 내용에서는 太康 元年이 최초의 朝貢使節 파견시기로 나타나고 있기 때문에 年號의 명칭을 착각한 결과로 보아야 자연스럽다. 따라서『晋書』馬韓傳에 나오는 咸寧이란 年號는 기록의 성격으로 볼 때 290年 이후에 사용된 年號 중 太寧의 착오가 아닐까 여겨지기에 本書에서는 일단 太寧 3年에 위치시켜 놓았다.

2)는 百濟王室의 姓인 扶餘氏의 用例를 中國史料에서 검토해본 것이다. 扶餘, 夫餘, 餘 등이 모두 百濟王室의 姓氏로 사용되고 있는 내용 및 구체

적인 人名 등을 확인해 볼 수 있겠다. 3)은 "百濟"라는 용어가 지니는 歷史性을 이해하기 위해서는 百濟가 中國의 河川名이나 地名으로 쓰이고 있다는 사실까지 염두에 두어야 할 것 같아서 설정하였다. 廣西壯族自治區 邕寧縣 百濟鄉 百濟墟에서는 지금도 "百濟街" "邕寧縣地方稅務局 百濟稅務所" "邕寧縣百濟鄉 人民政府" "百濟文化院" "百濟旅社" 등 "百濟"라는 이름을 쉽게 볼 수 있는데, 이와 같은 현상은 우리에게 다양한 歷史的 想像力을 발휘하도록 해주고 있기도 하다.

끝으로 本書의 出版에 관해 밝혀두어야 할 내용이 있다. 公州大學校 史學科는 2005學年度에 學校 자체적으로 실시한 "學科 自體發展 計劃" 評價에서 1位를 차지하여 支援費를 배정받고, 단위사업별 세부계획을 수립해 추진하고 있다. 本書는 이중 "특성화 교과프로그램 개발" 사업의 교재개발 계획에 의거하여 만들어졌다는 점을 밝히며, 이에 대해 공주대학교 최석원 총장님께 감사를 드린다. 그리고 史料上의 漢文을 한글로 입력하여 다시 漢字로 전환하는 길고도 지루한 작업을 겨울 방학 동안 함께 해낸 공주대학교 사학과 이영희와 이용호에게도 고마움을 느낀다. 동시에 아직도 잘 다듬어졌다고 보기 힘든 本書의 출판을 기꺼이 맡아준 서경출판사 김선경 사장님께도 감사의 인사를 드린다.

2006년 5월
금강변 공주대학교내 현암재에서
양 종 국

活用史料
紹介

1. 活用史料 紹介

1) 文獻 史料

*『居易錄』

淸 順治 12年(1655)의 進士인 王士禎이 康熙 28年(1689) 左副都御史로 있을 때부터 康熙 40年(1701) 刑部尙書로 있던 시기에 걸쳐 기록한 것으로 전체 34卷이다. 古書에서 유명한 詩文이나 名人, 事物의 源流, 時事의 得失 등을 뽑아 소개했는데, 內容이 자세하고 考證을 잘하여 채택할 만한 것이 많다. 또 9卷 이후는 編年體 형식에 따라 皇帝를 중심으로 한 政治活動을 기록했는데, 내용이 正直하여 朝廷에서 重用되었다고 한다.

*『古今姓氏書辯證』

撫州에서 草澤으로 지내던 鄧名世가 皇帝의 부름을 받고 南宋 紹興 4年(1134) 편찬하여 바친 전체 40卷으로 이루어진 古今의 姓氏 관련서적이다. 이 책을 바친 후 鄧名世는 進士出身을 부여받고 史館校勘에 임명되었다. 百濟의 대표적인 姓氏들도 소개하고 있어 주목된다.

* 『觀世音應驗記』

南北朝時代의 불교류 志怪小說이다. 中國에서는 失傳된 것으로 알려져 있지만, 日本 京都의 靑蓮院이라는 寺院에서 吉水藏이란 대장경의 일부분으로 발견되었고, 이를 牧田諦亮 교수가 1970年 교점하여 출간하였다. 중국에서는 南開大學의 孫昌武 교수에 의해 1994年 출간되었다. 여기에서는 百濟文化開發研究院, 『百濟史料集』(서울: 民族文化文庫, 1985)의 내용을 참고로 하였다.

* 『括地志』

唐 太宗의 넷째아들인 魏王 李泰가 主編한 地理書로 貞觀 16年(642)에 완성되었다. 『貞觀地志』, 『魏王泰坤元錄』, 『魏王地記』, 『括地象』 등의 別稱을 가지고 있으며, 本文 550卷, 序略 5卷으로 구성되어 있다. 全國을 10道 358州 41都督府 1,551縣으로 나누어 기록함으로써 總志의 체제를 취한 최초의 地理書로 주목받는데, 이후 『元和郡縣圖志』와 『太平寰宇記』의 선례가 되었다. 南宋代에 全書가 분실되었지만, 唐代와 宋代의 저서 가운데 『括地志』의 기사가 많이 인용되어 있어 逸文의 다수가 밝혀졌다. 여기에서는 中國古代地理總志叢刊 『括地志輯校』(北京: 中華書局, 1980)를 참고로 하였다. 한편 中國에서는 실종되었고 日本에만 일부가 남아서 전해오는 『翰苑』에도 『括地志』의 百濟關聯 記事가 많이 引用되고 있어서 『括地志』의 추가적인 내용보완이 가능하다. 이는 本書에 소개해 놓은 『翰苑』을 참고하면 되겠다.

* 『舊唐書』

五代 後晉의 劉昫 등이 奉勅撰한 紀傳體 正史로 총 200卷인데, 後晉

出帝 開運 2年(945) 완성되었다. 後晉 高祖 天福 6年(941) 편찬이 시작될 당시의 監修者는 당시 宰相이던 趙瑩이었으나 편찬이 완성되었을 때에는 劉昫가 宰相으로 있었기 때문에 그의 이름으로 진상되었다.『舊唐書』는 原文을 그대로 採錄하고 있는 점에서『新唐書』보다 사료적 가치가 높다.『資治通鑑』唐紀 부분은『新唐書』를 취하지 않고『舊唐書』에 근거하고 있다.

* 『記纂淵海』

南宋 慶元 2年(1196) 進士科에 합격한 潘自牧이 편찬한 類書이다. 구성은 크게 天道, 地理, 人事, 物類 등으로 나누어 설명하고 있으며, 전체 100卷으로 이루어져 있다.

* 『南史』

唐 李延壽가 南·北 兩朝의 編年體 역사서를 지으려다가 도중에 죽은 아버지 李大師의 원고 및 宋·齊·梁·陳의 역사서 등을 참고하여 高宗 顯慶 4年(659)에 완성한 紀傳體 正史이며 전체 80卷으로 되어 있다. 宋 永初 元年(420)부터 陳 禎明 3年(589)까지 南朝 170年間의 역사를 기술하고 있다. 斷代史에 빠졌거나 중복된 것은 보충하고 조정했는데, 南北交涉史에 대한 내용은 斷代史보다 특히 뛰어나다.

* 『南齊書』

南朝의 齊와 梁에 걸쳐 살았던 蕭子顯(489~537)이 편찬한 紀傳體 正史이며 총 60卷이나 現存本은 59卷으로 되어 있다. 原題는『齊書』인데 北宋代부터『南齊書』라고 하였다. 蕭道成이 齊를 建國한 479年부터 蕭

寶融이 廢位된 502年까지 7帝 23年의 南朝 齊 역사를 기술한 것으로 514~526年 사이에 편찬되었다. 南朝 齊에 관한 다른 역사서는 모두 散逸되었기 때문에 현재 南齊史 연구의 가장 중요한 기본사료로 되고 있다. 다만 편찬자가 후손인 관계로 先代의 事績과 齊가 梁에게 禪讓한 사실 등은 꾸밈이 많다.

＊『茶經』

전체 3卷이며, 벼슬길에 나가지 않고 은거생활을 하던 唐代의 인물 陸羽가 上元 元年(760) 경에 완성한 것으로 추정된다. 源, 具, 造, 器, 煮, 飮, 事, 出, 略, 圖 등 10항목으로 나누어 서술하였는데, 茶에 대한 가장 오래된 百科全書로서 茶의 역사를 연구할 때 중요한 참고자료이다.

＊『唐大詔令集』

北宋代 저명한 역사가 宋敏求의 아버지 宋綬가 仁宗 景祐年間(1034~1037)에 『唐大詔令集』 130卷을 써서 대략 정리해 놓았는데, 宋敏求가 遺稿를 이어받아 완성시키고는 神宗 熙寧 3年(1070) 9月에 序文을 썼다. 현존하는 것은 130卷 중 107卷으로 23卷이 빠져있다. 帝王, 妃嬪, 追諡, 冊諡文, 哀冊文, 皇太子, 諸王, 公主, 郡縣主, 大臣, 典禮, 政事, 蕃夷 등으로 구성되어 있고, 책 속에 수록되어 있는 詔令은 전체 1686篇이다.

＊『唐會要』

北宋 建隆 2年(981) 王溥에 의해 편찬되었으며 전체 100卷으로 이루어진 政書이다. 唐代의 諸制度와 故事를 細目으로 분류하고 그 연혁을 상세히 기록하여 『通典』, 『冊府元龜』 등과 함께 기본적 사료로 인정받고

있다. 中國 史學史에서도『唐會要』는 王溥가 본서와 함께 상주한『五代會要』와 더불어 會要體 歷史書의 효시로 주목받고 있다. 여기에서는『唐會要』(上海: 上海古籍出版社, 1991)를 참고로 하였다.

* 『東家雜記』

  孔子의 47代 後孫인 孔傳이 南宋 紹興 4年(1134)에 편찬하였으며 上·下의 2卷으로 되어 있다. 孔子와 관련된 世譜, 崇奉活動, 文物古迹 등이 소개되어 있다. 여기에는 扶餘隆이 666年 12月 唐 高宗의 명을 받아 山東 曲阜의 孔子廟에 가서 제사를 주관한 내용이 보인다.

* 『文館詞林』

  唐 高宗 10年(658) 許敬宗과 劉伯宗에 의해 奉勅撰된 詩文叢書로서 총 1000卷에 달하는 방대한 책이었으나 宋代 이후 中國에서는 그 향방을 알 수 없게 되었다고 한다. 日本에서는 1800年에 林衡이라는 사람이 그 때까지 필사되어 전해오던 문서를 정리하는 가운데 처음으로『文館詞林』중 4卷을 발굴해 냈고, 이후 18卷 및 몇 권의 殘簡이 더 발견되었는데, 이를 종합 정리하여 適園叢書에 편입시켜 놓았다. 唐 太宗이 義慈王에게 보낸 詔書는『冊府元龜』, 卷970, 外臣部, 朝貢 3의 기록을 볼 때, 貞觀 19年(645) 正月에 작성된 것으로 여겨진다. 여기에서는 百濟文化開發研究院,『百濟史料集』(서울: 民族文化文庫, 1985)의 내용을 참고로 하였다.

* 『文獻通考』

  南宋末·元初에 활동한 역사가 馬端臨이 元 成宗 大德 11年(1307)에

편찬했는데, 완성하기까지 20여년이 소요되었다고 한다. 전체 348卷으로 되어 있다. 上古時代부터 南宋 嘉定年間에 이르기까지 典章制度의 연혁을 田賦, 錢幣, 戶口, 職役, 征榷, 市糴, 土貢, 國用, 選擧, 學校, 職官, 郊社, 宗廟, 王禮 樂 兵, 刑, 經籍, 帝系, 封建, 象緯, 物異, 輿地, 四裔 등 24考로 나누어 설명하였다. 中唐 이전의 기사는 杜佑의 『通典』에서 취한 것이 많은데, 분량은 『通典』의 5배로서 『通典』 이후 가장 광범위한 典章制度에 관한 通史이다.

* 『法華經傳記』

내력을 알기 힘든 唐代의 僧侶 僧祥이 편집하였고, 『法華傳』, 『法華傳記』라 부르기도 한다. 전체 10卷으로서 法華經에 대한 내용이 部類, 隱顯, 傳譯, 支派, 經序, 論釋, 講解, 諷誦, 轉讀, 書寫, 聽聞, 供養 등 12科로 나뉘어 실려 있는데, 因果, 輪廻, 靈驗 등 신앙의 기본이 되는 문제를 많이 이야기하고 있다. 여기에서는 百濟文化開發硏究院, 『百濟史料集』(서울: 民族文化文庫, 1985)의 내용을 참고로 하였다.

* 『本草綱目』

明 萬曆 6年(1578) 李時珍이 완성하여 萬曆 24年에 初刊되었다. 35세 때 著述을 시작하여 26년 만에 완성했다고 하며, 藥材와 藥學을 다룬 醫學書籍으로서 전체 52卷으로 되어 있다. 수록된 藥物數는 1,892種에 달하며 1,110매의 揷圖를 덧붙여서 8,161種의 處方을 설명한 방대한 책인데, "時珍曰" 부분은 그가 각지를 다니며 실제로 見聞한 내용을 소개한 것이라 한다. 古來의 本草學 성과를 집대성한 中國의 가장 대표적인 本草書이자 세계적인 藥學書로서 各國語로 된 많은 飜譯本이 있으며, 明

代의 藥物硏究를 위해 매우 가치가 있다.

* 『本草乘雅半偈』

明代의 인물 盧之頤가 자신의 父親이 쓴 『本草綱目博議』를 기초로 하여 18년간의 증보작업 끝에 완성하였다고 한다. 그러나 明末의 戰爭으로 原稿를 잃어버려서 다시 자신의 기억을 되살려 새로 編修했기 때문에 原本과는 다르고, 따라서 명칭도 현재와 같이 붙였는데, 이 책이 편찬된 것은 淸 順治 4年(1647)이며 전체 10卷으로 이루어진 醫學書이다.

* 『北史』

唐 高宗 顯慶 4年(659) 李延壽가 완성한 紀傳體 正史이며 총 100卷으로 되어 있다. 南北朝의 역사를 하나의 역사서로 편찬하려다 마치지 못하고 죽은 부친 李大師의 원고 및 北朝 魏·齊·周·隋의 역사서 등을 종합, 정리하여 본서를 편찬했는데, 北魏로부터 北齊·北周와 隋에 이르는 233年間의 역사를 기술하였다. 本紀에서는 北魏와 西魏를 정통으로 했고, 周·隋·唐의 계승관계를 강조하였다. 列傳은 王朝 구분 없이 관통해서 家門別로 하나의 列傳을 구성함으로써 家門의 盛衰를 파악하기 쉽도록 해주고 있다.

* 『山東通志』

明 嘉靖 12年(1533) 陸鉽이 40卷을 修撰한 이후 淸 康熙 17年(1678)에 64卷이 重修되었고, 宣統 3年(1911)에는 200卷이 완성되었다. 본서에서는 淸 乾隆 元年(1736) 岳濬에 의해 총 36卷으로 정리된 文淵閣 四庫全書의 수록 본을 참조하였다.

* 『三國志』

　　西晉 陳壽(233~297)가 편찬한 紀傳體 正史이며 전체 65卷으로 되어
있다. 魏 文帝 黃初 元年(220)에서 晉 武帝 太康 6年(280)까지 魏·蜀·
吳 3國의 역사를 기록하였는데, 3세기 말에 저술되었다. 魏志 30卷, 蜀志
15卷, 吳志 20卷으로 되어 있고 表와 志는 없으며, 魏를 正統으로 보아
本紀에 넣고 帝라 칭한 반면 蜀과 吳는 列傳에 싣고 主라 칭했다. 이것
이 후에 正統論을 불러일으키는 원인이 되었지만, 蜀에 관한 기사는 호
의를 가지고 상세히 썼다. 편찬태도가 진지하여 正史 중의 명저로 꼽는
다.

* 『續高僧傳』

　　唐 道宣(596~667)이 南朝 梁 慧皎의 『高僧傳』 체제를 모방하여 貞
觀 19年(645) 처음 만들었으나 이후 작업이 계속 진행되어 麟德 2年
(665)에 끝났다. 전체 30卷 또는 31卷, 40卷으로 된 것이 전해오며, 내용
은 梁 天監 元年부터 唐 麟德 2年(502~665) 사이의 僧侶 485명을 기록
했고 부차적으로 219명이 더 보인다. 中國 佛敎史의 연구에 중요하게 활
용되는 자료이다. 여기에서는 百濟文化開發研究院, 『百濟史料集』(서울:
民族文化文庫, 1985)의 내용을 참고로 하였다.

* 『宋高僧傳』

　　北宋代의 승려 贊寧이 太平興國 7年(982) 太宗의 命으로 奉勅撰하였
으며, 전체 30卷으로 되어 있다. 端拱 元年(988) 10月에 책을 완성하여
天壽寺로 보냈는데, 승려 顯忠 등이 乾明節에 이것을 바치자 絹 3,000匹
을 하사하고는 僧錄司에 명하여 大藏으로 편입시켰다고 한다. "高僧傳"

의 이름은 南朝 梁의 승려 惠敏에게서 시작되었고, 이를 慧皎가 이어받아 내용을 추가, 확대했으며, 또 唐代의 승려 道宣은 이것을 모방하여 『續高僧傳』을 편찬하였다. 『宋高僧傳』은 이 『續高僧傳』의 뒤를 이어 唐 高宗 때의 인물부터 기록하고 있는데, 正傳에서 533人을 소개하였고 附傳에 130人이 보인다. 다만 雜科篇에는 南朝 宋과 北魏의 인물 2人이 보이고 있어서 시기적인 구분이 반드시 지켜진 것은 아니다.

* 『宋書』

南朝의 齊와 梁에서 활동한 沈約(441~513)이 齊 永明 5年(487) 詔를 받들어 편찬한 紀傳體 正史로 전체 100卷이다. 紀와 傳은 永明 6年(488) 완성했고 志는 隆昌 元年(494) 이후에 완성했다. 南朝 宋 武帝 永初 元年(420)에서 順帝 升明 3年(479)까지 宋의 60年 역사를 기록했다. 南朝 宋의 역사연구에 기본 사료로 활용되고 있다.

* 『隋書』

唐 太宗의 命에 의해 魏徵과 長孫無忌 등이 奉勅撰한 紀傳體 正史이며 전체 85卷으로 되어 있다. 帝紀와 列傳은 貞觀 10年(636)에 완성되었고, 志는 高宗 顯慶 元年(656)에 완성되었는데, 南朝의 梁·陳, 北朝의 北周·北齊, 그리고 隋를 포함하고 있어서 『五代史志』라고도 한다. 帝紀와 列傳은 隋 文帝 開皇 元年(581)부터 煬帝 大業 14年(618)까지 38年間의 역사기록을 담고 있으며, 唐初의 다른 역사서에 비해 조직이 엄밀하고 문장이 간결하여 우수성을 인정받고 있다. 隋代의 原始史料가 많이 포함되어 있는데, 萬寶常傳에 나오는 樂譜 64種 등이 주목된다. 또 隋代 통치자들의 荒淫殘暴한 政治와 農民起義에 관한 기록도 상세하다. 다만

많은 사람에 의해 쓰여 지다보니 篇內의 文字가 서로 맞지 않는 것이
있다.

* 『新唐書』

北宋 仁宗 嘉祐 5年(1060) 歐陽脩와 宋祁 등이 편찬했으며 전체 225
卷으로 이루어진 紀傳體 正史이다. 唐王朝 290년의 역사를 다루고 있는
데, 대개 五代 劉昫가 쓴 『舊唐書』를 기초로 改作하거나 補充하였다. 本
紀는 『舊唐書』의 1/3에 미치지 못하고 列傳은 『舊唐書』의 61傳을 삭제하
고 331傳을 추가하였다.

* 『實賓錄』

北宋 徽宗代에 池州 石埭縣尉로 있던 馬永易가 편찬하였다. 원래 제
목은 『異號錄』이고 20卷으로 이루어졌다는 내용이 晁公武의 『讀書志』에
보이는데, 解題, 校正, 增補 등이 이루어지는 과정에서 학자들에 의해 제
목이 변경된 것으로 보인다. 이 책은 元代 이후 오랫동안 散佚되어 있다
가 淸代 四庫全書 修撰 때에 永樂大典 중에서 600餘條를 수집하여 총
14卷으로 재구성하였다. 古人 중 유명한 인물들을 광범위하게 소개해 놓
았다.

* 『樂書』

총 200卷으로 이루어져 있는데, 北宋 紹聖 元年(1094) 制科에 합격해
禮部侍郎까지 지낸 陳暘이 秘書省正字로 있을 때 편찬하였다. 卷1~卷95
까지는 유교경전의 訓義를 다루고 있고, 卷96~卷200까지는 律呂本義,
樂器, 樂章 및 五禮의 用樂者를 專論하는 樂圖論으로 구성되어 있다.

* 『梁書』

　　唐 太宗의 命에 의해 이루어진 齊·周·梁·陳·隋 등 5王朝의 역사편찬사업에서 姚思廉이 梁·陳 2王朝의 역사편찬을 담당하였는데, 『梁書』는 貞觀 3年(629)에서 시작해 10年(636)에 완성되었다. 전체 56卷으로 된 紀傳體 正史로 蕭衍이 梁을 建國한 때부터 蕭方智의 亡國에 이르는 56年間의 역사를 기록하였다. 姚思廉의 부친 姚察은 梁·陳·隋의 3王朝에서 벼슬하여 梁·陳의 역사를 편찬해 왔는데, 姚思廉은 부친의 舊稿를 바탕으로 本書를 편찬했다. 本紀와 列傳으로 이루어져 있고 志는 없다. 諸夷傳에는 주변 국가 및 32개 민족을 기재하여 대외관계사 연구에 도움이 된다. 다만 假筆과 漏落이 많아 『南史』 및 『資治通鑑』 등을 함께 참고해야 한다.

* 「梁職貢圖」

　　中國 南朝의 梁 나라에 朝貢하러 온 外國使臣의 모습과 함께 그 나라의 이름, 산천, 풍속 등을 기록해 놓은 것으로, 梁 元帝 蕭繹이 荊州刺史 재임시절(526~539)에 그렸다고 한다. 원래 25개국 정도의 使臣圖가 있었다고 하나 현재 전해지는 것은 北宋代인 1077年에 모사한 것으로 12개국 使臣의 모습만 남아 있다. 百濟國使라는 제목이 붙은 그림과 이에 대한 서술은 6세기 초 熊津時代 百濟史 硏究의 중요한 자료로 되고 있는데, 百濟國使 肖像은 현존하는 회화자료 중 百濟人의 모습을 담은 유일한 것이다. 여기에서는 百濟文化開發硏究院, 『百濟史料集』(서울: 民族文化文庫, 1985)의 내용을 참고로 하였다.

* 『御定淵鑑類函』

    清代 進士科에 합격하여 文人官僚로서 많은 업적을 남긴 張英과 王士禎 등이 康熙帝의 명을 받아 편집하여 1710年에 출간된 類書이며 총 450卷으로 되어있다. 淵鑑은 宮中의 書齋名이다. 『唐類函』의 體例에 의거하여 그곳에 없는 것은 보충하고 소략한 것은 자세히 하였는데, 전체를 45部로 나누고, 部를 또 세분하여 모두 2536類의 天地·自然·人文 현상과 제도 및 산물 등에 대해 소개하고 있다.

* 『御製律呂正義後編』

    清 乾隆 11年(1746) 奉勅撰하였으며 총 120卷으로 되어 있다. 康熙帝가 康熙 52年(1713) 『律呂正義』 5卷을 편찬했으나 樂器와 樂章이 정리되지 않았기 때문에 乾隆帝가 그 후편을 만든 것인데, 上古時代에서 明代에 이르기까지 다양한 音樂과 樂器, 樂制, 樂章 등을 소개하고 있다.

* 『玉海』

    南宋 理宗 淳祐 元年(1241) 進士科에 합격하여 禮部尙書兼給事中까지 지낸바 있는 王應麟이 편찬했으며 전체 200卷으로 되어있는 類書이다. 구성은 天文, 律曆, 地理, 帝系, 聖制, 藝文, 詔令, 禮儀, 車服, 器用, 郊祀, 音樂, 學校, 選擧, 官制, 兵制, 朝貢, 宮室, 食貨, 兵捷, 祥瑞 등 21部로 되어 있다.

* 『禹貢錐指』

    科擧를 포기하고 經典 탐구에 진력한 清代의 인물 胡渭가 康熙 41年

(1702)에 완성하였다. 提要에는 20卷으로 소개되어 있으나, 卷 가운데 上·下 구분이 있는 것도 있어 실제는 26卷이다. 全國 山川의 形勢와 沿革, 郡國의 상황, 道路의 상태 등을 잘 서술하였다. "導河" 편에서는 黃河가 5번 물길을 바꾼 것에 대한 논증을 제시하여 후세의 黃河變遷史 硏究에 큰 영향을 주었다.

* 『元和郡縣志』

唐代에 門蔭으로 入仕해 中書侍郎, 同中書門下平章事까지 지낸 李吉甫가 憲宗 元和 8年(813)에 완성한 地理書로서, 원본은 40卷이나 현존하는 것은 34卷이다. 전국의 행정구역을 10道와 47節鎭으로 나누고, 그 아래의 府州와 관할 縣을 구분해 里程, 山川, 河流, 城邑 등등을 소개하고 있다.

* 『魏書』

北魏·東魏·北齊에서 벼슬한 魏收(506~572)가 北齊 때에 奉勅撰한 紀傳體 正史로 전체 130卷이다. 本紀와 列傳은 北齊 天保 5年(554), 志는 天保 10年(559)에 완성되었으나 뒤에 두 차례 修訂을 거쳐 비로소 定本이 이루어졌다. 北魏 道武帝의 建國(386)으로부터 東魏 孝靜帝의 卽位(550)까지 모두 14帝 165年間의 역사를 기록하였다. 本紀의 끝에 東魏의 孝靜帝를 배치하여 東魏·北齊를 정통으로 하는 입장을 보여준다. 列傳은 北魏·東魏의 인물들 뒤에 東晋과 南朝 宋·齊·梁 및 16國과 기타 少數民族을 다루고 있는데, 東晋과 南朝는 僭晋·島夷 등의 어휘를 써서 적대감을 표시한 것 등이 특색이다.

*『六藝之一錄』

　　淸代의 인물로서 100歲의 나이를 넘길 때까지 평생을 학문에 바친 倪濤가 편찬하였다. 總 406卷, 續編 14卷으로 이루어져 있는데, 크게 6集, 즉 金器款識, 刻石文字, 法帖論述, 古今書體, 歷朝書論, 歷朝書譜 등으로 나뉘어져 있다. 전후 2000여년에 달하는 기간 동안의 書體, 書論, 書譜 등과 관련된 내용을 광범위하게 수집해 놓은 책으로 주목받고 있다.

*『資治通鑑』

　　北宋代 司馬光이 편찬하였고 전체 294卷으로 이루어져 있다. 神宗 元豊 7年(1084)에 완성되었는데,『春秋』의 뒤를 계승한다는 취지에서 周 威烈王 23年(B.C. 403)부터 시작하여 五代 後周 顯德 6年(959)까지 1,362 年間의 역사사실을 다룬 編年體 通史이다. 司馬遷의『史記』와 함께 중국의 가장 대표적인 역사서로 주목받고 있다. 司馬光은 편찬조수로 劉恕, 范祖禹, 劉攽을 선발했는데, 劉恕는 三國에서 隋, 范祖禹는 唐·五代, 劉 攽은 漢代를 분담했고 19年에 걸쳐 본서를 완성하였다. 書名은 神宗에 의해 "예전의 일을 거울삼아 治道에 보탬이 된다"는 뜻의『資治通鑑』으로 명명했다. 唐·五代 부분은 原史料가 많이 채용되어 사료적 가치가 높다. 여기에서는『資治通鑑』(上海: 上海古籍出版社, 1987)을 참고로 하였다.

*『朝鮮史略』

　　전체 12卷으로 一名『東國史略』이라고도 불린다. 편찬 시기는 明代이고 撰者는 不明이나 朝鮮人이 朝鮮의 治亂興廢之事를 檀君부터 高麗

恭讓王 때까지 기록으로 남겨놓은 것이다. 壬辰年(1592)부터 시작된 日本의 朝鮮侵略으로 明 나라가 救援軍을 파견했을 때 이 책을 획득하여 中國으로 가져온 것이 아닐까 추측되고 있다.

*『周書』

唐 太宗의 命에 의해 齊·周·梁·陳·隋 등 5王朝의 역사를 편찬할 때, 令狐德棻이 奉勅撰한 紀傳體 正史로 전체 50卷이며 『北周書』 또는 『後周書』라고도 부른다. 貞觀 10年(636) 완성되었으며, 北魏 孝武帝 大統 元年(535)에서 北周 靜帝 大定 元年(581)까지 47年間의 역사를 다루었다. 本紀와 列傳으로 이루어졌고 志와 表는 없는데, 본서 가운데 趙貴傳 뒤의 八柱國十二大將軍이나 각 편에 산재된 府兵, 鄕兵, 莊田, 奴婢, 部曲, 客女, 征庸代役 등의 기록은 사료적 가치가 크다.

*『晉書』

唐 太宗의 勅命을 받고 房玄齡 등이 貞觀 22年(646) 奉勅撰한 紀傳體 正史이며 전체 130卷으로 이루어져 있다. 晉王朝의 역사서는 당시에 이미 20여종이 있었지만 모두 불충분하다고 하여 唐 太宗이 새로이 편찬을 명했기 때문에 原名은 『新晉書』로 되어 있다. 또 太宗御撰으로 되어있기도 한데, 이는 宣帝·武帝의 本紀와 陸機·王羲之傳을 太宗 스스로 썼기 때문이다. 총 집필자는 18명으로 알려져 있는바, 이와 같은 분담집필은 이전까지 개인이 지은 正史 편찬방식과는 다르며 이후 분업적 正史 편찬방식의 단서가 되었다. 분담집필로 내용에 모순된 점도 있고, 晉이 망한지 200年 이상 경과한 뒤에 쓰여졌지만 내용은 비교적 상세하다. 특히 前代의 曆法에 관한 기록은 사학사적 가치가 있고 食貨志는 後

漢末·三國時代의 기사가 반을 차지하여 『三國志』의 결손을 보충하고 있다.

*『陳書』

唐 太宗의 命에 의해 齊·周·梁·陳·隋 등 5王朝의 역사를 편찬할 때 梁·陳을 담당한 姚思廉이 앞서 梁·陳의 역사를 편찬하던 부친 姚察의 작업을 계승하여 貞觀 10年(636)에 완성하였다. 전체 36卷으로 奉勅撰된 紀傳體 正史인데, 陳 武帝 永定 元年(557)부터 後主 禎明 3年(589)까지 33年間의 역사를 다루었다. 志는 없으나 本紀와 列傳에 당시의 政治·軍事·文化·民族 등이 소개되어 있는데, 서술이 간략하고 누락된 부분이 많아 『梁書』보다 못하다는 평을 받고 있다.

*『冊府元龜』

北宋 咸平年間(998～1003) 進士科에 합격하여 樞密使, 同平章事까지 역임한 王欽若이 감수를 맡아 8년의 작업 끝에 眞宗 大中祥符 6年(1013) 완성한 類書이다. 전체 1000卷으로 이루어져 있고, 北宋 太宗代에 편찬된 『太平廣記』, 『太平御覽』, 『文苑英華』와 함께 宋朝 四大類書로 일컬어지고 있으며, 체제는 上古時代에서 五代에 이르기까지 君臣의 정치에 관한 사적을 帝王, 閏位, 僭僞, 列國君, 諸宮, 宗室, 外戚, 宰輔, 將帥, 臺省, 邦計, 憲官, 諫諍, 詞臣, 國史, 掌禮, 學校, 刑法, 卿監, 環衛, 銓選, 貢擧, 奉使, 內臣, 牧守, 令長, 宮臣, 幕府, 陪臣, 總錄, 外臣 등 총 31部로 나누어 정리했는데, 『舊唐書』보다도 상세한 기사가 많고 근거 사료가 거의 비슷한 『唐會要』, 『五代會要』의 결함을 보충해 주는 것도 적지 않다.

* 『天地瑞祥志』

　　唐 高宗 麟德 3年(666: 乾封 元年) 太史 薩守眞이 편찬했으나, 中國에서는 사용 흔적이 발견되지 않는다. 日本의 경우는 9세기 경부터 유통되며 天文 해석에 영향을 준 것으로 나타나고 있고, 우리의『高麗史』에도 이 책을 인용한 기록들이 보인다. 日本에서는 江戶時代에 필사한 古本을 1686年에 다시 傳寫하여 현재 尊經閣 文庫에 보관하고 있는데, 1932年 東方文化學院 京都研究所에서 이 尊經閣本을 模寫한 초본을 만들었다. 이것이 현재 京都大學 人文科學研究所에 소장되어 있는 것으로 20卷 중 9卷만이 전해온다. 여기에서는 百濟文化開發研究院,『百濟史料集』(서울: 民族文化文庫, 1985)의 내용을 참고로 하였다.

* 『太平御覽』

　　北宋 太平興國 2年(977) 李昉 등이 太宗의 命을 받아 편찬하기 시작하여 8년에 걸쳐 완성한 총 1000卷의 類書이다. 天地・自然의 秩序 및 政治, 經濟, 社會, 文化, 文物, 草木, 果竹 등 다양한 내용을 분류하여 정리해 놓았는데, 初名은『太平編類』였으나 책이 완성된 후 太宗이 매일 3卷씩을 읽어 1년 만에 다 읽었기 때문에『太平御覽』이란 이름을 얻게 되었다.

* 『太平寰宇記』

　　北宋 太平興國 5年(980) 進士科에 합격하여 著作郎 등을 역임한 樂史가 太宗의 명을 받고 奉敕撰하였으며, 원래 200卷이나 현재는 193卷만 전해오는 地理書이다. 전체를 13道와 4夷로 나누고, 각기 沿革, 戶數, 山川, 湖沼, 橋梁, 寺觀, 古跡 및 風俗, 姓氏, 人物, 藝文, 土産 등의 항목을

두어 이후의 地志 편찬에 큰 영향을 주었다.

* 『通典』

　唐代의 역사가 杜佑가 代宗 大曆 3年(768) 편찬을 시작하여 33년만인 德宗 貞元 17年(801)에 완성한 총 200卷의 책으로 上古時代에서 唐 天寶年間(742~756)까지 중국 역대 典章制度의 연혁을 다루었다. 체제는 전체가 9典, 즉 食貨, 選擧, 職官, 禮, 樂, 兵, 刑, 州郡, 邊防으로 구성되어 있는 通史이다.

* 『通志』

　전체 200卷으로 되어 있으며, 南宋 高宗 紹興 31年(1161) 鄭樵에 의해 완성된 紀傳體 歷史書이다. 鄭樵는 일찍이 夾漈山에 살면서 30년 동안 독서하다가 뒤에 樞密院 編修官 등으로 기용되어 『通志』를 편찬한 뒤 다음 해에 죽었는데, 체제는 『史記』에 의거하여 三皇에서 唐·宋까지의 일을 기술하였다.

* 『翰苑』

　唐 高宗·則天武后 시대에 활동한 張楚金에 의해 편찬되었다. 원본은 유실되어 정확한 정보를 알 수 없지만 新·舊의 『唐書』 忠義傳 中에는 그의 활동내용과 『翰苑』 30卷을 저술했다는 내용이 보인다. 여기에 소개한 蕃夷部는 卷數가 표시되어 있지 않으나 『翰苑』의 전체 卷數가 30卷인 데에서 卷30으로 유추되고 있다. 일본에서 書寫한 시기는 그 書風으로 미루어볼 때 平安初期, 즉 9세기를 내려가지 않는 것으로 파악하고 있으며, 현재 日本 太宰府 天滿宮에 소장되어있는 天下의 孤本이다.

誤寫가 많이 눈에 띈다. 여기에서는 竹內理三 校訂·解說, 『翰苑』(福岡: 太宰府天滿宮文化硏究所, 1977)을 참고로 하였다.

* 『海錄碎事』

北宋 政和 5年(1115) 進士科에 합격해 太常寺丞까지 되었던 葉廷桂가 秦檜와의 불화 때문에 知泉州로 나간 뒤 이곳에서 編輯했는데, 전체 22卷으로 그가 평소에 읽거나 보고 들은 다양한 내용들을 간략하게 소개하고 있다.

* 『幸魯盛典』

孔子의 67代 後孫인 孔毓圻가 淸 康熙帝의 명을 받아 康熙 50年(1711) 3月 완성하여 바친 책이다. 전체 40卷으로 이루어졌으며, 周公이나 孔子 또는 그의 제자들에 대한 중국 역대 왕조의 儒敎的인 追崇 儀禮와 활동 내용 및 祭文, 墓碑 등이 소개되어 있다.

* 『孝詩』

南宋 末期人 林同이 편찬했으며 1卷으로 이루어져 있다. 林同은 隱居生活을 하다가 元의 침입에 항거하며 절개를 지키고 죽은 인물인데, 그가 지은 『孝詩』는 중국의 歷代 孝子들을 詩로 칭송한 책이다. 중국 이외의 효자 10명을 다룬 내용 속에 百濟 義慈王도 포함되어 있다.

* 『後漢書』

南朝 宋의 范曄(308~446)이 편찬한 正史이며 120卷으로 되어 있다.

紀傳體에 의한 斷代史로서 光武帝 建武 元年(24)에서 獻帝 建安 25年(220)까지 後漢 196年間의 역사를 서술하였다. 『漢書』를 모델로 하였지만 처음에는 志가 결여된 상태였는데, 南朝 梁의 劉昭가 본서에 註를 달면서 西晉 司馬彪가 편찬한 『續漢書』의 志를 본서에 넣고 여기에도 註를 달아 역사서로서의 체제를 정비하였다. 『史記』, 『漢書』와 함께 三史라 호칭된다.

* 『欽定滿洲源流考』

전체 20卷으로 淸代의 阿桂 등이 乾隆 43年(1778)에 奉勅撰하였다. 部族, 疆域, 山川, 國俗의 4門으로 나뉘어 있는데, 部族은 古代부터 滿洲에서 興亡한 여러 部族에 관한 자료이고, 疆域은 각 部族의 疆域과 滿洲의 地名 등에 관한 자료이며, 山川은 古來의 山川名을 설명하고 있고, 國俗은 政敎, 祭祀, 祭天, 官制, 言語, 物産 등을 다루었다. 考證에는 가치가 있지만, 간혹 잘못된 것도 있다.

* 『欽定續通典』

淸 乾隆帝 때 三通館의 신하들이 奉勅編修한 총 150卷으로 된 通史이다. 乾隆 32年(1767) 編修하기 시작해 乾隆 47年에 완성했는데, 전체가 9典, 즉 食貨, 選擧, 職官, 禮, 樂, 兵, 刑, 州郡, 邊防으로 이루어져 있다.

* 『欽定續通志』

淸代 嵇璜 등이 乾隆 50年(1785)에 편찬했으며, 총 640卷으로 되어있다. 鄭樵의 『通志』를 계승한 것으로 本紀, 后妃傳, 略, 列傳의 구성 중 四夷傳에 한반도 三國이 들어있다.

2) 金石文 史料

* 「難元慶 墓誌銘」

1960年 中國 河南省 魯山縣 張店鄉 張飛溝村에서 출토되어 魯山縣 文化館에 收藏되어 있었으나 현재는 그 행방을 알 수 없다고 한다. 모두 29행이며 총 836자로 추정되는데, 撰人과 書人은 不明이고 撰述 시기는 開元 22年(734) 11月 3日이다. 墓誌銘의 주인공인 難元慶은 開元 11年 (723) 6月 11日 61세로 사망했다고 하여, 그가 663年, 즉 白江口 전투가 벌어지던 해에 태어났음을 알게 해준다. 따라서 태어난 곳이 백제인지 중국인지 알기는 어려우나 중국에서 청년기를 보낸 것은 확실해 보인다. 그의 家系에 대한 내용 중 高祖父가 遼에서 벼슬하여 達率을 지냈고 祖 父가 熊津州都督府長史로 있었으며, 그의 집안이 遼陽에서 鼎貴해졌다 는 지적 등이 보인다. 滿洲의 建安 故城에 재건된 熊津都督府의 흔적도 여기에서 느껴볼 수 있지 않을까 생각한다. 李文基, 「百濟 遺民 難元慶 墓誌의 紹介」, 『慶北史學』, 23의 내용을 참고로 하였다.

* 「唐 劉仁願紀功碑」

충남 부여군 부여읍 扶蘇山城內에 세워져 있었으나, 현재는 국립부 여박물관 경내로 옮겨 보존하고 있다. 당나라가 백제를 점령한 후 唐軍 의 郎將으로 泗沘城에 留鎭하여 백제 부흥운동군을 진압한 劉仁願의 가 문과 생애에 대한 내용이 소개되어 있는데, 그의 당시 지위를 都護로 표 현하고 있다. 또 부흥운동의 주요 인물인 福信과 道琛에 대한 내용이 눈 길을 끈다. 碑文의 撰人이나 書人은 不明이지만 『大東金石書』에는 劉仁 願의 書로 되어 있다. 전체 34행 중 20행까지는 거의 판독이 가능하나

21행은 18자 정도가 판독되고 22행부터는 대부분 판독이 불가능하다. 건립연대는 663年 劉仁願이 扶餘豐을 평정한 해로 보는 것이 일반적이다. 그러나 664年 3月 泗沘城에서 반란을 일으킨 백제의 남은 무리를 격파한 이후의 시기로 보아야 한다는 주장도 있는바, 이 주장이 더 설득력을 갖는 것으로 사료된다. 碑文의 내용은 『譯註 韓國古代金石文』, 韓國古代社會研究所, 1992을 참고로 하였다.

*「大唐平百濟國碑銘」

충남 부여군 부여읍 동남리에 있는 정림사지 오층석탑 1층 탑신부의 사면에 새겨져 있는데, 모두 117행 2554자로 되어 있으며 2500여자를 판독할 수 있다. 撰人은 陵州長史 判兵曹 賀遂亮이고 書人은 洛州 河南人 權懷素이다. 당이 백제를 평정한 것을 기념하여 660年 8月 15日 새긴 것이지만 蘇定方의 공적비라고 할 만큼 그의 공적을 주로 기록하였다. 그리고 蘇定方 휘하의 장수들 개개인에 대한 자질과 공적을 나열하는데 대부분을 할애하고 있다. 義慈王이 항복할 당시 扶餘隆이 太子로 있었음을 알게 해주는 내용이나 百濟의 戶口數 등에 대한 기록은 주목할 만하다. 碑文의 내용은 淸 嘉慶 10年(1805) 王昶이 편찬한 『金石萃編』, 卷 53에도 수록되어 있지만, 여기에서는 『譯註 韓國古代金石文』, 韓國古代社會研究所, 1992을 참고로 하였다.

*「扶餘隆 墓誌銘」

1920年 中國 洛陽의 北邙山에서 출토되었는데, 현재는 河南圖書館에 소장되어 있다. 撰人과 書人은 不明이고 표제어가 뒤에 붙어있는 것이 특징이며 전체 26행에 총 669자로 이루어져 있다. 義慈王의 太子인 扶餘

隆의 평생의 행적을 전해주는 유일한 자료이다. 扶餘隆을 辰朝人, 즉 백제 이전에 존재한 辰國人으로 서술한 것은 辰國 계승관념을 엿볼 수 있게 해주고, 그가 永淳 元年(682) 68세에 私第에서 죽었다는 내용은 그 자신이나 義慈王의 나이 및 活動上의 編年을 가능하게 해주는 중요한 단서가 되기도 한다. 碑文의 내용은 『譯註 韓國古代金石文』, 韓國古代社會 硏究所, 1992을 참고로 하였다.

* 「珣將軍 功德記」

中國 山西省 太原의 남서쪽 40km 지점에 있는 天龍山 天龍寺에 三世佛像과 여러 聖賢의 像을 제작해 奉獻한 珣將軍의 功德을 기리기 위하여 唐 景龍 元年(707) 10月 18日에 세워진 碑石 銘文이다. 天龍寺는 北齊 皇建 元年(56))에 創建되었고 주변에는 25개가량의 石窟이 있다. 碑文에 의하면 珣將軍의 집안은 원래 東海의 한 家門으로서 先祖 대대로 벼슬을 하다 家族을 이끌고 唐으로 왔다고 하며, 또 그의 부인인 樂浪郡夫人 黑齒氏가 大將軍 燕公의 中女, 즉 黑齒常之의 둘째 딸로 나타나고 있어서 그 역시 黑齒家門의 사람들과 마찬가지로 百濟遺民 出身으로 여겨진다. 碑文의 내용은 淸 嘉慶 10년(1805) 王昶이 편찬한 『金石萃編』, 卷68에 수록되어 있는데, 이도학, 『백제장군 흑치상지 평전―한 무장의 비장한 생애에 대한 변명―』(서울: 도서출판 주류성, 1996)에서 잘 소개하고 있어 참고할만하다.

* 「黑齒常之 墓誌銘」

中國 河南省 洛陽의 北邙山에서 1929年 10月 出土되었다. 黑齒常之는 酷吏 周興의 誣告에 의해 則天武后 執政期인 686年 10月 9日 60세를

일기로 恨을 품은 채 絞刑에 처해졌는데, 墓誌銘의 作成時期도 則天武后가 執政하던 唐 聖曆 2年(699)이다. 이때 黑齒常之의 長子 黑齒俊이 억울하게 죽은 아버지에 대한 伸寃과 改葬을 요청하여 그것이 받아들여 졌던 것이다. 墓誌銘에는 黑齒常之의 生涯에 대한 評價와 家門의 來歷 및 品性, 百濟와 唐에서 세운 功勳과 歷官, 伸寃內容 등이 기록되어 있으며, 현재 南京博物院에 收藏되어 있다. 碑文의 내용은『譯註 韓國古代金石文』, 韓國古代社會硏究所, 1992을 참고로 하였다.

* 「黑齒俊 墓誌銘」

「黑齒常之 墓誌銘」과 함께 출토되었으며, 전체 26행에 642자로 되어 있는데, 撰人이나 書人은 드러나 있지 않다. 「黑齒常之 墓誌銘」과 비교해 보면 그의 家系에서 약간의 차이가 눈에 띈다. 黑齒俊은 黑齒常之가 47세 때인 676年에 그의 長子로 태어났다. 그런데 신라에 의해 한반도에서 밀려난 熊津都督府가 676年 2月 滿洲의 建安 故城에 재건되었고, 혹 치상지는 이 무렵 左領軍將軍 兼 熊津都督府司馬로 있었던 것을 생각하면 黑齒俊은 이 建安 故城의 熊津都督府에서 태어났을 가능성도 있다. 碑文의 내용은『譯註 韓國古代金石文』, 韓國古代社會硏究所, 1992을 참고로 하였다.

2. 文獻 史料

1) 綜合史料

* 『三國志』, 卷30, 魏書 30, 烏丸鮮卑東夷傳 30, 韓

韓在帶方之南 東西以海爲限 南與倭接 方可四千里 有三種 一曰馬韓
二曰辰韓 三曰弁韓 辰韓者 古之辰國也 馬韓在西 其民土著 種植 知
蠶桑 作綿布 各有長帥 大者自名爲臣智 其次爲邑借 散在山海間 無城
郭 有爰襄國 牟水國 桑外國 小石索國 大石索國 優休牟涿國 臣濆沽
國 伯濟國 速盧不斯國 日華國 古誕者國 古離國 怒藍國 月支國 咨離
牟盧國 素謂乾國 古爰國 莫盧國 卑離國 占離卑國 臣釁國 支侵國 狗
盧國 卑彌國 監奚卑離國 古蒲國 致利鞠國 冉路國 兒林國 駟盧國 內
卑離國 感奚國 萬盧國 辟卑離國 臼斯烏旦國 一離國 不彌國 支半國
狗素國 捷盧國 牟盧卑離國 臣蘇塗國 莫盧國 古臘國 臨素半國 臣雲
新國 如來卑離國 楚山塗卑離國 一難國 狗奚國 不雲國 不斯濆邪國
爰池國 乾馬國 楚離國 凡五十餘國 大國萬餘家 小國數千家 總十餘萬
戶 辰王治月支國 臣智或加優呼臣雲遣支報 安邪踧支 濆臣離兒不例
拘邪秦支廉之號 其官有魏率善 邑君 歸義侯 中郎將 都尉 伯長

侯準旣僭號稱王 爲燕亡人衛滿所攻奪

> 魏略曰 昔箕子之後朝鮮侯 見周衰 燕自尊爲王 欲東略地 朝鮮侯亦自稱爲王 欲興
> 兵逆擊燕以尊周室 其大夫禮諫之 乃止 使禮西說燕 燕止之 不攻 後子孫稍驕虐 燕
> 乃遣將秦開攻其西方 取地二千餘里 至滿番汗爲界 朝鮮遂弱 乃秦幷天下 使蒙恬築
> 長城 到遼東 時朝鮮王否立 畏秦襲之 略服屬秦 不肯朝會 否死 其子準立 二十餘
> 年而陳 項起 天下亂 燕 齊 趙民愁苦 稍稍亡往準 準乃置之於西方 及漢以盧綰爲
> 燕王 朝鮮與燕界於浿水 及綰反 入匈奴 燕人衛滿亡命 爲胡服 東度浿水 詣準降
> 說準求居西界 (故)[收]中國亡命爲朝鮮藩屏 準信寵之 拜爲博士 賜以圭 封之百里
> 令守西邊 滿誘亡黨 衆稍多 乃詐遣人告準 言漢兵十道至 求入宿衛 遂還攻準 準與
> 滿戰 不敵也

將其左右宮人走入海 居韓地 自號韓王

> 魏略曰 其子及親留在國者 因冒姓韓氏 準王海中 不與朝鮮相往來

其後絶滅 今韓人猶有奉其祭祀者 漢時屬樂浪郡 四時朝謁

> 魏略曰 初 右渠未破時 朝鮮相歷谿卿以諫右渠不用 東之辰國 時民隨出居者二千餘
> 戶 亦與朝鮮貢蕃不相往來 至王莽地皇時 廉斯鑡爲辰韓右渠帥 聞樂浪土地美 人民
> 饒樂 亡欲來降 出其邑落 見田中驅雀男子一人 其語非韓人 問之 男子曰 我等漢人
> 名戶來 我等輩千五百人伐材木 爲韓所擊得 皆斷髮爲奴 積三年矣 鑡曰 我當降漢
> 樂浪 汝欲去不 戶來曰 可 (辰)鑡因將戶來(來)出詣含資縣 縣言郡 郡卽以鑡爲譯 從
> 芩中乘大船入辰韓 逆取戶來 降伴輩尙得千人 其五百人已死 鑡時曉謂辰韓 汝還五
> 百人 若不者 樂浪當遣萬兵乘船來擊汝 辰韓曰 五百人已死 我當出贖直耳 乃出辰
> 韓萬五千人 弁韓布萬五千匹 鑡收取直還 郡表鑡功義 賜冠幘 田宅 子孫數世 至安
> 帝延光四年時 故受復除

桓 靈之末 韓濊彊盛 郡縣不能制 民多流入韓國 建安中 公孫康分屯有
縣以南荒地爲帶方郡 遣公孫模 張敞等收集遺民 興兵伐韓濊 舊民稍出
是後倭韓遂屬帶方 景初中 明帝密遣帶方太守劉昕 樂浪太守鮮于嗣越
海定二郡 諸韓國臣智加賜邑郡印綬 其次與邑長 其俗好衣幘 下戶詣郡
朝謁 皆假衣幘 自服印綬衣幘千有餘人 部從事吳林以樂浪本統韓國 分
割辰韓八國以與樂浪 吏譯轉有異同 臣智激韓忿 攻帶方郡崎離營 時太
守弓遵 樂浪太守劉茂 興兵伐之 遵戰死 二郡遂滅韓

其俗少綱紀 國邑雖有主帥 邑落雜居 不能善相制御 無跪拜之禮 居處

作草屋土室　形如冢　其戶在上　擧家共在中　無長幼男女之別　其葬有槨
無棺　不知乘牛馬　牛馬盡於送死　以瓔珠爲財寶　或以綴衣爲飾　或以縣
頭垂耳　不以金銀錦繡爲珍　其人性彊勇　魁頭露紒　如炅兵　衣布袍　足履
革蹻蹋　其國中有所爲及官家使築城郭　諸年少勇健者　皆鑿脊皮　以大繩
貫之　又以丈許木鍤之　通日嚾呼作力　不以爲痛　旣以勸作　且以爲健　常
以五月下種訖　祭鬼神　羣聚歌舞　飮酒晝夜無休　其舞　數十人俱起相隨
踏地低昂　手足相應　節奏有似鐸舞　十月農功畢　亦復如之　信鬼神　國邑
各立一人主祭天神　名之天君　又諸國各有別邑　名之爲蘇塗　立大木　縣
鈴鼓　事鬼神　諸亡逃至其中　皆不還之　好作賊　其立蘇塗之義　有似淨屠
而所行善惡有異　其北方近郡諸國差曉禮俗　其遠處直如囚徒奴婢相聚
無他珍寶　禽獸草木略與中國同　出大栗　大如梨　又出細尾雞　其尾皆長
五尺餘　其男子時時有文身　又有州胡在馬韓之西海中大島上　其人差短
小　言語不與韓同　皆髡頭如鮮卑　但衣韋　好養牛及豬　其衣有上無下　略
如裸勢　乘船往來　市買韓中

** 聯盟王國時代의　形勢圖〔李基白・李基東, 『韓國史講
座』, 古代篇(一潮閣, 1982), 76쪽 참조〕(左)와 公
州地域의　特産物로 오늘날도 인기가 높은 공주밤
(右)

* 『後漢書』, 卷85, 東夷傳 75, 韓

韓有三種 一曰馬韓 二曰辰韓 三曰弁辰 馬韓在西 有五十四國 其北與
樂浪 南與倭接 辰韓在東 十有二國 其北與濊貊接 弁辰在辰韓之南 亦
十有二國 其南亦與倭接 凡七十八國 伯濟是其一國焉 大者萬餘戶 小
者數千家 各在山海閒 地合方四千餘里 東西以海爲限 皆古之辰國也
馬韓最大 共立其種爲辰王 都目支國 盡王三韓之地 其諸國王先皆是馬
韓種人焉

馬韓人知田蠶 作緜布 出大栗如梨 有長尾雞 尾長五尺 邑落雜居 亦無
城郭 作土室 形如冢 開戶在上 不知跪拜 無長幼男女之別 不貴金寶錦
罽 不知騎乘牛馬 唯重瓔珠 以綴衣爲飾 及縣頸垂耳 大率皆魁頭露紒
布袍草履 其人壯勇 少年有築室作力者 輒以繩貫脊皮 縋以大木 讙呼
爲健 常以五月田竟祭鬼神 晝夜酒會 羣聚歌舞 舞輒數十人相隨蹋地爲
節 十月農功畢 亦復如之 諸國邑各以一人主祭天神 號爲天君 又立蘇
塗 建大木以縣鈴鼓 事鬼神 其南界近倭 亦有文身者

辰韓 耆老自言秦之亡人 避苦役 適韓國 馬韓割東界地與之 其名國爲
邦 弓爲弧 賊爲寇 行酒爲行觴 相呼爲徒 有似秦語 故或名之爲秦韓
有城柵屋室 諸小別邑 各有渠帥 大者名臣智 次有儉側 次有樊祇 次有
殺奚 次有邑借 土地肥美 宜五穀 知蠶桑 作縑布 乘駕牛馬 嫁娶以禮
行者讓路 國出鐵 濊 倭 馬韓 並從市之 凡諸(貨)[貿]易 皆以鐵爲貨 俗
憙歌舞飮酒鼓瑟 兒生欲令其頭扁 皆押之以石

弁辰與辰韓雜居 城郭衣服皆同 言語風俗有異 其人形皆長大 美髮 衣
服絜淸 而刑法嚴峻 其國近倭 故頗有文身者

初 朝鮮王準爲衛滿所破 乃將其餘衆數千人走入海 攻馬韓 破之 自立
爲韓王 準後滅絶 馬韓人復自立爲辰王 建武二十年 韓人廉斯人蘇馬諟

等詣樂浪貢獻　光武封蘇馬諟爲漢廉斯邑君　使屬樂浪郡　四時朝謁　靈帝
末　韓　濊　並盛　郡縣不能制　百姓苦亂　多流亡入韓者
馬韓之西　海島上有州胡國　其人短小　髡頭　衣韋衣　有上無下　好養牛豕
乘船往來貨市韓中

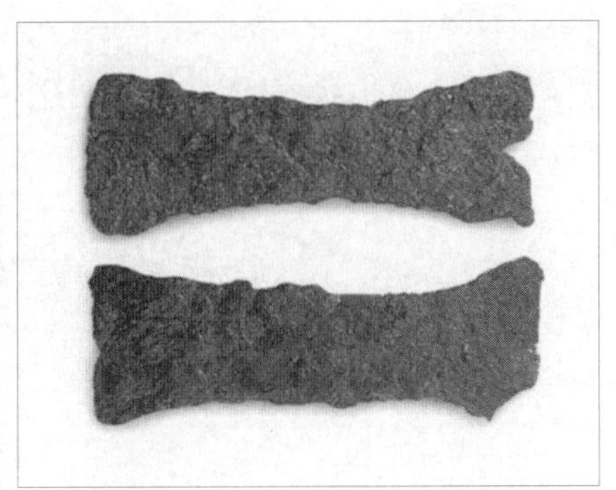

** 馬韓 長尾雞와 비슷하리라 여겨지는 오늘날의 긴꼬리닭
(左)과 三韓에서 貨幣로 사용했다고 여겨지는 鐵鋌(忠南
舒川 烏石里 出土品, 公州大學校 博物館)(右)

*『宋書』, 卷97, 列傳 57, 夷蠻, 東夷, 百濟國

百濟國　本與高驪俱在遼東之東千餘里　其後高驪略有遼東　百濟略有遼
西　百濟所治　謂之晉平郡晉平縣

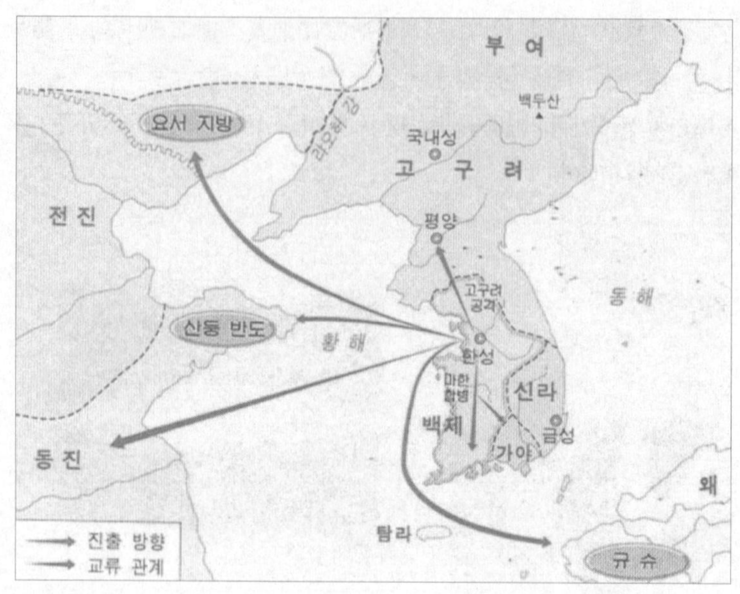

** 遼西經略說에 의한 百濟의 海外進出 推定圖(고등학교 국사, 2002, 52쪽)

義熙十二年 以百濟王餘映爲使持節 都督百濟諸軍事 鎭東將軍 百濟王
高祖踐阼 進號鎭東大將軍 少帝景平二年 映遣長史張威詣闕貢獻 元嘉
二年 太祖詔之曰 皇帝問使持節 都督百濟諸軍事 鎭東大將軍 百濟王
累葉忠順 越海效誠 遠王纂戎 聿修先業 慕義旣彰 厥懷赤款 浮桴驪水
獻睐執贄 故嗣位方任 以藩東服 勉勗所莅 無墜前蹤 今遣兼謁者閭丘
恩子 兼副謁者丁敬子等宣旨慰勞稱朕意 其後每歲遣使奉表 獻方物 七
年 百濟王餘毗復修貢職 以映爵號授之 二十七年 毗上書獻方物 私假
臺使馮野夫西河太守 表求易林 式占 腰弩 太祖並與之 毗死 子慶代立
世祖大明元年 遣使求除授 詔許 二年 慶遣使上表曰 臣國累葉 偏受殊
恩 文武良輔 世蒙朝爵 行冠軍將軍右賢王餘紀等十一人 忠勤宜在顯進
伏願垂愍 並聽賜除 仍以行冠軍將軍右賢王餘紀爲冠軍將軍 以行征虜

44

將軍左賢王餘昆 行政虜將軍餘暈並爲征虜將軍 以行輔國將軍餘都 餘
乂並爲輔國將軍 以行龍驤將軍沐衿 餘爵並爲龍驤將軍 以行寧朔將軍
餘流 糜貴並爲寧朔將軍 以行建武將軍于西 餘婁並爲建武將軍 太宗泰
始七年 又遣使貢獻

*『南齊書』, 卷58, 列傳 39, 東南夷, 東夷, 百濟國

…原闕… 報功勞勤 實存名烈 假行寧朔將軍臣姐瑾等四人 振竭忠効
攘除國難 志勇果毅 等威名將 可謂扞城 固蕃社稷 論功料勤 宜在甄顯
今依例輒假行職 伏願恩愍 聽除所假 寧朔將軍 面中王姐瑾 歷贊時務
武功竝列 今假行冠軍將軍 都將軍 都漢王 建威將軍 八中侯餘古 弱冠
輔佐 忠効夙著 今假行寧朔將軍 阿錯王 建威將軍餘歷 忠款有素 文武
列顯 今假行龍驤將軍 邁盧王 廣武將軍餘固 忠効時務 光宣國政 今假
行建威將軍 弗斯侯

牟大又表曰 臣所遣行建威將軍 廣陽太守 兼長史臣高達 行建威將軍
朝鮮太守 兼司馬臣楊茂 行宣威將軍 兼參軍臣會邁等三人 志行清亮
忠款夙著 往泰始中 比使宋朝 今任臣使 冒涉波險 尋其至効 宜在進爵
謹依先例 各假行職 且玄澤靈休 萬里所企 況親趾天庭 乃不蒙賴 伏願
天監特愍除正 達邊効夙著 勤勞公務 今假行龍驤將軍 帶方太守 茂志
行清壹 公務不廢 今假行建威將軍 廣陵太守 (萬)[邁]執志周密 屢致勤
効 今假行廣武將軍 清河太守 詔可 竝賜軍號 除太守 爲使持節 都督
百濟諸軍事 鎭東大將軍 使兼謁者僕射孫副 策命大襲亡祖父牟都爲百
濟王 曰 於戲 惟爾世襲忠勳 誠著逖表 滄路肅澄 要貢無替 式循彝典
用纂顯命 往欽哉 其敬膺休業 可不愼歟 制詔行都督百濟諸軍事 鎭東
大將軍 百濟王牟大 今以大襲祖父牟都爲百濟王 卽位章綬等玉((五))銅

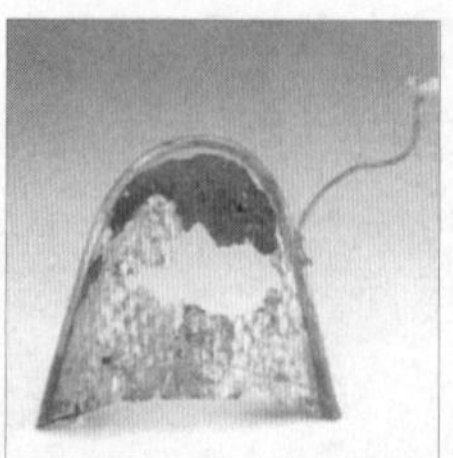

** 百濟王이 地方의 支配勢力들에게 下賜했다고 여겨지는 金銅冠帽(왼쪽부터 羅州, 益山, 公州, 瑞山, 高興 出土品)

虎竹符四 [王]其拜受 不亦休乎

是歲 魏虜又發騎數十萬攻百濟 入其界 牟大遣將沙法名 贊首流 解禮昆 木干那 率衆襲擊虜軍 大破之 建武二年 牟大遣使 上表曰 臣自昔受封 世被朝榮 忝荷節鉞 剋攘列辟 往姐瑾等並蒙光除 臣庶咸泰 去庚午年 獫狁弗悛 擧兵深逼 臣遣沙法名等 領軍逆討 宵襲霆擊 匈梨張惶 崩若海蕩 乘奔追斬 僵尸丹野 由是摧其銳氣 鯨暴韜凶 今邦宇謐靜 實名等之略 尋其功勳 宜在褒顯 今假沙法名行征虜將軍 邁羅王 贊首流 爲行安國將軍 辟中王 解禮昆爲行武威將軍 弗中侯 木干那前有軍功 又拔臺舫 爲行廣威將軍 面中侯 伏願天恩特愍聽除 又表曰 臣所遣行龍驤將軍 樂浪太守 兼長史臣慕遺 行建武將軍 城陽太守 兼司馬臣王茂 兼參軍 行振武將軍 朝鮮太守臣張塞 行揚武將軍陳明 在官忘私 唯公是務 見危授命 蹈難弗顧 今任臣使 冒涉波險 盡其至誠 實宜進爵 各假行署 伏願聖朝特賜除正 詔可 並賜軍號

* 「梁職貢圖」, 百濟國使

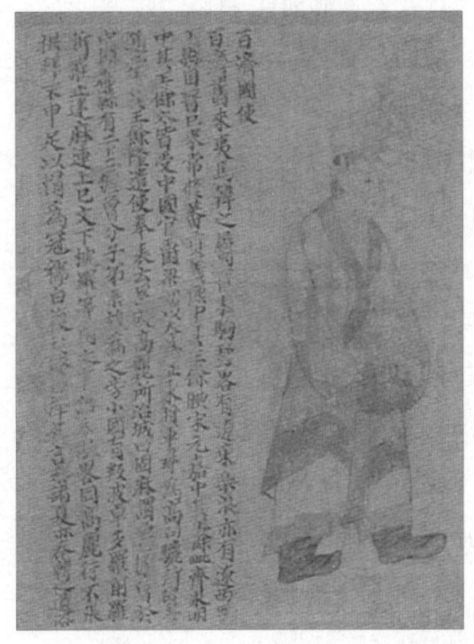

** 百濟國 使臣圖

百濟舊來夷 馬韓之屬 晋末 駒麗畧
有遼東 樂浪亦有遼西晋平縣 自晋
已來 常修蕃貢 義熙中 其王餘映
宋 元嘉中 其王餘毗 齊 永明中 其
王餘太 皆受中國官爵 梁初 以太除
征東將軍 尋爲高句驪所破 普通二
年 其王餘隆遣使奉表云 累破高麗
所治城曰固麻 謂邑檐魯 於中國郡
縣 有二十二檐魯 分子弟宗族爲之
旁小國有叛波 卓 多羅 前羅 新羅
止(逮迷) 麻連 上己文 下枕羅等 附
之 言語衣服畧同高麗 行不張拱拜
不申足 以帽爲冠 襦曰複衫 袴曰褌
其言參諸夏 亦秦韓之遺俗

* 『魏書』, 卷100, 列傳 88, 百濟國

百濟國 其先出自夫餘 其國北去高句麗千餘里 處小海之南 其民土著
地多下濕 率皆山居 有五穀 其衣服飮食與高句麗同
延興二年 其王餘慶始遣使上表曰 臣建國東極 豺狼隔路 雖世承靈化
莫由奉藩 瞻望雲闕 馳情罔極 涼風微應 伏惟皇帝陛下協和天休 不勝
係仰之情 謹遣私署冠軍將軍 駙馬都尉 弗斯侯 長史餘禮 龍驤將軍 帶
方太守 司馬張茂等 投舫波阻 搜徑玄津 託命自然之運 遣進萬一之誠
冀神祇垂感 皇靈洪覆 克達天庭 宣暢臣志 雖旦聞夕沒 永無餘恨 又云

臣與高句麗源出夫餘　先世之時　篤崇舊款　其祖釗輕廢隣好　親率士衆
陵踐臣境　臣祖須整旅電邁　應機馳擊　矢石暫交　梟斬釗首　自爾已來　莫
敢南顧　自馮氏數終　餘燼奔竄　醜類漸盛　遂見陵逼　構怨連禍　三十餘載
財殫力竭　轉自孱踧　若天慈曲矜　遠及無外　速遣一將　來救臣國　當奉送
鄙女　執掃後宮　幷遣子弟　牧圉外廏　尺壤匹夫不敢自有　又云　今璉有罪
國自魚肉　大臣强族　戮殺無已　罪盈惡積　民庶崩離　是滅亡之期　假手之
秋也　且馮族士馬　有鳥畜之戀　樂浪諸郡　懷首丘之心　天威一擧　有征無
戰　臣雖不敏　志效畢力　當率所統　承風響應　且高麗不義　逆詐非一　外
慕隗囂藩卑之辭　內懷兇禍豕突之行　或南通劉氏　或北約蠕蠕　共相脣齒
謀陵王略　昔唐堯至聖　致罰丹水　孟常稱仁　不捨塗詈　涓流之水　宜早壅
塞　今若不取　將貽後悔　去庚辰年後　臣西界小石山北國海中見屍十餘
幷得衣器鞍勒　視之非高麗之物　後聞乃是王人來降臣國　長蛇隔路　以沉
于海　雖未委當　深懷憤恚　昔宋戮申舟　楚莊徒跣　鷂撮放鳩　信陵不食
克敵建名　美隆無已　夫以區區偏鄙　猶慕萬代之信　況陛下合氣天地　勢
傾山海　豈令小竪　跨塞天逵　今上所得鞍一　以爲實驗
顯祖以其僻遠　冒險朝獻　禮遇優厚　遣使者邵安與其使俱還　詔曰　得表
聞之　無恙甚善(喜)　卿在東隅　處五服之外　不遠山海　歸誠魏闕　欣嘉至
意　用戢于懷　朕承萬世之業　君臨四海　統御羣生　今宇內淸一　八表歸義
襁負而至者不可稱數　風俗之和　士馬之盛　皆餘禮等親所聞見　卿與高麗
不穆　屢致陵犯　苟能順義　守之以仁　亦何憂於寇讎也　前所遣使　浮海以
撫荒外之國　從來積年　往而不返　存亡達否　未能審悉　卿所送鞍　比校舊
乘　非中國之物　不可以疑似之事　以生必然之過　經略權要　已具別旨　又
詔曰　知高麗阻强　侵軼卿土　修先君之舊怨　棄息民之大德　兵交累載　難
結荒邊　使兼申胥之誠　國有楚越之急　乃應展義扶微　乘機電擧　但以高
麗稱藩先朝　供職日久　於彼雖有自昔之釁　於國未有犯令之愆　卿使命始

通 便求致伐 尋討事會 理亦未周 故往年遣禮等之平壤 欲驗其由狀 然
高麗奏請頻煩 辭理俱詣 行人不能抑其請 司法無以成其責 故聽其所啓
詔禮等還 若今復違旨 則過咎益露 後雖自陳 無所逃罪 然後興師討之
於義爲得 九夷之國 世居海外 道暢則奉藩 惠戢則保境 故羈縻著於前
典 楛貢曠於歲時 卿備陳强弱之形 具列往代之迹 俗殊事異 擬眤乖衷
洪規大略 其致猶在 今中夏平一 宇內無虞 每欲陵威東極 懸旌域表 拯
荒黎於偏方 舒皇風於遠服 良由高麗卽敍 未及卜征 今若不從詔旨 則
卿之來謀 載協朕意 元戎啓行 將不云遠 便可豫率同興 具以待事 時遣
報使 速究彼情 師擧之日 卿爲鄕導之首 大捷之後 又受元功之賞 不亦
善乎 所獻錦布海物雖不悉達 明卿至心 今賜雜物如別 又詔璉護送安等
安等至高句麗 璉稱昔與餘慶有讎 不令東過 安等於是皆還 乃下詔切責
之 五年 使安等從東萊浮海 賜餘慶璽書 褒其誠節 安等至海濱 遇風飄
蕩 竟不達而還

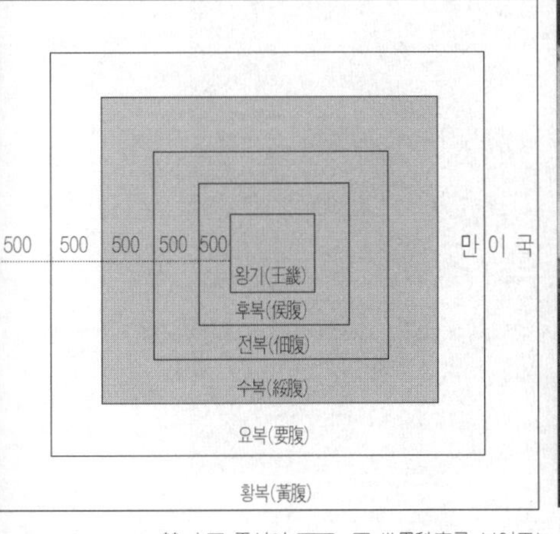

** 中國 중심의 天下一國 世界秩序를 보여주는 五服之圖(左)와 百濟 지역의 낯익은 自然景觀(右)

*『梁書』, 卷54, 列傳 48, 諸夷, 百濟

百濟者　其先東夷有三韓國　一曰馬韓　二曰辰韓　三曰弁韓　弁韓　辰韓
各十二國　馬韓有五十四國　大國萬餘家　小國數千家　總十餘萬戶　百濟
卽其一也　後漸強大　兼諸小國　其國本與句驪在遼東之東　晉世句驪旣略
有遼東　百濟亦據有遼西　晉平　二郡地矣　自置百濟郡　晉太元中　王須
義熙中　王餘映　宋元嘉中　王餘毗　並遣獻生口　餘毗死　立子慶　慶死　子
牟都立　都死　立子牟太　齊永明中　除太都督百濟諸軍事　鎭東大將軍　百
濟王　天監元年　進太號征東將軍　尋爲高句驪所破　衰弱者累年　遷居南

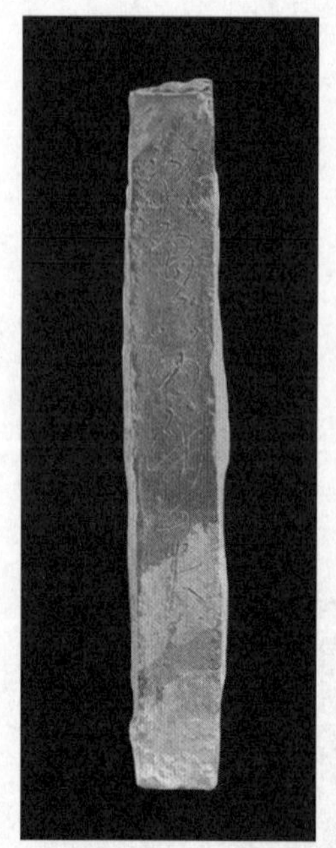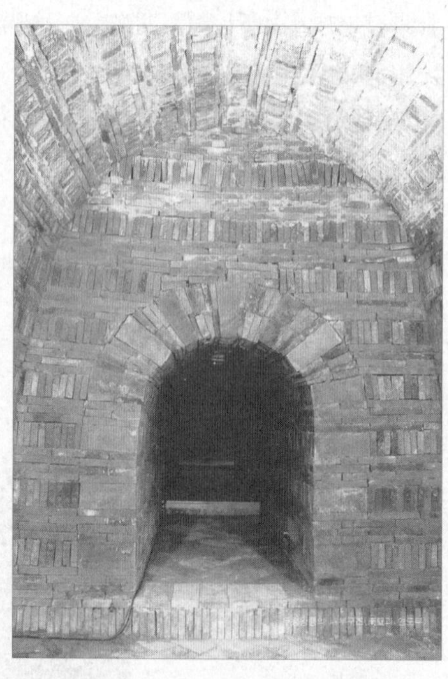

** "梁官瓦爲師矣" 銘文이 있는 公州 宋山里 6號墳 출토 벽돌(左)과 "使持節 都督百濟諸軍事 寧東
　大將軍 百濟王"으로 冊封된 武寧王이 죽은 뒤 묻힌 公州 宋山里 王陵 내부모습(右)

韓地 普通二年 王餘隆始復遣使奉表 稱累破句驪 今始與通好 而百濟
更爲强國 其年 高祖詔曰 行都督百濟諸軍事 鎭東大將軍 百濟王餘隆
守藩海外 遠脩貢職 迺誠款到 朕有嘉焉 宜率舊章 授茲榮命 可使持節
都督百濟諸軍事 寧東大將軍 百濟王 五年 隆死 詔復以其子明 爲持節
督百濟諸軍事 綏東將軍 百濟王 號所治城曰固麻 謂邑曰檐魯 如中國
之言郡縣也

其國有二十二檐魯 皆以子弟宗族分據之 其人形長 衣服淨潔 其國近倭
頗有文身者 今言語服章略與高驪同 行不張拱 拜不申足則異 呼帽曰冠
襦曰複衫 袴曰褌 其言參諸夏 亦秦韓之遺俗云 中大通六年 大同七年
累遣使獻方物 并請涅盤等經義 毛詩博士 幷工匠 畫師等 敕並給之 太
淸三年 不知京師寇賊 猶遣使貢獻 旣至 見城闕荒毁 並號慟涕泣 侯景
怒 囚執之 及景平 方得還國

*『周書』, 卷49, 列傳 41, 異域上, 百濟

百濟者 其先蓋馬韓之屬國 夫餘之別種 有仇台者 始國於帶方 故其地
界東極新羅 北接高句麗 西南俱限大海 東西四百五十里 南北九百餘里
治固麻城 其外更有五方 中方曰古沙城 東方曰得安城 南方曰久知下城
西方曰刀先城 北方曰熊津城
王姓夫餘氏 號於羅瑕 民呼爲鞬吉支 夏言竝王也 妻號於陸 夏言妃也
官有十六品 左平五人 一品 達率三十人 二品 恩率三品 德率四品 扞
率五品 奈率六品 六品已上 冠飾銀華 將德七品 紫帶 施德八品 皂帶
固德九品 赤帶 (李)[季]德十品 靑帶 對德十一品 文督十二品 皆黃帶
武督十三品 佐軍十四品 振武十五品 克虞十六品 皆白帶 自恩率以下
官無常員 各有部司 分掌衆務 內官有前內部 穀部 肉部 內掠部 外掠

部 馬部 刀部 功德部 藥部 木部 法部 後官部 外官有司軍部 司徒部
司空部 司寇部 點口部 客部 外舍部 綢部 日官部 都市部 都下有萬家
分爲五部 曰上部 前部 中部 下部 後部 統兵五百人 五方各有方領一
人 以達率爲之 郡將三人 以德率爲之 方統兵一千二百人以下 七百人
以上 城之內外民庶及餘小城 咸分(肄)[隸]焉

其衣服 男子畧同於高麗 若朝拜祭祀 其冠兩廂加翅 戎事則不 拜謁之
禮 以兩手據地爲敬 婦人衣(以)[似]袍 而袖微大 在室者 編髮盤於首 後
垂一道爲飾 出嫁者 乃分爲兩道焉 兵有弓箭刀矟 俗重騎射 兼愛墳史
其秀異者 頗解屬文 又解陰陽五行 用宋元嘉曆 以建寅月爲歲首 亦解
醫藥卜筮占相之術 有投壺 樗蒲等雜戲 然尤尚奕棊 僧尼寺塔甚多 而
無道士 賦稅以布絹絲麻及米等 量歲豐儉 差等輸之 其刑罰 反叛 退軍
及殺人者 斬 盜者 流 其
贓兩倍徵之　婦人犯姦者
沒入夫家爲婢　婚娶之禮
畧同華俗　父母及夫死者
三年治服　餘親 則葬訖除
之 土田下濕 氣候溫暖 五
穀雜果菜蔬及酒醴餚饌藥
品之屬 多同於內地 唯無
駝驢騾羊鵝鴨等　其王以
四仲之月　祭天及五帝之
神　又每歲四祠其始祖仇
台之廟

自晉 宋 齊 梁 據江左 後
魏宅中原 竝遣使稱藩 兼

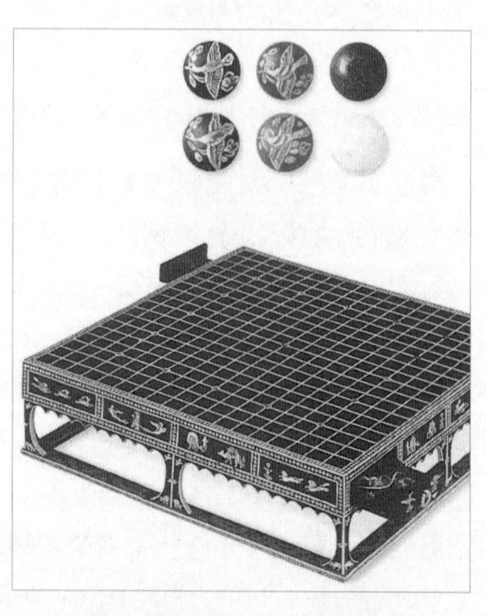

受封拜 齊氏擅東夏 其王隆亦通使焉 隆死 子昌立 建德六年 齊滅 昌
始遣使獻方物 宣政元年 又遣使來獻

* 『隋書』, 卷81, 列傳 46, 東夷, 百濟

百濟之先 出自高麗國 其國王有一侍婢 忽懷孕 王欲殺之 婢云 有物狀
如雞子 來感於我 故有娠也 王捨之 後遂生一男 棄之廁溷 久而不死
以爲神 命養之 名曰東明 及長 高麗王忌之 東明懼 逃至淹水 夫餘人
共奉之 東明之後 有仇台者 篤於仁信 始立其國于帶方故地 漢遼東太
守公孫度以女妻之 漸以昌盛 爲東夷强國 初以百家濟海 因號百濟 歷
十餘代 代臣中國 前史載之詳矣 開皇初 其王餘昌遣使貢方物 拜昌爲
上開府 帶方郡公 百濟王

其國東西四百五十里 南北九百餘里 南接新羅 北拒高麗 其都曰居拔城
官有十六品 長曰左平 次大率 次恩率 次德率 次杅率 次奈率 次將德
服紫帶 次施德 皂帶 次固德 赤帶 次李德 靑帶 次對德以下 皆黃帶
次文督 次武督 次佐軍 次振武 次剋虞 皆用白帶 其冠制並同 唯奈率
以上飾以銀花 長史三年一交代 畿內爲五部 部有五巷 士人居焉 五方
各有方領一人 方佐貳之 方有十郡 郡有將 其人雜有新羅 高麗 倭等
亦有中國人 其衣服與高麗略同 婦人不加粉黛 女辮髮垂後 已出嫁則分
爲兩道 盤於頭上 俗尙騎射 讀書史 能吏事 亦知醫藥 蓍龜 占相之術
以兩手據地爲敬 有僧尼 多寺塔 有鼓角 箜篌 箏 竽 箎 笛之樂 投壺
圍棊 樗蒲 握槊 弄珠之戲 行宋元嘉曆 以建寅月爲歲首 國中大姓有八
族 沙氏 燕氏 劦(刕)氏 解氏 貞氏 國氏 木氏 苩氏 婚娶之禮 略同於
華 喪制如高麗 有五穀 牛 猪 雞 多不火食 厥田下濕 人皆山居 有巨
栗 每以四仲之月 王祭天及五帝之神 立其始祖仇台廟於國城 歲四祠之

國西南人島居者十五所 皆有城邑

平陳之歲 有一戰船漂至海東牂牁羅國 其船得還 經于百濟 昌資送之甚厚 并遣使奉表賀平陳 高祖善之 下詔曰 百濟王旣聞平陳 遠令奉表 往復至難 若逢風浪 便致傷損 百濟王心迹淳至 朕已委知 相去雖遠 事同言面 何必數遣使來相體悉 自今以後 不須年別入貢 朕亦不遣使往 王宜知之 使者舞蹈而去

開皇十八年 昌使其長史王辯那來獻方物 屬興遼東之役 遣使奉表 請爲軍導 帝下詔曰 往歲爲高麗不供職貢 無人臣禮 故命將討之 高元君臣恐懼 畏服歸罪 朕已赦之 不可致伐 厚其使而遣之 高麗頗知其事 以兵侵掠其境

昌死 子餘宣立 死 子餘璋立

大業三年 璋遣使者燕文進朝貢 其年 又遣使者王孝鄰入獻 請討高麗 煬帝許之 令覘高麗動靜 然璋內與高麗通和 挾詐以窺中國 七年 帝親征高麗 璋使其臣國智牟來請軍期 帝大悅 厚加賞錫 遣尙書起部郎席律詣百濟 與相知 明年 六軍渡遼 璋亦嚴兵於境 聲言助軍 實持兩端 尋與新羅有隙 每相戰爭 十年 復遣使朝貢 後天下亂 使命遂絶

其南海行三月 有牂牁羅國 南北千餘里 東西數百里 土多麞鹿 附庸於百濟 百濟自西行三日 至貊國云

(비교자료:『三國史記』, 卷27, 百濟本紀5, 威德王, 惠王, 法王, 武王)
威德王 諱昌 聖王之元子也 聖王在位三十二年薨 繼位
惠王 諱季 明王(聖王)第二子 昌王薨 卽位
法王 諱宣(或云孝順) 惠王之長子 惠王薨 子宣繼位 (隋書 以宣爲昌王之子)
武王 諱璋 法王之子 風儀英偉 志氣豪傑 法王卽位 翌年薨 子嗣位

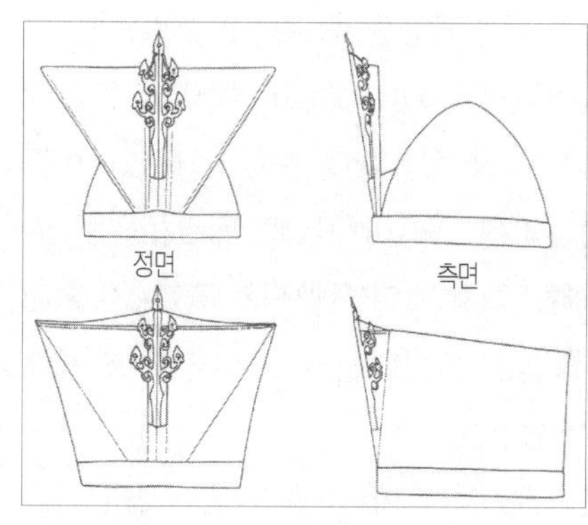

** 百濟官僚의 銀花冠飾 着用 復元圖(左)와 模型(右)

* 『括地志』, 卷4, 東夷

朝鮮 高驪 [穢]貊 東沃沮 [夫餘] 五國之地 國東西千三百里 南北二千
里 在京師東 東至大海四百里 北至營州界九百二十里 南至新羅國六百
里 北至靺鞨國千四百里 史記朝鮮列傳 眞番臨屯皆來服屬方數千里 正義引
按此引有脫文 與五國之地 不相應 今據後漢書東夷傳補穢夫餘三字

…

百濟國西南渤海中 有大島十五所 皆邑落 有人居 屬百濟 史記夏本紀 島
夷卉服 正義引 又史記五帝本紀 島夷 正義引無渤字 皆邑落作皆置邑

* 『晋書』, 卷79, 列傳 67, 四夷, 馬韓

韓種有三 一曰馬韓 二曰辰韓 三曰弁韓 (辰)韓在帶方南 東西以海爲限
馬韓居山海之間 無城郭 凡有小國五十六所 大者萬戶 小者數千家 各
有渠帥 俗少綱紀 無跪拜之禮 居處作土室 形如冢 其戶向上 擧家共在

其中　無長幼男女之別　不知乘牛馬　畜者但以送葬　俗不重金銀錦罽　以
貴瓔珠　用以綴衣或飾髮垂耳　其男子科頭露紒　衣布袍　履草蹻　性勇悍
國中有所調役　及起築城隍　年少勇健者皆鑿其背皮　貫以大繩　以杖搖繩
終日讙呼力作　不以爲痛　善用弓楯矛櫓　雖有鬪爭攻戰　而貴相屈服　俗
信鬼神　常以五月耕種畢　羣聚歌舞以祭神　至十月農事畢　亦如之　國邑
各立一人主祭天神　謂爲天君　又置別邑　名曰蘇塗　立大木　懸鈴鼓　其蘇
塗之義　有似西域浮屠也　而所行善惡有異
武帝太康元年　二年　其主頻遣使入貢方物　七年　八年　十年　又頻至　太
熙元年　詣東夷校尉何龕上獻　咸寧三年復來　明年又請內附

** 三韓時代의　瓔珠(國立公州博物館)

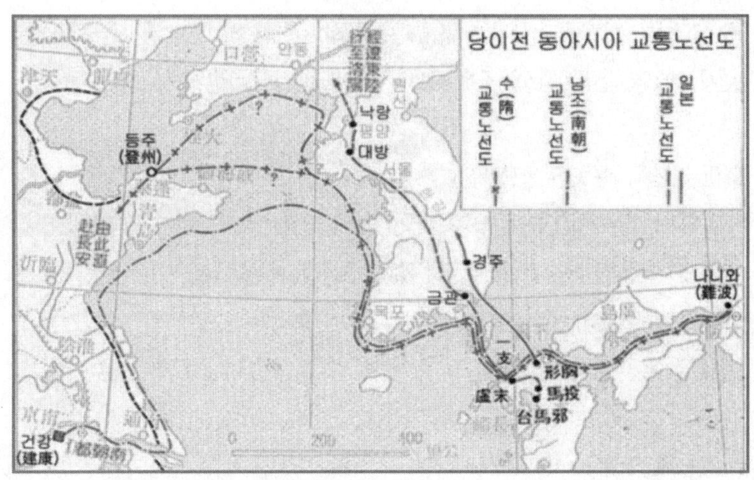

** 唐 以前 中國과 韓半島의 推定 海洋交通路

* 『翰苑』, 卷30(?), 蕃夷部, 百濟

國鎭馬韓地 苞狗素

東夷記曰 百濟治建居狄城 本馬韓之也 范曄後漢書東夷傳曰 韓有三種
凡七十八國 百濟是其爲(一國) 魏志曰 馬韓有羊皮國 狗素有也

陵楚山而廓宇 帶桑水疏彊

魏志曰 馬韓在西 散在山海間 無城郭 有奚襄國 车襄水國 桑水國 小
石索國 大石索國 優休车淥國 臣僕沾國 伯濟國 速盧不斯國 日華國
古誕者國 古雜國 怒藍國 自(目?)支國 資離车盧國 素謂乾國 古受國
莫盧(國) 卑離國 古卑離田(國?) 臣疊國 支侵(國) 支狗盧國 卑彌國 監
奚卑離(國) 古滿(國) 致利鞠國 兒林國 駟盧國 內卑離(國) 感奚國 邁盧
國 群卑離國 田斯烏且國 一離國 不彌國 挺盧國 车盧離國 臣蘇塗國
莫盧國 古櫛國 臨素半國 臣雲新國 如來卑離國 楚山塗卑離(國) 一難

57

國 狗奚國 不雲國 不斯濆邪(國) 奚他(國) (乾)馬國 楚離國 凡五十餘國
大國万餘家 小馬(國?)數千家 又島上有州朝(胡?)國也

奉仇台之祠 慕夫餘之曹(胄?)
後魏書曰 百濟國其先出自夫餘 又百濟王上表於魏曰 臣与高驪源出扶餘
宋書曰 晉義熙十二年 以百濟王餘暎 爲使特節督都(都督?)百濟諸軍事鎭
東將軍 高祖踐祚 進号鎭東大將軍 犬(大?)嘉七年 以餘暎爵号 授百濟王
餘毗 毗死子慶代立 括地志曰 百濟城立其祖仇台廟 四時祠之也

八族殊胤 五部分司
括地志曰 隨間(隋開?)皇中 其王名昌 昌死子餘宣 子死餘悼立 其國有
沙氏 燕氏 劦氏 解氏 眞氏 木氏 首氏 此八族其大姓也 其官有六等
左平五人 第一等 達率卅人 第二 恩率以下無員 第三 德率第四 打
(扞?)率第五 奈率第六 六等以上冠飾銀花 將德第七 紫帶 施德第八
皂帶 固德第九 赤帶 季德第十 青帶 對德第十一 以下皆黃帶 文督第
十二 武督第十三 以下皆白帶 佑軍第十四 據(振)武第十五 剋虞第十
六 又其內官有前內部 穀部 內部 椋部 功德部 藥部 木部 法(部) 後宮
部 又有將長外官 有司軍部 司從部 司空部 司寇部 點口部 客部 外舍
部 綢部 白官部 凡此衆官各有宰 官長在任皆三年一伐(代?) 王所都城
內 又爲五都(部?) 皆建(達?)率領之 又城中五巷 士庶居焉 又有五方
若中夏之都督方 皆建(達)率領之 每方管郡多者 至十 小者六七 郡將 皆
恩率爲之 郡縣置道使 亦城名主

西據安城 南隣巨海
括地志曰 百濟王城方一里半 北面 累石爲之城水 可方(万?)餘家 卽五

部之所也　一部有兵五百人　又國南二百六十里　有古沙城　城方百五十里
步　此其中方也　方繞兵千二百人　國東南百里　有得安城　城方一里　此其
東方也　國南三百六十里　有卞城　城方一百卅步　此其南方也　國西三百
五十里　有力光城　城方二百步　此其西(方)也　國東北六十里　有能(熊?)津
城　一名固麻城　城方一里半　此其北方也　其諸方之城　皆憑山險爲之　亦
有累石者　其兵多者千人　小者七八百人　城中戶多者千人　小者七八百人
城中戶多者至五百家　諸城左右亦各小城　皆統諸方　又國南海中　有大鳥
(島?)十五所　皆置城邑　有人居之

鷄山東峙　貫四序以同華
括地志曰　烏山在國北界　大山也　草木鳥獸与中夏同　又國東有鷄藍山
山南又有祖粗山　又國南界有霧五山　其山草木冬夏常榮　又有旦那山　在
國西界　又有山旦山　禮母山　並石(衍?)在國南之也

熊水西流　侶百川百齊鷩
括也(地?)志曰　熊津河源出國東界　西南流　經國北百里　又西流入海　廣
處三百步　其水至淸　又有基汶河在國　源出其國　源出其國南山　東南流
入大海　其中水族与中夏同

因四仲而昭敬　隨六甲以標年
括地志曰　百濟四仲之月祭天及五帝之神　冬夏用鼓角　奏歌舞　春秋奏歌
而已　解陰陽五行　用宋元嘉曆　其紀年無別号　但數六甲爲次第　亦解醫
療　著龜占相　婚姻之礼　略於華　喪父母及夫　皆制服三年　餘親葬訖　卽
徐(除?)　其葬亦有置屍於山中者　亦有埋殯之

文吏兼能碁射雙美

括地志曰　百濟俗尙騎射　有文字　能吏事　以兩手據地爲敬　有僧尼無道士　甚多寺塔　其戲有投壺　圍碁　樗蒲　厄雙反(及?)弄珠等雜戲也

(비교 자료:『三國志』, 卷30, 魏書 30, 烏丸鮮卑東夷傳 30, 韓傳)
韓在帶方之南　東西以海爲限　南與倭接　方可四千里　有三種　一曰馬韓　二曰辰韓　三曰弁韓　辰韓者　古之辰國也　馬韓在西　其民土著　種植　知蠶桑　作綿布　各有長帥　大者自名爲臣智　其次爲邑借　散在山海間　無城郭　有爰襄國　车水國　桑外國　小石索國　大石索國　優休车涿國　臣濆沽國　伯濟國　速盧不斯國　日華國　古誕者國　古離國　怒藍國　月支國　咨離车盧國　素謂乾國　古爰國　莫盧國　卑離國　占離卑國　臣釁國　支侵國　狗盧國　卑彌國　監奚卑離國　古蒲國　致利鞠國　冉路國　兒林國　駟盧國　內卑離國　感奚國　萬盧國　辟卑離國　臼斯烏旦國　一離國　不彌國　支半國　狗素國　捷盧國　车盧卑離國　臣蘇塗國　莫盧國　古臘國　臨素半國　臣雲新國　如來卑離國　楚山塗卑離國　一難國　狗奚國　不雲國　不斯濆邪國　爰池國　乾馬國　楚離國　凡五十餘國　大國萬餘家　小國數千家　總十餘萬戶

**『括地志』와『翰苑』등에 熊津河로 소개되고 있는 錦江의 줄기

*『南史』, 卷79, 列傳 69, 夷貊 下, 百濟

百濟者 其先東夷有三韓國 一曰馬韓 二曰辰韓 三曰弁韓 弁韓 辰韓各
十二國 馬韓有五十四國 大國萬餘家 小國數千家 總十餘萬戶 百濟卽
其一也 後漸强大 兼諸小國 其國本與句麗俱在遼東之東千餘里 晉世句
麗旣略有遼東 百濟亦據有遼西 晉平二郡地矣 自置百濟郡

晉義熙十二年 以百濟王餘映爲使持節 都督百濟諸軍事 鎭東將軍 百濟
王 宋武帝踐阼 進號鎭東大將軍 少帝景平二年 映遣長史張威詣闕貢獻
元嘉二年 文帝詔兼謁者閭丘恩子 兼副謁者丁敬子等往宣旨慰勞 其後
每歲遣使奉獻方物 七年 百濟王餘毗復修貢職 以映爵號授之 二十七年

毗上書獻方物 私假臺使馮野
夫西河太守 表求易林 式占
腰弩 文帝並與之 毗死 子慶
代立 孝武大明元年 遣使求除
授 詔許之 二年 慶遣上表 言
行冠軍將軍 右賢王餘紀十一
人忠勤 並求顯進 於是 詔並
加優進 明帝泰始七年 又遣使
貢獻 慶死 立子牟都 都死 立
子牟大 齊永明中 除大都督百
濟諸軍事 鎭東大將軍 百濟王
梁天監元年 進大號征東將軍
尋爲高句麗所破 衰弱累年 遷
居南韓地 普通二年 王餘隆始
復遣使奉表 稱累破高麗 今始

** 餘隆, 즉 武寧王을 使持節 都督百濟諸軍事 寧東大將軍 百濟王으
로 册封한 梁武帝의 肖像畵

61

與通好 百濟更爲强國 其年 梁武帝詔隆爲使持節 都督百濟諸軍事 寧
東大將軍 百濟王 五年 隆死 詔復以其子明爲持節 督百濟諸軍事 綏東
將軍 百濟王

號所都城曰固麻 謂邑曰檐魯 如中國之言郡縣也 其國土有二十二檐魯
皆以子弟宗族分據之 其人形長 衣服潔淨 其國近倭 頗有文身者 言語
服章略與高麗同 呼帽曰冠 襦曰複衫 袴曰褌 其言參諸夏 亦秦韓之遺
俗云

中大通六年 大同七年 累遣使獻方物 並請涅槃等經義 毛詩博士并工匠
畫師等 並給之 太淸三年 遣使貢獻 及至 見城闕荒毁 並號慟涕泣 侯
景怒 囚執之 景平乃得還國　　　、

* 『北史』, 卷94, 列傳 82, 百濟

百濟之國 蓋馬韓之屬也 出自索離國 其王出行 其侍兒於後姙娠 王還
欲殺之 侍兒曰 前見天上有氣如大鷄子來降 感 故有娠 王捨之 後生男
王置之豕牢 豕以口氣噓之 不死 後徙於馬闌 亦如之 王以爲神 命養之
名曰東明 及長 善射 王忌其猛 復欲殺之 東明乃奔走 南至淹滯水 以
弓擊水 魚鼈皆爲橋 東明乘之得度 至夫餘而王焉 東明之後有仇台 篤
於仁信 始立國于帶方故地 漢遼東太守公孫度以女妻之 遂爲東夷强國
初以百家濟 因號百濟

其國東極新羅 北接高句麗 西南俱限大海 處小海南 東西四百五十里
南北九百餘里 其都曰居拔城 亦曰固麻城 其外更有五方 中方曰古沙城
東方曰得安城 南方曰久知下城 西方曰刀先城 北方曰熊津城 王姓餘氏
號於羅瑕 百姓呼爲鞬吉支 夏言並王也 王妻號於陸 夏言妃也 官有十
六品 佐平五人 一品 達率三十人 二品 恩率 三品 德率 四品 扞率 五

品 奈率 六品 已上冠飾銀華 將德 七品 紫帶 施德 八品 皂帶 固德
九品 赤帶 季德 十品 青帶 對德 十一品 文督 十二品 皆黃帶 武督
十三品 佐軍 十四品 振武 十五品 剋虞 十六品 皆白帶 自恩率以下
官無常員 各有部司 分掌衆務 內官有前內部 穀內部 內掠部 外掠部
馬部 刀部 功德部 藥部 木部 法部 後宮部 外官有司軍部 司徒部 司
空部 司寇部 點口部 客部 外舍部 綢部 日官部 市部 長吏三年一交代
都下有萬家 分爲五部 曰上部 前部 中部 下部 後部 部有五巷 士庶居
焉 部統兵五百人 五方各有方領一人 以達率爲之 方佐貳之 方有十郡
郡有將三人 以德率爲之 統兵一千二百人以下 七百人以上 城之內外人
庶及餘小城 咸分隸焉

其人雜有新羅 高麗 倭等 亦有中國人 其飲食衣服 與高麗略同 若朝拜
祭祀 其冠兩廂加翅 戎事則不 拜謁之禮 以兩手據地爲禮 婦人不加粉
黛 女辮髮垂後 已出嫁 則分爲兩道 盤於頭上 衣似袍而袖微大 兵有箭
弓刀矟 俗重騎射 兼愛墳史 而秀異者頗解屬文 能吏事 又知醫藥 蓍龜
與相術 陰陽五行法 有僧尼 多寺塔 而無道士 有鼓角 箜篌 箏竽 篪笛
之樂 投壺 摴蒲 弄珠 握槊等雜戲 尤尙奕棊 行宋元嘉曆 以建寅月爲
歲首 賦稅以布 絹 絲 麻及米等 量歲豐儉 差等輸之 其刑罰 反叛 退
軍及殺人者 斬 盜者 流 其贓兩倍徵之 婦犯姦 沒入夫家爲婢 婚娶之
禮 略同華俗 父母及夫死者 三年居服 餘親則葬訖除之 土田濕 氣候溫
暖 人皆山居 有巨栗 其五穀 雜果 菜蔬及酒醴肴饌之屬 多同於內地
唯無駝 騾 驢 羊 鵝 鴨等 國中大姓有八族 沙氏 燕氏 劦氏 解氏 眞
氏 國氏 木氏 苗氏 其王每以四仲月祭天及五帝之神 立其始祖仇台之
廟於國城 歲四祠之 國西南 人島居者十五所 皆有城邑

魏延興二年 其王餘慶始遣其冠軍將軍駙馬都尉弗斯侯 長史餘禮 龍驤
將軍帶方太守司馬張茂等上表自通 云 臣與高麗 源出夫餘 先世之時

篤崇舊款 其祖釗 輕廢隣好 陵踐臣境 臣祖須 整旅電邁 梟斬釗首 自
爾以來 莫敢南顧 自馮氏數終 餘燼奔竄 醜類漸盛 遂見陵逼 構怨連禍
三十餘載 若天慈曲矜 遠及無外 速遣一將 來救臣國 當奉送鄙女 執掃
後官 幷遣子弟 牧圉外廐 尺壤匹夫 不敢自有 去庚辰年後 臣西界海中
見尸十餘 幷得衣器鞍勒 看之 非高麗之物 後聞乃是王人來降臣國 長
蛇隔路 以阻于海 今上所得鞍一 以爲實矯

獻文以其僻遠 冒險入獻 禮遇優厚 遣使者邵安與其使俱還 詔曰 得表
聞之無恙 卿與高麗不睦 致被陵犯 苟能順義 守之以仁 亦何憂於寇讎
也 前所遣使 浮海以撫荒外之國 從來積年 往而不反 存亡達否 未能審
悉 卿所送鞍 比校舊乘 非中國之物 不可以疑似之事 以生必然之過 經
略權要 已具別旨 又詔曰 高麗稱藩先朝 供職日久 於彼雖有自昔之釁
於國未有犯令之愆 卿使命始通 便求致伐 尋討事會 理亦未周 所獻錦
布海物 雖不悉達 明卿至心 今賜雜物如別 又詔璉護送安等 至高麗 璉
稱昔與餘慶有讎 不令東過 安等於是皆還 乃下詔切責之 五年 使安等
從東萊浮海 賜餘慶璽書 襃其誠節 安等至海濱 遇風飄蕩 竟不達而還
自晉 宋 齊 梁據江左 亦遣使稱藩 兼受拜封 亦與魏不絶

及齊受東魏禪 其王隆亦通使焉 淹死 子餘昌亦通使命於齊 武平元年
齊後主以餘昌爲使持節 侍中 車騎大將軍 帶方郡公 百濟王如故 二年
又以餘昌爲持節 都督東靑州諸軍事 東靑州刺史

周建德六年 齊滅 餘昌始遣使通周 宣政元年 又遣使來獻

隋開皇初 餘昌又遣使貢方物 拜上開府 帶方郡公 百濟王 平陳之歲 戰
船漂至海東䚱牟羅國 其船得還 經于百濟 昌資送之甚厚 幷遣使奉表賀
平陳 文帝善之 下詔曰 彼國懸隔 來往至難 自今以後 不須年別入貢
使者舞蹈而去 十八年 餘昌使其長史王辯那來獻方物 屬興遼東之役 遣
奉表 請爲軍導 帝下詔 厚其使而遣之 高麗頗知其事 兵侵其境 餘昌死

子餘璋立 大業三年 餘璋遣使燕文進朝貢 其年 又遣使王孝隣入獻 請
討高麗 煬帝許之 命覘高麗動靜 然餘璋內與高麗通知 挾詐以窺中國
七年 帝親征高麗 餘璋使其臣國智牟來請軍期 帝大悅 厚加賞賜 遣尙
書起部郎席律詣百濟 與相知 明年 六軍度遼 餘璋亦嚴兵於境 聲言助
軍 實持兩端 尋與新羅有隙 每相戰爭 十年 復遣使朝貢 後天下亂 使
命遂絶
其南 海行三月有躭毛羅國 南北千餘里 東西數百里 土多麞鹿 附庸於
百濟 西行三日 至貊國千餘里云

(비교자료:『三國史記』, 卷27, 百濟本紀5, 威德王, 惠王, 法王, 武王)
威德王 諱昌 聖王之元子也 聖王在位三十二年薨 繼位
惠王 諱季 明王(聖王)第二子 昌王薨 卽位
法王 諱宣(或云孝順) 惠王之長子 惠王薨 子宣繼位 (隋書 以宣爲昌王之子)
武王 諱璋 法王之子 風儀英偉 志氣豪傑 法王卽位 翌年薨 子嗣位

** 百濟의 拜謁之禮처럼 양손으로 땅을 짚으며 절하는 모습(右)과 投壺를 하는 모습 (扶餘 扶蘇山城 入口)(左)

*『通典』, 卷185, 邊防 1, 東夷 上, 百濟

百濟卽 後漢末夫餘王尉仇台之後 後魏時 百濟王上表云 臣與高麗先出夫餘 初
以百家濟海 因號百濟 晉時句麗旣畧有遼東 百濟亦據有遼西晉平二郡
今柳城安平之間 自晉以後 呑幷諸國 據有馬韓故地 其國東西四百里 南北
九百里 南接新羅 北拒高麗千餘里 西限大海 處小國之南 國西南海中
有三島 出黃漆樹 似小棕樹而大 六月取汁漆器物 若黃金 其光奪目 自
晉代受蕃爵 自置百濟郡 義熙中 以百濟王夫餘腆 佗典反 爲使持節百濟
諸軍事 宋齊竝遣使朝貢 授官封 其人土著 地多下濕 率皆山居 其都理
建居拔城 王號於羅瑕 百姓呼爲鞬吉支 鞬音乾 夏言竝王也 王妻號於陸
夏言妃也 官有十六品 左率一品 達率二品 恩率三品 德率四品 扞率五
品 奈率六品 以上冠飾銀花 將德七品 紫帶 施德八品 皂帶 固德九品
赤帶 季德十品 青帶 對德十一品 文督十二品 皆黃帶 武督十三品 佐
軍十四品 振武十五品 克虞十六品 皆白帶 統兵以達率 德率 扞率爲之
人庶及餘小城 咸分隷焉 其衣服男子畧同於高麗 拜謁之禮 以兩手據地
爲敬 婦人衣似袍而袖微大 在室者編髮盤於首 後垂一道爲飾 出嫁者乃
分爲兩道焉 兵有弓箭刀矟 俗重騎射 兼愛墳史 其秀異者頗解屬文 又
解陰陽五行 用宋元嘉歷 以建寅月爲歲首 亦解醫藥卜筮占相之術 有投
壺摴蒲等雜戲 然尤尙奕棊 僧尼寺塔甚多 而無道士 賦稅以布絹麻米等
婚娶之禮畧同華俗 父母及夫死者 三年持服 餘親則葬訖除之 氣候溫暖
五穀雜果菜蔬及酒醴餚饌樂器之屬 多同於內地 唯無駝騾驢羊鵝鴨等云
其王以四仲之月祭天 又每祭歲四祠其先祖仇台之廟 大姓有八族 沙氏
燕氏 劦氏 劦音夾 解氏 眞氏 國氏 木氏 苩音白氏 國西南人島居者十五
所 皆有城邑 後魏孝文遣衆征破之 後其王牟大爲高句麗所破 衰弱累年
遷居南韓地 隋文開皇初 其王夫餘昌遣使貢方物 拜帶方郡公百濟王 大

唐武德貞觀中　頻遣使朝貢　顯慶五年　遣蘇定方討平之　舊有五部　分統
三十七郡二百城七十六萬戶　至是　以其地分置熊津　馬韓　東明等　五都
督府　仍以其酋渠爲都督府刺史　其舊地沒於新羅　城傍餘衆後漸寡弱　散
投突厥及靺鞨　其王夫餘崇　竟不敢還舊國　土地盡沒於新羅靺鞨　夫餘氏
君長遂絕

** 艇止山 遺跡을 근거로 하여 그린 百濟의 祭祀 모습

*『舊唐書』, 卷199 上, 列傳 149上, 東夷, 百濟國

百濟國　本亦扶餘之別種　嘗爲馬韓故地　在京師東六千二百里　處大海之
北　小海之南　東北至新羅　西渡海至越州　南渡海至倭國　北渡海至高麗
其王所居有東西兩城　所置內官曰內臣佐平　掌宣納事　內頭佐平　掌庫藏
事　內法佐平　掌禮儀事　衞士佐平　掌宿衞兵事　朝廷佐平　掌刑獄事　兵

官佐平 掌在外兵馬事 又外置六帶方 管十郡 其用法 叛逆者死 籍沒其
家 殺人者 以奴婢三贖罪 官人受財及盜者 三倍追贓 仍終身禁錮 凡諸
賦稅及風土所産 多與高麗同 其王服大袖紫袍 靑錦袴 烏羅冠 金花爲
飾 素皮帶 烏革履 官人盡緋爲衣 銀花飾冠 庶人不得衣緋紫 歲時伏臘
同於中國 其書籍有五經 子 史 又表疏並依中華之法
武德四年 其王扶餘璋遣使來獻果下馬 七年 又遣大臣奉表朝貢 高祖嘉
其誠款 遣使就冊爲帶方郡王 百濟王 自是歲遣朝貢 高祖撫勞甚厚 因
訟高麗閉其道路 不許來通中國 詔遣朱子奢往和之 又相與新羅世爲讎
敵 數相侵伐 貞觀元年 太宗賜其王璽書曰 王世爲君長 撫有東蕃 海隅
遐曠 風濤艱阻 忠款之至 職貢相尋 尙想徽猷 甚以嘉慰 朕自祗承寵命
君臨區宇 思弘王道 愛育黎元 舟車所通 風雨所及 期之遂性 咸使乂安
新羅王金眞平 朕之藩臣 王之鄰國 每聞遣師 征討不息 阻兵安忍 殊乖
所望 朕已對王姪信福及高麗 新羅使人 具敕通和 咸許輯睦 王必須忘
彼前怨 識朕本懷 共篤鄰情 卽停兵革 璋因遣使奉表陳謝 雖外稱順命
內實相仇如故 十一年 遣使來朝 獻鐵甲雕斧 太宗優勞之 賜綵帛三千
段幷錦袍等
十五年 璋卒 其子義慈遣使奉表告哀 太宗素服哭之 贈光祿大夫 賻物
二百段 遣使冊命義慈爲柱國 封帶方郡王 百濟王 十六年 義慈興兵伐
新羅四十餘城 又發兵以守之 與高麗和親通好 謀欲取黨項城以絶新羅
入朝之路 新羅遣使告急請救 太宗遣司農丞相里玄奬齎書告諭兩蕃 示
以禍福 及太宗親征高麗 百濟懷二 乘虛襲破新羅十城 二十二年 又破
其十餘城 數年之中 朝貢遂絶
高宗嗣位 永徽二年 始又遣使朝貢 使還 降璽書與義慈曰
至如海東三國 開基自久 並列疆界 地實犬牙 近代已來 遂構嫌隙 戰爭
交起 略無寧歲 遂令三韓之氓 命懸刀俎 尋戈肆憤 朝夕相仍 朕代天理

物　載深矜愍　去歲王及高麗　新羅等使並來入朝　朕命釋茲讎怨　更敦款
穆　新羅使金法敏奏書　高麗　百濟　脣齒相依　競舉兵戈　侵逼交至　大城
重鎮　並爲百濟所併　疆宇日蹙　威力並謝　乞詔百濟　令歸所侵之城　若不
奉詔　卽自興兵打取　但得故地　卽請交和　朕以其言旣順　不可不許　昔齊
桓列土諸侯　尙存亡國　況朕萬國之主　豈可不邮危藩　王所兼新羅之城
並宜還其本國　新羅所獲百濟俘虜　亦遣還王　然後解患釋紛　韜戈偃革
百姓獲息肩之願　三蕃無戰爭之勞　比夫流血邊亭　積屍疆場　耕織並廢
士女無聊　豈可同年而語矣　王若不從進止　朕已依法敏所請　任其與王決
戰　亦令約束高麗　不許遠相救恤　高麗若不承命　卽令契丹諸蕃渡遼澤入
抄掠　王可深思朕言　自求多福　審圖良策　無貽後悔
六年　新羅王金春秋又表稱百濟與高麗　靺鞨侵其北界　已沒三十餘城　顯
慶五年　命左衞大將軍蘇定方統兵討之　大破其國　虜義慈及太子隆　小王
孝演　僞將五十八人等送於京師　上責而宥之　其國舊分爲五部　統郡三十
七　城二百　戶七十六萬　至是乃以其地分置熊津　馬韓　東明等五都督府
各統州縣　立其酋渠爲都督　刺史及縣令　命右衞郎將王文度爲熊津都督
總兵以鎮之　義慈事親以孝行聞　友于兄弟　時人號海東曾閔　及至京　數
日而卒　贈金紫光祿大夫　衞尉卿　特許其舊臣赴哭　送就孫皓　陳叔寶墓
側葬之　并爲豎碑
文度濟海而卒　百濟僧道琛　舊將福信率衆據周留城以叛　遣使往倭國　迎
故王子扶餘豐立爲王　其西部　北部並翻城應之　時郎將劉仁願留鎮於百
濟府城　道琛等引兵圍之　帶方州刺史劉仁軌代文度統衆　便道發新羅兵
合契以救仁願　轉鬥而前　所向皆下　道琛等於熊津江口立兩柵　以拒官軍
仁軌與新羅兵四面夾擊之　賊衆退走入柵　阻水橋狹　墮水及戰死萬餘人
道琛等乃釋仁願之圍　退保任存城　新羅兵士以糧盡引還　時龍朔元年三
月也　於是道琛自稱領軍將軍　福信自稱霜岑將軍　招誘叛亡　其勢益張

使告仁軌曰 聞大唐與新羅約誓 百濟無問老少 一切殺之 然後以國付新羅 與其受死 豈若戰亡 所以聚結自固守耳 仁軌作書 具陳禍福 遣使諭之 道琛等恃衆驕倨 置仁軌之使於外館 傳語謂曰 使人官職小 我是一國大將 不合自參 不答書遣之 尋而福信殺道琛 倂其兵衆 扶餘豐但主祭而已

二年七月 仁願 仁軌等率留鎭之兵 大破福信餘衆於熊津之東 拔其支羅城及尹城 大山 沙井等柵 殺獲甚衆 仍令分兵以鎭守之 福信等以眞峴城臨江高險 又當衝要 加兵守之 仁軌引新羅之兵乘夜薄城 四面攀堞而上 比明而入據其城 斬首八百級 遂通新羅運糧之路 仁願乃奏請益兵 詔發淄 靑 萊 海之兵七千人 遣左威衞將軍孫仁師統衆浮海赴熊津 以益仁願之衆 時福信旣專其兵權 與扶餘豐漸相猜貳 福信稱疾 臥於窟室 將候扶餘豐問疾 謀襲殺之 扶餘豐覺而率其親信掩殺福信 又遣使往高麗及倭國請兵以拒官軍 孫仁師中路迎擊 破之 遂與仁願之衆相合 兵勢大振 於是仁師 仁願及新羅王金法敏帥陸軍進 劉仁軌及別帥杜爽 扶餘隆率水軍及糧船 自熊津江往白江以會陸軍 同趨周留城 仁軌遇扶餘豐之衆於白江之口 四戰皆捷 焚其舟四百艘 賊衆大潰 扶餘豐脫身而走 僞王子扶餘忠勝 忠志等率士女及倭衆並降 百濟諸城皆復歸順 孫仁師與劉仁願等振旅而還 詔劉仁軌代仁願率兵鎭守 乃授扶餘隆熊津都督 遣還本國 共新羅和親 以招輯其餘衆

麟德二年八月 隆到熊津城 與新羅王法敏刑白馬而盟 先祀神祇及川谷之神 而後歃血 其盟文曰

往者百濟先王 迷於逆順 不敦鄰好 不睦親姻 結託高麗 交通倭國 共爲殘暴 侵削新羅 破邑屠城 略無寧歲 天子憫一物之失所 憐百姓之無辜 頻命行人 遣其和好 負險恃遠 侮慢天經 皇赫斯怒 恭行弔伐 旌旗所指 一戎大定 固可瀦宮汚宅 作誡來裔 塞源拔本 垂訓後昆 然

懷柔伐叛 前王之令典 興亡繼絕 往哲之通規 事必師古 傳諸曩冊 故
立前百濟太子司稼正卿扶餘隆爲熊津都督 守其祭祀 保其桑梓 依倚
新羅 長爲與國 各除宿憾 結好和親 恭承詔命 永爲藩服 仍遣使人右
威衞將軍魯城縣公劉仁願親臨勸諭 具宣成旨 約之以婚姻 申之以盟
誓 刑牲歃血 共敦終始 分災恤患 恩若弟兄 祗奉綸言 不敢失墜 旣
盟之後 共保歲寒 若有棄信不恆 二三其德 興兵動衆 侵犯邊陲　明
神鑒之 百殃是降 子孫不昌 社稷無守 禋祀磨滅 罔有遺餘 故作金書
鐵契 藏之宗廟 子孫萬代 無或敢犯 神之聽之 是饗是福
劉仁軌之辭也 歃訖 埋幣帛於壇下之吉地 藏其盟書於新羅之廟
仁願 仁軌等旣還 隆懼新羅 尋歸京師 儀鳳二年 拜光祿大夫 太常員外
卿兼熊津都督 帶方郡王　令歸本蕃 安輯餘衆 時百濟本地荒毀 漸爲新
羅所據 隆竟不敢還舊國而卒 其孫敬 則天朝襲封帶方郡王 授衞尉卿
其地自此爲新羅及渤海靺鞨所分 百濟之種遂絕

(百濟 衣冠制 비교자료:『三國史記』, 卷24. 百濟本紀 2, 古爾王)
二十七年 春正月 置內臣佐平 掌善納事 內頭佐平 掌庫藏事 … 又置達率 恩率 德
率 扞率 奈率 及將德 … 振武 剋虞 六佐平並一品 達率二品 … 剋虞 十六品 二
月 下令 六品已上服紫　以銀花飾冠 十一品已上服緋 十六品已上服靑 三月 以王
弟優壽爲內臣佐平
二十八年 春正月初吉 王服紫大袖袍 靑錦袴 金花飾烏羅冠 素皮帶 烏韋履 坐南堂
聽事 二月 拜眞加爲內頭佐平 優豆爲內法佐平 高壽爲衛士佐平 昆奴爲朝廷佐平
惟已爲兵官佐平

(百濟 衣冠制 비교자료:『三國史記』, 卷33, 雜志 2, 色服條)
高句麗百濟衣服之制 不可得而考 今但記見於中國歷代史書者 … … …
北史云 百濟衣服與高麗略同 若朝拜祭祀 其冠兩相加翅 戎事則不 奈率已下 冠飾
銀花 將德紫帶 施德皂帶 固德赤帶 季德青帶 對德文督皆黃帶 自武督至剋虞皆白
帶
隋書云 百濟 自佐平至將德 服紫帶 施德皂帶 固德赤帶 季德青帶 對德以下 皆黃

帶 自文督至剋虞 皆白帶 冠制並同 唯奈率以下 飾以銀花
唐書云 百濟 其王服大袖紫袍 靑錦袴 烏羅冠 金花爲飾 素皮帶 烏革履 官人盡緋
爲衣 銀花飾冠 庶人不得衣緋紫
通典云 百濟 其衣服 男子略同於高麗 婦人衣似袍而袖微大

(顯慶五年 비교자료:『舊唐書』, 卷83, 列傳 33, 蘇定方)
(蘇)定方命卒登城建幟 … 百濟悉平 分其地爲六州 俘義慈及隆 泰等獻于東都

** 百濟 武寧王陵에서 출토된 王과 王妃의 金花冠飾(右)과 百濟金銅大香爐에 조각되어 있는 百濟人의 騎馬像(左)

*『唐會要』, 卷95, 百濟

百濟者 本扶餘之別種 當馬韓之故地 其後有仇台者 爲高麗所破 以百
家濟海 因號百濟焉 大海之北 小海之南 東北至新羅 西至越州 南渡海
至倭國 北渡至高麗 其王所居 有東西兩城 新置內官佐平 掌宣納事 內
頭佐平 掌庫藏事 內法佐平 掌禮儀事 衛士佐平 掌宿衛兵事 朝廷佐平
掌刑獄事 兵官佐平 掌在外兵馬使 又外置六帶方 管十郡 其用法 叛逆
者死 殺人者以奴婢二人贖罪 官人受財及盜者三倍追贓 餘與高麗同 武
德四年 其王扶餘璋遣使獻果下馬 與新羅世爲仇讎
貞觀十六年 與高麗通和 以絶新羅入朝之道 太宗親征高麗 百濟懷二
數年之間 朝貢遂絶 至顯慶五年八月十三日 左衛大將軍蘇定方討平之
虜其王義慈及太子崇 將校五十八人 送于京師 其國分爲五部 統郡三十

** 百濟의 朝貢品으로 中國에 보내지던 果下馬

七 城二百 戶七十六萬 至
是 以其地置熊津 馬韓 東
明 金漣 德安等五都督 各
統州縣 立其酋長爲都督 刺
史 縣令 命左衛郎將王文度
爲都統 總兵以鎭之 義慈事
親以孝行聞 友于兄弟 時人
號爲海東曾閔 及至京 數日
病卒 葬于孫皓 陳叔寶墓側
至麟德三年已後 其地爲新
羅 靺鞨所分 百濟之種遂絶

(顯慶五年　비교자료: 『舊唐書』,
卷83, 列傳 33, 蘇定方)
(蘇)定方命卒登城建幟 … 百濟悉
平 分其地爲六州 俘義慈及隆　泰

等獻于東都

(顯慶五年 비교자료: 『資治通鑑』, 卷200, 唐紀 16, 高宗 上之下)
十一月 戊戌朔 上御則天門樓 … 受百濟俘 自其義慈以下 皆釋之 …

* 『唐會要』, 卷95, 新羅

新羅者 本弁韓之地 其風俗衣服與高麗 百濟略同 而朝服尙白 好祭山
神 國人多金朴兩姓 異姓不爲婚姻 …
永徽元年 新羅王金眞德大破百濟 遣使金法敏來朝 仍織錦作五言太平
詩以獻 帝嘉之 拜法敏爲太府卿 …
顯慶元年三月 又破百濟兵 遣使來告

龍朔元年 春秋卒 詔以其子法敏嗣位 三年四月 詔以新羅國置雞林州大
都督府 仍授法敏雞林大都督府 麟德二年八月 法敏與熊津都督扶餘隆
盟于百濟之熊津城 其盟書藏于新羅之廟 于是帶方州刺史劉仁軌領新羅
百濟 眈羅 倭人四國使 浮海西還 以赴大山之下
上元元年二月 新羅王金法敏旣納高句麗叛亡之衆 又封百濟故地 遣兵
守之 帝大怒 詔削法敏官爵 遣宰臣劉仁軌討之 仍以法敏弟右驍衛員外
大將軍 臨海郡公金仁問爲新羅王 時仁問在京師 詔令歸國以代其兄 仁
問行至中路 聞新羅降 仁問乃還 …

** 新羅 文武王이 高句麗 王族 安勝을 報德國王으로 삼아 머물게 했던 全北 益山의 報德城

* 『太平寰宇記』, 卷172 下, 四夷 1, 東夷 1, 百濟國

百濟卽 後漢末夫餘王尉仇臺之後 後魏時 百濟王上表云 臣與高麗源出
夫餘也 初以百家濟海 因號百濟 晉時 勾麗旣畧有遼東 而百濟亦據有
遼西晉平二郡地 今營平二州之間也 自晉以後 併諸國據有馬韓地 晉代
授蕃爵 自置百濟郡 義熙中 以百濟王夫餘腆 爲使持節 都督百濟諸軍
事 宋 齊 梁 並遣使朝貢 授官封 其人土著 地多下濕 率皆山居 其王
都有東西二城 號建居拔城 王號於羅瑕 百姓呼爲鞬吉支注 夏言並王也
王妻號於陸注 夏言妃也 官屬有十六品 左平一品 達二品 恩率三品 德
率四品 扞率五品 奈率六品 以上冠飾銀花 將德七品 紫帶 施德八品
皂帶 固德九品 赤帶 季德十品 青帶 對德十一品 文督十二品 皆黃帶
武督十三品 佐軍十四品 振武十五品 尅虞十六品 皆白帶 統兵以達率
德率扞率爲之 人庶及餘小域咸分隷焉 其國用法 叛逆者死 殺人者以奴
婢三人贖 官人管射 及盜者三倍追贓 其王 以四仲月祭天及五帝之神
每歲四祠其始祖仇臺之廟 大姓有八族 謂沙氏 燕氏 劦氏 解氏 眞氏
國氏 木氏 苩氏 國西入島 居者十五所 皆有城邑 後魏孝文帝 遣衆征
破之 後其王牟大爲高勾麗所破 衰弱累年 遷居南韓舊地 隋初 其王扶
餘璋遣使貢方物 拜爲帶方郡公百濟王 唐武德四年 其王夫餘璋遣使獻
果下馬 與新羅世爲仇讐 貞觀十六年 與高麗通和 以絶新羅入朝之道
太宗親征高麗 百濟懷貳 數年之間朝貢遂絶 顯慶五年 蘇定方討平之
因虜其王義慈以歸 其地 舊有五部 分統三十七郡二百城七十六萬戶 至
是 以其地分 置熊津 焉韓 東明 金連 德安等 五府都督府 以其酋渠爲
都督府刺史縣令 命右衛郎將王文度爲都督 總兵以鎭之 至麟德三年 其
舊地沒於新羅 城傍衆餘後漸衰弱散 投空厥及鞨鞨 其王扶餘崇 竟不敢
還舊國 土地盡沒於新羅鞨鞨 扶餘氏君長因之遂絶 義慈事親以至孝 聞

友于兄弟 時人號爲東海曾閔 及至京數日病卒 葬于孫晧陳叔寶墓側

四至

其國 東西四百里 南北九百里 接新羅 北距高麗千餘里 西限大海 過海
至越州 處小海之南 南渡海卽 是倭國

土俗物産

其衣服 男子畧同於高麗 拜謁之禮 兩手據地爲敬 婦人衣 似袍而袖微
大 在室者 編髮於首 後垂一道爲飾 出嫁者 乃分爲兩道焉 兵有弓箭刀
矟 重騎射兼愛墳史 其秀異者 頗解屬文 又解陰陽五行 用宋元嘉歷 以
建寅月爲歲首 亦解醫藥卜筮占相之術 有投壺樗蒲等雜然 尤尙奕棋 僧
尼寺塔甚多 而無道士 賦稅以布絹麻木等 婚娶之禮 畧同華俗 父母及
夫死者 三年持服 餘親則葬訖除之 氣候溫煖 五穀雜果蔬菜及酒醴殽
樂器之屬 多同於內地 唯無馳騾 驢羊 鵝鴨等 西南海中 有三島 其上
出黃漆樹 似小擾樹而大 六月輒取其汁 漆器物如黃金 其光奪目

三韓國

馬韓 後漢時通焉有三種 一曰馬韓 二曰辰韓 三曰弁韓 三韓之地 凡大
小共七十八國 或云百濟是一國焉 大者萬餘戶 小者數千家 各在山海間
地 各方四千餘里 東以西海爲限 皆古之辰國也 馬韓最大 共立其種爲
王 辰韓 耆老自言 秦之亡人 避苦役適韓 韓割東界地與之 有城柵 其
言語有類秦人 由是 或謂之秦韓 其王常用馬韓人作之 代相係襲 辰韓
不得自立爲王 明其流移之人故也 …

『太平寰宇記』, 卷174, 四夷 3, 東夷 3, 新羅國

… 其王本百濟人 自海逃入新羅 遂王其國 國小不能自通使聘 …

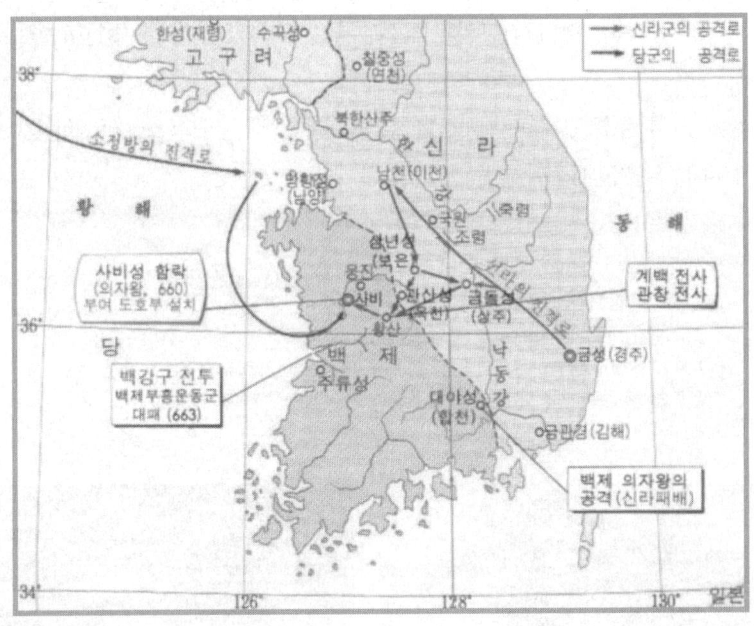

** 義慈王代 百濟의 領域과 羅·唐軍의 攻擊圖

* 『冊府元龜』, 卷966, 外臣部, 繼襲, 百濟, 新羅

百濟 晉義熙十二年 封其王餘映爲百濟王 宋元嘉七年 其王餘毘復修職
貢 以映爵號授之 毘死子慶代立 慶死子牟都立 牟都死子牟大立 梁普
通二年 其王餘隆遣使朝貢 五年 隆死子明襲其王號 北齊武平元年 以
其王餘昌爲百濟王 隋開皇中 昌死子璋立 唐高祖武德七年 冊爲帶方郡
公百濟王 貞觀十五年 璋卒子義慈遣使告哀 太宗冊義慈襲其王號 顯慶
五年 左衛大將軍蘇定方大破其國 虜義慈及太子隆 送於京師 龍朔元年
百濟僧道琛舊將福信遣使往倭國 迎故王子扶餘豐立爲王 高宗命帶方州
刺史劉仁軌討之 詔以扶餘隆爲熊津都督 遣還本國 儀鳳二年 進帶方郡

王 其百濟本地 漸爲新羅所據 隆不敢還遂卒 則天以其孫敬襲封帶方郡
王

新羅王 本百濟人 自海逃入新羅 遂王 其國傳世三十至金眞平 隋開皇
十四年 封樂浪郡公新羅王 …

(비교자료: 『三國史記』, 卷27, 百濟本紀5, 威德王, 惠王, 法王, 武王)
威德王 諱昌 聖王之元子也 聖王在位三十二年薨 繼位
惠王 諱季 明王(聖王)第二子 昌王薨 卽位
法王 諱宣(或云孝順) 惠王之長子 惠王薨 子宣繼位 (隋書 以宣爲昌王之子)
武王 諱璋 法王之子 風儀英偉 志氣豪傑 法王卽位 翌年薨 子嗣位

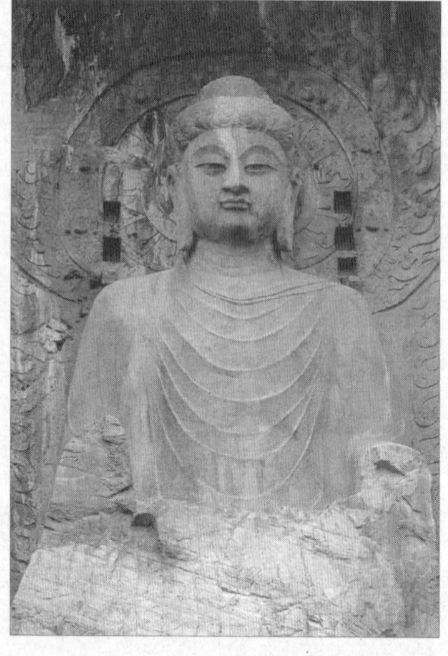

** 扶餘隆의 孫子 扶餘敬을 帶方郡王으로 冊封한 則天武后의 肖像(左)과 그녀를 모델로 하여 만들었다고 전하는 洛陽
龍門石窟 奉先寺의 盧舍那佛(右)

* 『新唐書』, 卷220, 列傳 145, 東夷, 百濟

百濟 扶餘別種也 直京師東六千里而羸 濱海之陽 西界越州 南倭 北高
麗 皆踰海乃至 其東 新羅也 王居東西二城 官有內臣佐平者宣納號令
內頭佐平主帑聚 內法佐平主禮 衞士佐平典衞兵 朝廷佐平主獄 兵官佐
平掌外兵 有六方 方統十郡 大姓有八 沙氏 燕氏 劦氏 解氏 貞氏 國
氏 木氏 苩氏 其法 反逆者誅 籍其家 殺人者 輸奴婢三贖罪 吏受賕及
盜 三倍償 錮終身 俗與高麗同 有三島 生黃漆 六月刺取瀋 色若金 王
服大袖紫袍 靑錦袴 素皮帶烏革履 烏羅冠飾以金蘤 羣臣絳衣 飾冠以
銀蘤 禁民衣絳紫 有文籍 紀時月如華人

武德四年 王扶餘璋始遣使獻果下馬 自是數朝貢 高祖冊爲帶方郡王 百
濟王 後五年 獻明光鎧 且訟高麗梗貢道 太宗貞觀初 詔使者平其怨 又
與新羅世仇 數相侵 帝賜璽書曰 新羅 朕蕃臣 王之鄰國 聞數相侵暴
朕已詔高麗 新羅申和 王宜忘前怨 識朕本懷 璋奉表謝 然兵亦不止 再
遣使朝 上鐵甲雕斧 帝優勞之 賜帛段三千 十五年 璋死 使者素服奉表
曰 君外臣百濟王扶餘璋卒 帝爲擧哀玄武門 贈光祿大夫 賻賜甚厚 命
祠部郎中鄭文表冊其子義慈爲柱國 紹王

義慈事親孝 與兄弟友 時號海東曾子 明年 與高麗連和伐新羅 取四十
餘城 發兵守之 又謀取棠項城 絶貢道 新羅告急 帝遣司農丞相里玄獎
齎詔書諭解 聞帝新討高麗 乃間取新羅七城 久之 又奪十餘城 因不朝
貢 高宗立 乃遣使者來 帝詔義慈曰 海東三國 開基舊矣 地固犬牙 比
者隙爭侵校無寧歲 新羅高城重鎭皆爲王幷 歸窮于朕 丐王歸地 昔齊桓
一諸侯 尚存亡國 況朕萬方主 可不卹其危邪 王所兼城宜還之 新羅所
俘亦畀還王 不如詔者 任王決戰 朕將發契丹諸國 度遼深入 王可思之
無後悔

永徽六年 新羅訴百濟 高麗 靺鞨取北境三十城 顯慶五年 乃詔左衞大
將軍蘇定方爲神丘道行軍大總管 率左衞將軍劉伯英 右武衞將軍馮士貴
左驍衞將軍龐孝泰發新羅兵討之 自城山濟海 百濟守熊津口 定方縱擊
虜大敗 王師乘潮帆以進 趨眞都城一舍止 虜悉衆拒 復破之 斬首萬餘
級 拔其城 義慈挾太子隆走北鄙 定方圍之 次子泰自立爲王 率衆固守
義慈孫文思曰 王太子固在 叔乃自王 若唐兵解去 如我父子何 與左右
縋而出 民皆從之 泰不能止 定方令士超堞立幟 泰開門降 定方執義慈
隆及小王孝演 酋長五十八人送京師 平其國 五部 三十七郡 二百城 戶
七十六萬 乃析置熊津 馬韓 東明 金漣 德安五都督府 擢酋渠長治之
命郎將劉仁願守百濟城 左衞郎將王文度爲熊津都督 九月 定方以所俘
見 詔釋不誅 義慈病死 贈衞尉卿 許舊臣赴臨 詔葬孫晧 陳叔寶墓左
授隆司稼卿 文度濟海卒 以劉仁軌代之
璋從子福信嘗將兵 乃與浮屠道琛據周留城反 迎故王子扶餘豐於倭 立
爲王 西部皆應 引兵圍仁願 龍朔元年 仁軌發新羅兵往救 道琛立二壁
熊津江 仁軌與新羅兵夾擊之 奔入壁 爭梁墮溺者萬人 新羅兵還 道琛
保任孝城 自稱領軍將軍 福信稱霜岑將軍 告仁軌曰 聞唐與新羅約 破
百濟 無老孺皆殺之 畀以國 我與受死 不若戰 仁軌遣使齎書答說 道琛
倨甚 館使者于外 嫚報曰 使人官小 我 國大將 禮不當見 徒遣之 仁軌
以衆少 乃休軍養威 請合新羅圖之 福信俄殺道琛 并其兵 豐不能制 二
年七月 仁願等破之熊津 拔支羅城 夜薄眞峴 比明入之 斬首八百級 新
羅餉道乃開 仁願請濟師 詔右威衞將軍孫仁師爲熊津道行軍總管 發齊
兵七千往 福信顓國 謀殺豐 豐率親信斬福信 與高麗倭連和 仁願已得
齊兵 士氣振 乃與新羅王金法敏率步騎 而遣劉仁軌率舟師 自熊津江偕
進 趨周留城 豐衆屯白江口 四遇皆克 火四百艘 豐走 不知所在 僞王
子扶餘忠勝 忠志率殘衆及倭人請命 諸城皆復 仁願勒軍還 留仁軌代守

帝以扶餘隆爲熊津都督　俾歸國　平新羅故憾　招還遺人　麟德二年　與新
羅王會熊津城　刑白馬以盟　仁軌爲盟辭曰　往百濟先王　罔顧逆順　不敦
鄰　不睦親　與高麗　倭共侵削新羅　破邑屠城　天子憐百姓無辜　命行人脩
好　先王負險恃遠　侮慢弗恭　皇赫斯怒　是伐是夷　但興亡繼絶　王者通制
故立前太子隆爲熊津都督　守其祭祀　附杖新羅　長爲與國　結好除怨　恭
天子命　永爲藩服　右威衞將軍魯城縣公仁願　親臨厥盟　有貳其德　興兵
動衆　明神監之　百殃是降　子孫不育　社稷無守　世世毋敢犯　乃作金書鐵
契　藏新羅廟中
仁願等還　隆畏衆攜散　亦歸京師　儀鳳時　進帶方郡王　遣歸藩　是時　新
羅彊　隆不敢入舊國　寄治高麗死　武后又以其孫敬襲王　而其地已爲新羅
渤海靺鞨所分　百濟遂絶

(비교자료:『新唐書』, 卷43下, 志 33下, 地理 7下)
初　顯慶五年平百濟　以其地置熊津　馬韓　東明　金連　德安五都督府　幷置帶方州　麟
德後廢

(顯慶五年 비교자료:『資治通鑑』, 卷200, 唐紀 16, 高宗 上之下)
(顯慶五年) 八月 … 蘇定方引兵　自成山濟海　百濟據熊津江口　以拒之 …

(顯慶五年 비교자료:『文獻通考』, 卷326, 四裔考 3, 百濟)
顯慶五年　乃詔左衛大將軍蘇定方等　發新羅兵討之　自成山濟海 …

(비교자료:『三國史記』, 卷28, 百濟本紀 6, 義慈王)
(二十年) 六月 … 蘇定方引軍自城山濟海　至國西德物島 …

(비교자료:『三國史記』, 卷5, 新羅本紀 5, 太宗武烈王)
七年 … 六月十八日 … (蘇)定方發自萊州　舳艫千里　隨流東下

[참고자료: 魏嵩山,『中國歷史地名大辭典』(廣東敎育出版社, 1995), p.376]
成山　一名　成山頭　成山角　在今山東榮成市東北　秦始皇嘗巡遊至此

** 義慈王이 中國으로 끌려가 죽어서 묻힌 洛陽 北邙山 가는 길(左)과 唐代의 무덤인 恭陵(右)

** 中國 山東半島의 오늘날 地圖

*『資治通鑑』 百濟關聯 記事

卷97, 晋紀 19, 孝宗上之上

(永和)二年 春正月 … 初夫餘居于鹿山 夫餘在玄菟北千餘里 鹿山蓋直其地 杜佑曰 夫餘國有印文 曰濊王之印 國有故城 名濊城 蓋本濊貊之地 其國在長城之北 去玄菟千里 南與高麗 東與挹婁 西與鮮卑接 爲百濟所侵 東夷有三韓國 一曰馬韓 二曰辰韓 三曰弁韓 馬韓有五十四國 百濟其一也 後漸强大 兼諸小國 其國本與句麗俱在遼東之東千餘里 隋書曰 百濟出自東明 其後有仇台者始立其國 漸以强盛 初以百家濟海 因號百濟 杜佑曰 百濟南接新羅 北拒高麗千餘里 西限大海 處小海之南 部落衰散 西徙近燕而不設備 近其斬翻 燕王皝遣世子儁 帥慕容軍慕容恪 慕輿根三將軍萬七千騎襲夫餘 帥讀曰率 儁居中指授 軍事皆以任恪 遂拔夫餘 虜其王玄及部落五萬餘口而還 皝以玄爲鎮軍將軍 妻以女 妻子細翻

卷136, 齊紀 2, 世祖上之下

(永明六年) 十二月 … 魏遣兵擊百濟 爲百濟所敗 陳壽曰 三韓凡七十八國 百濟其一也 據李延壽史 其先以百家濟海 後浸强盛 以立國 故曰百濟 晋世 句麗略有遼東 百濟亦據有遼西晉平二郡地

卷192, 唐紀 8, 高祖下之下

(武德九年) 十二月 … 新羅 百濟 高麗 三國有宿仇 北史曰 新羅本辰韓種 在高麗東南 亦曰 秦韓 相傳 秦世亡人 避役來適 馬韓割東界居之 故名秦韓 始有六國 稍分爲十二 新羅其一也 或稱魏母丘儉破高麗奔沃沮 後復國 其留者爲新羅 兼有沃沮不耐 韓濊之地 其王本百濟人 自海逃入新羅 遂王其國 附庸百濟 後致强盛 因與百濟爲敵 百濟伐高麗 來請救 悉兵往破之 自是相攻不置 後獲百濟王殺之 滋結怨 麗力知翻 迭相攻擊 上遣國子助教朱子奢往諭指 晉武帝咸寧四年 立國子學 置祭酒 博士各一人 助教十五人

以教生徒 孝武太元十年 損助教爲十人 唐助教五人 從六品 上掌佐博士 分經教授 三國皆上表謝罪 上時掌翻

卷200, 唐紀 16, 高宗上之下

(顯慶五年) 三月 … 百濟恃高麗之援 數侵新羅 數所角翻 新羅王春秋上表求救 辛亥以左武衛大將軍蘇定方爲神丘道行軍大摠管 新書作 神兵道 帥左驍衛將軍劉伯英等 帥讀曰率驍堅堯翻 水陸十萬 以伐百濟 考異曰 舊書定方傳 新羅傳皆云 定方爲熊津道大摠管 實錄定方傳 亦同 今從此年實錄新唐書本紀 又舊本紀 唐曆皆云 四年十二月癸亥 以定方爲神丘道大摠管 劉伯英爲嵎夷道行軍摠管 按定方時討都曼 未爲神丘道摠管 舊書唐曆皆誤 今從實錄 以春秋爲嵎夷道行軍摠管 因堯典宅嵎夷曰 暘谷而命之 將新羅之衆與之合勢 將卽亮翻 … 八月 … 蘇定方引兵自成山濟海 百濟據熊津江口以拒之 定方進擊破之 百濟死者數千人 餘皆潰走 定方水陸齊進 直趣其都城 北史百濟都俱拔城 亦曰固麻城 其外更有五方 中方曰古沙城 東方曰得安城 南方曰久知下城 西方曰刀先城 北方曰熊津城 趣七喻翻 未至二十餘里 百濟傾國來戰 大破之 殺萬餘人 追奔入其郭 百濟王義慈及太子隆逃于北境 定方進圍其城 義慈次子泰自立爲王 帥衆固守 隆子文思曰 王與太子皆在 而叔遽擁兵自王 帥讀曰率 下同 王于況翻 借使能却唐兵 我父子必不全矣 遂帥左右踰城來降 百姓皆從之 泰不能止 定方命軍士登城立幟 泰窘迫 開門請命 於是義慈隆及諸城主皆降 降戶江翻 幟昌志翻 百濟故有五部 分統三十七郡 二百城 七十六萬戶 詔以其地置熊津五都督府 熊津 馬韓 東明 金連 德安 五都督府 以其酋長爲都督刺史 酋慈由翻 長知兩翻 … 十一月 戊戌朔 上御則天門樓 唐六典 東都宮城南面三門 中曰應天 後以武后號則天 遂更曰應天也 受百濟俘 自其王義慈以下 皆釋之 蘇定方前後滅三國 皆生擒其主 謂賀魯 都曼 義慈也 赦天下 …
…

(龍朔元年) 三月 丙申朔 … 初蘇定方旣平百濟 留郞將劉仁願鎭守百濟府城 又以左衛中郞將王文度爲熊津都督 撫其餘衆 文度濟海而卒 卒子恤翻 百濟僧道琛 故將福信聚衆據周留城 將卽亮翻 迎故王子豐於倭國而立之 倭烏禾翻 引兵圍仁願於府城 詔起劉仁軌檢校帶方州刺史 帶方州置於百濟界 因古地名以名州 考異曰 僉載云 劉仁願以仁軌檢校帶方州刺史 今從本傳 將王文度之衆 便道發新羅兵 以救仁願 將卽亮翻 仁軌喜曰 天將富貴此翁矣 於州司請唐曆及廟諱以行 按劉仁軌自靑州刺史 白衣從軍 此蓋於靑州州司請之也 曰 吾欲掃平東夷 頒大唐正朔於海表 仁軌御軍嚴整 轉鬪而前 所向皆下 百濟立兩柵於熊津江口 仁軌與新羅兵合擊破之 殺溺死者萬餘人 溺奴狄翻 道琛 乃釋府城之圍 退保任存城 任存城在百濟西部任存山 考異曰 實錄或作任孝城 未知孰是 今從其多者 新羅糧盡引還 道琛自稱領軍將軍 福信自稱霜岑將軍 招集徒衆 其勢益張 張知亮翻 仁軌衆少 與仁願合軍 休息士卒 少詩沼翻 上詔新羅出兵 新羅王春秋奉詔 遣其將金欽將兵救仁軌等 至古泗 福信邀擊敗之 將卽亮翻 敗補邁翻 欽自葛嶺道遁還 新羅不敢復出 福復扶又翻信尋殺道琛 專摠國兵 …

…

(龍朔二年 秋七月) … 丁巳 熊津都督劉仁願 帶方州刺史劉仁軌大破百濟於熊津之東 拔眞峴城 初仁願仁軌等屯熊津城 考異曰 去歲道琛福信圍仁願於百濟府城 今云尙在熊津城 或者共是一城 不 則圍解之後 徙屯熊津城耳 上與之敕書 以平壤軍回 一城不可獨固 宜拔就新羅 若金法敏藉卿留鎭 宜且停彼 若其不須 卽宜泛海還也 將士咸欲西歸 仁軌曰 人臣徇公家之利 有死無貳 豈得先念其私 主上欲滅高麗 故先誅百濟 留兵守之 制其心腹 雖餘寇充斥 而守備甚嚴 宜礪兵秣馬 擊其不意 理無不克 旣捷之後 士卒心安 然後分兵據險 開張形勢 飛表以聞 更求益兵 朝廷知其有成 必命將出師 聲援纔接 凶醜自殲 將即亮翻 殲息廉翻 非直不棄成功 實亦永淸海

表 今平壤之軍旣還 熊津又拔 拔謂拔軍就新羅 或拔軍西還也 則百濟餘燼 不日更興 高麗逋寇 何時可滅 且今以一城之地 居敵中央 苟或動足 卽爲擒虜 縱入新羅 亦爲羇客 脫不如意 悔不可追 況福信凶悖殘虐 君臣猜離 行相屠戮 正宜堅守觀變 乘便取之 不可動也 衆從之 時百濟王豐與福信等 以仁願等孤城無援 遣使謂之曰 大使等何時西還 當遣相送 使疏 吏翻下同 仁願仁軌知其無備 忽出擊之 拔其支羅城及尹城 大山 沙井等柵 殺獲甚衆 分兵守之 福信等以眞峴城險要 加兵守之 仁軌伺其稍懈 引新羅兵夜傅城下 攀草而上 比明 入據其城 伺相吏翻 懈古隘翻 傅音附 上時掌翻 比必寐翻 遂通新羅運糧之路 仁願乃奏請益兵 詔發淄靑萊海之兵七千人以赴熊津 史言 劉仁軌能堅忍伺閒 待援兵以盡平百濟 福信專權 與百濟王豐浸相猜忌 福信稱疾臥於窟室 欲俟豐問疾而殺之 豐知之 帥親信襲殺福信 果如劉仁軌所料 帥讀曰率 遣使詣高麗倭國乞師以拒唐兵 倭烏禾翻

** 百濟正服 後 劉仁願이 초기에 주둔했던 百濟府城, 즉 百濟의 首都 扶餘의 현재 모습(左)과 扶餘 雙北里에서 出土된 "大唐銘瓦當"(右)

卷201, 唐紀 17, 高宗中之上

(龍朔三年) 九月 戊午 熊津道行軍摠管右威衞將軍孫仁師等破百濟餘衆及倭兵於白江 拔其周留城 倭烏禾翻 初劉仁願劉仁軌旣克眞峴城 克眞峴城 見上卷二年 詔孫仁師將兵浮海助之 將卽亮翻 下同 百濟王豐南引倭人以拒唐兵 仁師與仁願仁軌合兵 勢大振 諸將以加林城水陸之衝 欲先攻之 仁軌曰 加林險固 急攻則傷士卒 緩之則曠日持久 周留城虜之巢穴 羣凶所聚 除惡務本 書泰誓之言 冝先攻之 若克周留 諸城自下 於是 仁師 仁願 與新羅王法敏 將陸軍以進 仁軌與別將杜爽 扶餘隆 將水軍及糧船 自熊津入白江 以會陸軍 同趣周留城 趣七喻翻 遇倭兵於白江口 四戰皆捷 焚其舟四百艘 煙炎灼天 艘蘇遭翻 災讀曰燄 海水皆赤 百濟王豐脫身奔高麗 王子忠勝 忠志等帥衆降 帥讀曰率 下之帥皆帥降戶江翻 下同 百濟盡平 唯別帥遲受信據任存城不下 帥所類翻 尉紆勿翻 初百濟西部人黑齒常之長七尺餘 驍勇有謀略 長直亮翻 驍堅堯翻 仕百濟爲達率兼郡將 猶中國刺史也 新羅官有十六品 佐平一品 達率二品 五方各有方領一人 以達率爲之 方有十郡 郡有將三人 以德率爲之 德率四品 百濟置官 蓋與新羅畧同也 率所類翻 蘇定方克百濟 常之帥所部隨衆降 定方縶其王及太子 縱兵劫掠 壯者多死 常之懼 與左右十餘人遁歸本部 收集亡散 保任存山 結柵以自固 旬日閒歸附者三萬餘人 定方遣兵攻之 常之拒戰 唐兵不利 常之復取二百餘城 復扶又翻 定方不能克而還 還從宣翻 又如字 常之與別部將沙吒相如 沙吒 夷人複姓 吒陟加翻 各據險以應福信 百濟旣敗 皆帥其衆降 劉仁軌使常之 相如 自將其衆 取任存城 仍以糧仗助之 孫仁師曰 此屬獸心 何可信也 仁軌曰 吾觀二人 皆忠勇有謀 敦信重義 但曏者所託未得其人 今正是其感激立效之時 不用疑也 遂給其糧仗 分兵隨之 攻拔任存城 遲受信弃妻子奔高麗 詔劉仁軌將兵鎭百濟 召孫仁師劉仁願還 百濟兵火之餘 比屋彫殘

比毗必翻 又毗至翻 僵尸滿野 仁軌始命瘞骸骨 籍戶口 理村聚 署官長 通道塗 立橋梁 補隄堰 復陂塘 課耕桑 賑貧乏 養孤老 立唐社稷 頒正朔 及廟諱 卒如仁軌之志 所謂有志者事竟成也 僵居良翻瘞於計翻 長知兩翻 賑津忍翻 百濟大悅 闔境各安其業 然後脩屯田 儲糧糧 訓士卒 以圖高麗 糗去九翻 劉仁願至京師 上問之曰 卿在海東 前後奏事 皆合機宜 復有文理 復扶又翻 卿本武人 何能如是 仁願曰 此皆劉仁軌所爲 非臣所及也 上悅 加仁軌六階 勳有級 官有階 正除帶方州刺史 爲築第長安 厚賜其妻子 遣使齎璽書勞勉之 爲于僞翻 使疏吏翻 勞力到翻 上官儀曰 仁軌遭黜削而能盡忠 黜削謂白衣從軍自効也 仁願秉節制而能推賢 皆可謂君子矣 …

…

(麟德元年) 冬十月 庚辰 檢校熊津都督劉仁軌上言 上時掌翻 臣伏覩所存戍兵 疲羸者多 勇健者少 羸倫爲翻 少詩沼翻 衣服貧敝 唯思西歸 無心展効 臣問以往在海西 見百姓人人應募 爭欲從軍 或請自辦衣糧 謂之義征 何爲今日士卒如此 咸言今日官府與曩時不同 人心亦殊 曩時東西征役 身沒王事 竝蒙敕使弔祭 使疏吏翻 追贈官爵 或以死者官爵回授子弟 凡度遼海者 皆賜勳一轉 自顯慶五年以來 征人屢經渡海 官不記錄 其死者亦無人誰何 誰何 問也 問其爲誰緣何而死也 州縣每發百姓爲兵 其壯而富者 行錢參逐 皆亡匿得免 謂州縣官發人爲兵 其吏卒之參陪隨逐者 富民行錢 與之相爲掩蔽 得以亡匿 按元和四年 御史臺奏 比來常參官入光範門及中書省 所將參從人數頗多 參從 猶參逐也 貧者身雖老弱 被發即行 頃者破百濟及平壤苦戰 破百濟見上卷顯慶五年 平壤苦戰 見龍朔二年 被皮義翻 當時將帥號令 許以勳賞 無所不至 及達西岸 惟聞枷鏁推禁 奪賜破勳 州縣追呼 無以自存 公私困弊 不可悉言 以是昨發海西之日 已有逃亡自殘者 非獨至海外而然也 又本因征役 授勳級以爲榮寵 而比年出征 皆使勳官挽引 比毗至翻 挽引謂挽引舟車 勞苦與白丁無殊 百姓不願從軍 率皆由此 臣又問曩日士卒留鎮五年

尚得支濟 今爾等始經一年 何爲如此單露 咸言初發家日 惟令備一年資
裝 今已二年 未有還期 臣檢校軍士所留衣 今冬僅可充事 來秋以往 全
無準擬 陛下留兵海外 欲殄滅高麗 百濟高麗舊相黨援 倭人雖遠 亦共
爲影響 若無鎮兵 還成一國 今旣資戍守 又置屯田 所藉士卒 同心同德
而衆有此議 何望成功 自非有所更張 厚加慰勞 董仲舒曰 琴瑟不調 必改而更
張之 更工衡翻 勞力到翻 明賞重罰 以起士心 若止如今日以前處置 恐師衆
疲老 立效無日 逆耳之事 或無人爲陛下盡言 處昌呂翻 爲于僞翻 故臣披露
肝膽 昧死奏陳 上深納其言 遣右威衛將軍劉仁願將兵渡海 以代舊鎮之
兵 將卽亮翻 仍敕仁軌俱還 仁軌謂仁願曰 國家懸軍海外 欲以經略高麗
其事非易 易以豉翻 今收穫未畢 而軍吏與士卒 一時代去 軍將又歸 將卽
亮翻 下軍將同 夷人新服 衆心未安 必將生變 不如且留舊兵 漸令收穫 辦
具資糧 節級遣還 節級猶今人言節次也 軍將且留鎮撫 未可還也 仁願曰 吾
前還海西 大遭讒謗 云吾多留兵衆 謀據海東 幾不免禍 幾居希翻 今日唯
知准敕 准與準同 本朝寇準爲相 省吏避其名 凡文書準字 皆去十 後遂因而不改 豈敢擅
有所爲 仁軌曰 人臣苟利於國 知無不爲 豈恤其私 乃上表陳便宜 上時
掌翻 自請留鎮海東 上從之 仍以扶餘隆爲熊津都尉 考異曰 實錄作熊津都督
按時劉仁軌檢校熊津都督 豈可復以隆爲之 明年實錄稱熊津都尉扶餘隆 與金法敏盟 今從之
使招輯其餘衆 …

…

(麟德二年) 七月 己丑 … 上命熊津都尉扶餘隆與新羅王法敏釋去舊怨
去羌呂翻 八月壬子 同盟于熊津城 劉仁軌以新羅 百濟 耽羅 倭國使者
浮海西還 耽羅國 一曰儋羅 居新羅武州南島上 初附百濟 後附新羅 會祠泰山 高麗
亦遣太子福男來侍祠 …

…

(乾封元年) 秋七月 乙丑朔 徙殷王旭輪爲豫王 以大司憲兼檢校太子左

中護劉仁軌爲右相 初仁軌爲給事中 按畢正義事 事見上卷 顯慶元年 李義
府怨之 出爲靑州刺史 會討百濟 仁軌當浮海運糧 時未可行 海行非遇順風
不可 義府督之 遭風失船 丁未溺死甚衆 命監察御史袁異式往鞫之 溺奴
狄翻 監古銜翻 義府謂異式曰 君能辦事 不憂無官 異式至 謂仁軌曰 君與
朝廷何人爲讎 盍早自爲計 仁軌曰 仁軌當官不職 國有常刑 公以法斃
之 無所逃命 若使遽自引決以快讎人 竊所未甘 乃具獄以聞 異式將行
仍自鍥其鎖 恐鎖不入簧行後得私開之也 鍥昌列翻 獄上 上時掌翻 義府言於上曰
不斬仁軌 無以謝百姓 舍人源直心曰 海風暴起 非人力所及 上乃命除
名 以白衣從軍自效 事見上卷 顯慶五年 義府又諷劉仁願使害之 仁願不忍
殺 及爲大司憲 異式懼不自安 仁軌瀝觴告之曰 仁軌若念疇昔之事 有
如此觴 仁軌旣知政事 異式尋遷詹事丞 詹事丞正六品上 時論紛然 仁軌聞
之 遽薦爲司元大夫 司元大夫卽戶部郞中 監察御史 杜易簡 謂人曰 易以鼓翻
斯所謂矯枉過正矣 …
…

(總章 元年) 十二月丁巳 上受俘于含元殿 東內正殿曰 含元殿 唐六典曰 含元殿
卽龍首山之東趾 階上高於平地四十餘尺 南去丹鳳門四百餘步 東西廣五百步 殿前玉階三級
每級引出一螭頭 其下爲龍尾 道委蛇屈曲 凡七轉 以高藏政非已出 敕以爲司平太
常伯員外同正 司平太常伯 卽工部尙書 按舊書 永徽五年 尙藥奉御蔣孝璋員外特置 仍
同正員員外 同正自此始 以泉男產爲司宰少卿 司宰少卿 卽光祿少卿 僧信誠爲銀
靑光祿大夫 泉男生爲右衛大將軍 李勣以下 封賞有差 泉男建流黔中
黔音琴 扶餘豐流嶺南 …

(麟德二年 扶餘隆 비교자료:『舊唐書』, 卷199 上, 列傳 149上, 東夷, 百濟國)
… 故立前百濟太子司稼正卿扶餘隆爲熊津都督 守其祭祀 保其桑梓 依倚新羅 長爲
與國 各除宿憾 結好和親 恭承詔命 永爲藩服 …

(麟德二年 扶餘隆 비교자료:『唐大詔令集』, 卷129, 蕃夷, 盟文, 扶餘與新羅盟文)
… 故立前百濟太子司稼正卿扶餘隆爲熊津都督 守其祭祀 保其桑梓 依倚新羅 長爲
與國 各除宿憾 結好和親 恪承詔命 永爲藩服 …

(總章 元年 비교자료:『新唐書』, 卷220, 列傳145, 東夷, 高麗, 乾封 3年條)
十二月 帝坐含元殿 引見勣等 數俘于廷 以藏素脅制 赦爲司平太常伯 男產司宰少
卿 投男建黔州 百濟王扶餘隆嶺外

卷202, 唐紀 18, 高宗中之下

(儀鳳元年) 二月 甲戌 徙安東都護府於遼東故城 … 先是有華人任東官者
悉罷之 先悉薦翻 徙熊津都督府於建安故城 其百濟戶口 先徙於徐兗等州者
皆置於建安 …

(儀鳳)二年 春正月 乙亥 … 初劉仁軌引兵自熊津還 見上卷麟德二年 扶餘
隆畏新羅之逼 不敢留 尋亦還朝 朝直遙翻 二月 丁巳 以工部尙書高藏爲
遼東州都督 封朝鮮王 朝音潮 鮮音仙 … 又以司農卿扶餘隆爲熊津都督
封帶方王 亦遣歸安輯百濟餘衆 仍移安東都護府於新城以統之 去年春移
安東都護府於遼東故城 今又移於新城 統他綜翻 時百濟荒殘 命隆寓居高麗之境
… 隆亦竟不敢還故地 高氏扶餘氏遂亡 …
…

(儀鳳) 三年 … 九月 … 上將發兵討新羅 侍中張文瓘臥疾在家 自輿
入見 見覽遍翻 諫曰 今吐蕃爲寇 方發兵西討 新羅雖云不順 未嘗犯邊
若又東征 臣恐公私不勝其弊 上乃止 …

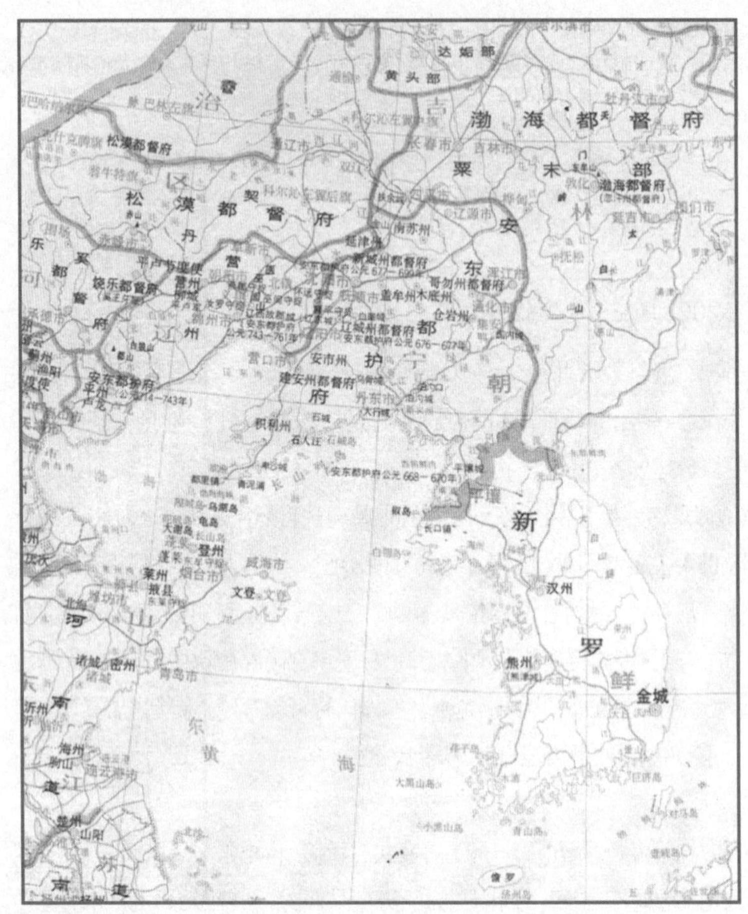

* 『通志』, 卷194, 四夷傳 1, 東夷, 百濟 耽牟羅國附

百濟卽 後漢末 夫餘王尉仇台之後 初以百家濟海 因號百濟 晋時 高句

麗旣畧有遼東 百濟亦據有遼西晋平二郡今柳城北平之間 自晋以後 幷吞諸

國 據有馬韓故地 其國 東西四百里 南北九百里 南接新羅 北拒高麗千

餘里 西限大海 處小海之南 其都曰居拔城 亦曰固麻城 其外 更有五方
中方曰古沙城 東方曰得安城 南方曰久知下城 西方曰刀先城 北方曰熊
津城 王姓餘氏 號於羅瑕 百姓號爲鞬吉支 夏言並王也 王妻號於陸 夏
言妃也 官有十六品 左率五人一品 達率三十人二品 恩率三品 德率四
品 扞率五品 奈率六品 已上冠飾銀花 將德七品 紫帶 施德八品 皂帶
固德九品 赤帶 季德十品 青帶 對德十一品 文督十二品 皆黃帶 武督
十三品 佐軍十四品 振武十五品 剋虞十六品 皆白帶 恩率以下 官無常
員 各有部司 分掌衆務 內官有前內部 穀內部 內掠部 外掠部 馬部 刀
部 功德部 藥部 木部 法部 後宮部 外官有司軍部 司徒部 司空部 司
寇部 點口部 客部 外舍部 綢部 百官部 市部 長吏三年一代 都下有方
分爲五部 曰上部 前部 中部 下部 後部 部有里巷 士庶居焉 部統兵五
百人 五方各有方領一人 以達率爲之 方佐貳之 方有十郡 郡有將三人
以德率爲之 統兵一千二百人以下七百人已上 城之內外人庶及餘小城
皆分隸焉 其人 雜有新羅 高麗 倭等 亦有中國人 其飮食衣服 畧與高
麗同 若朝拜祭祀 其冠兩廂加翅 戎事則否 拜謁之禮 以兩手據地爲禮
婦人不加粉黛 女辮髮垂後 已出嫁 則分爲兩道 盤於頭上 衣似袍 而袖
微大 兵有弓箭刀矟 俗重騎射 兼愛墳史 而秀異者 頗解屬文能史事 又
知醫藥 蓍龜 與相術 陰陽五行法 有僧尼 多寺塔而無道士 有鼓角 箜
篌 箏竽 篪笛之樂 投壺 摴蒱 弄珠 握槊等雜戲 尤高弈碁 行宋元嘉曆
以建寅月爲歲首 賦稅以布絹絲麻及米等 量歲豐儉差等 輸之 其刑罰
反叛 退軍 及殺人者 斬 盜者 流 其贓兩倍徵之 婦犯姦 沒入夫家爲婢
婚娶之禮 畧同華俗 父母及夫死者 三年居服 餘親 則葬訖除之 土田濕
氣候溫暖 其五穀 雜果 菜蔬 及酒醴 餚饌之屬 多同於內地 唯無駝驢騾
驢羊 鵝鴨等 國西南海中 有三島 出黃漆樹 似小榎樹而大 六月取汁
漆器物若黃金 其光奪目 國中大姓有八曰族 沙氏 燕氏 劦氏劦音俠 解

氏 真氏 國氏 木氏 苜氏苜音白 其王 每以四仲月 祭天及五帝之神 立其
始祖仇台之廟於國城 歲四祠之 國西南 人島居者十五所 皆有城邑 晋
義熙十二年 以百濟王餘腆 為使持節 都督百濟諸軍事 鎮東將軍百濟王
宋武帝踐阼 進號鎮東大將軍 少帝景初二年 腆遣長史張威 詣建康貢獻
元嘉二年 文帝詔 兼謁者閭邱恩子 兼副謁者丁敬子等 往宣旨慰勞 其
後 每遣使入貢 七年 百濟王餘毗 復修貢職 以腆爵號授之 二十七年
毗上書獻方物 私假臺使馮野夫西河太守 表求易林 式占 腰弩 帝並與
之 毗死子慶代立 孝武大明初 遣使求除授 詔許之 一年 慶表言 行冠
軍將軍 右賢王餘紀等十一人忠勤 並求顯進朝旨 並加優授 明帝 泰始
七年 又遣使貢獻 後魏 廷興二年 慶復遣其冠軍將軍駙馬都尉弗斯侯
長史餘禮 龍驤將軍帶方太守司馬張茂等 納貢代都 且上表曰 臣與高麗
源出夫餘 先世之時 篤崇舊款 其祖釗輕廢隣好 陵踐臣境 臣祖須 整旅
電邁 梟斬釗首 自爾以来 莫敢南顧 自馮氏數終 餘燼奔竄 醜類漸盛
遂見侵陵構怨 連禍三十餘載 若天慈曲矜 遠及無外 速遣一將 来救臣
國 當奉送鄙女 執帚後宮 幷遣子弟 牧圉外廐 尸壤匹夫不敢自有 去庚
戌年 臣西界海中 見尸十餘 幷得衣器 鞍勒 辨驗 非是高麗之物 後聞
乃是王来國人遠降臣國 長蛇隔路 以阻於海 今上所得鞍一 以為實據
魏主 以其僻遠 冒險入獻 禮遇優厚 遣使者邵安 與其使俱還 詔曰 得
表聞之無恙 卿與高麗不睦 致被陵犯 苟能順義 守之以仁 亦何憂於寇
讐也 前所遣使 浮海以撫方外之國 從来積年 往而不反 存亡達否 未能
審悉 卿所送鞍 比較舊乗 非高麗之物 不可以疑似之事 以生必然之過
經畧權要已具別旨 又詔曰 高麗稱藩先朝 供職日久 於彼 雖有自昔之
釁 於國未有犯令之愆 卿使命始通 便求致伐 尋討事會 理亦未周 所獻
錦布海物 雖不悉達 明卿至心 今賜雜物如別 又詔 高麗王璉護送安等
至其國 璉稱昔與餘慶有讐 不令東過 安等於是皆還 明年 使安等從東

莱浮海 賜餘慶璽書 褒其誠節 安等至海濱 遇風飄蕩 竟不達而反 慶死
子牟都立 都死 子牟太立 齊永明中 授牟太大都督百濟諸軍事 鎮東大
將軍 百濟王 梁天監元年 進號征東將軍 尋為高麗所破 衰弱累年 遷居
南韓地 普通二年 王餘隆 始復遣使奉表 稱累破高麗 今始與通好 其年
武帝詔 隆為使持節 都督百濟諸軍事 寧東大將軍 百濟王 五年 隆死
詔復以其子明 為持節 都督百濟諸軍事 綏東將軍 百濟王 中大通六年
大同七年 累遣使来貢 并請涅槃等經義 毛詩博士 并工匠 畫師等 並給
之 太淸三年 侯景犯順 百濟使至 見城闕荒毀 並號慟涕泣 侯景怒 囚
執之 景平乃得還國 侯景陷建業之明年 東魏静帝禪位扵齊 百濟又通使
于鄴 齊武平初 後主 以百濟王餘昌 為使持節 侍中 車騎大將軍 帶方
郡公 王如故 三年 又以昌為持節 都督東靑州諸軍事 東靑州刺史 周建
德六年 齊滅 昌始奉表通周 宣政元年 又遣使入獻 隋開皇初 昌仍修歳
貢 文帝拜昌 上開府 帶方郡公 百濟王 平陳之歳 戰船漂至海東躭牟羅
國 其船得還 經扵百濟 昌資送之甚厚 并遣使奉表賀平陳 文帝喜之 下
詔曰 彼國懸隔 来徃至難 自今以後 不須頻年入貢 使者舞蹈而去 八年
昌使其長吏王辯郍来獻方物 屬興遼東之役 仍奉表 請為軍導 帝下詔
厚其使而遣之 高麗頗知其事 兵侵其境 昌死 子餘璋立 大業三年 璋遣
使燕文進朝貢 其年 又遣使王孝隣入獻 請討高麗 煬帝許之 命覘高麗
動静 然璋內與高麗通和 挾詐以窺中國 七年 帝親征高麗 璋使其臣國
智牟来請軍期 帝大悅 厚加賞賜 遣尙書起部郎席律詣百濟 與相知 明
年 六軍渡遼 璋亦嚴兵扵境 聲言助軍 實持兩端 尋與新羅有隙 每相戰
爭 十年 復遣使朝貢 後天下亂 使命遂絶 其南 海行三月 有躭牟羅國
南北千餘里 南西數百里 土多麞鹿 附庸扵百濟 西行三日 至貊國千餘
里云

(비교자료:『三國史記』, 卷27, 百濟本紀5, 威德王, 惠王, 法王, 武王)
威德王 諱昌 聖王之元子也 聖王在位三十二年薨 繼位
惠王 諱季 明王(聖王)第二子 昌王薨 卽位
法王 諱宣(或云孝順) 惠王之長子 惠王薨 子宣繼位 (隋書 以宣爲昌王之子)
武王 諱璋 法王之子 風儀英偉 志氣豪傑 法王卽位 翌年薨 子嗣位

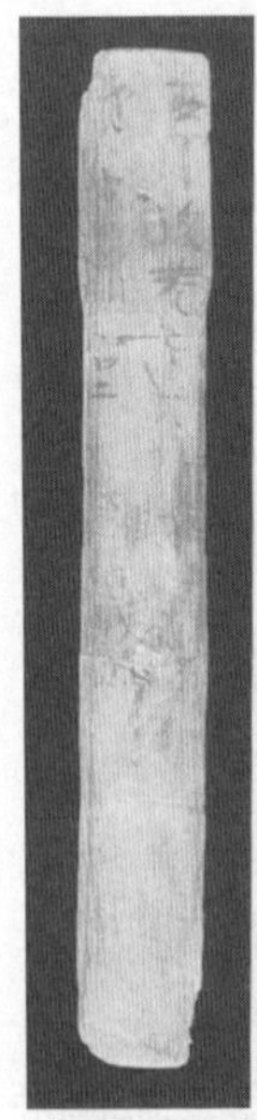
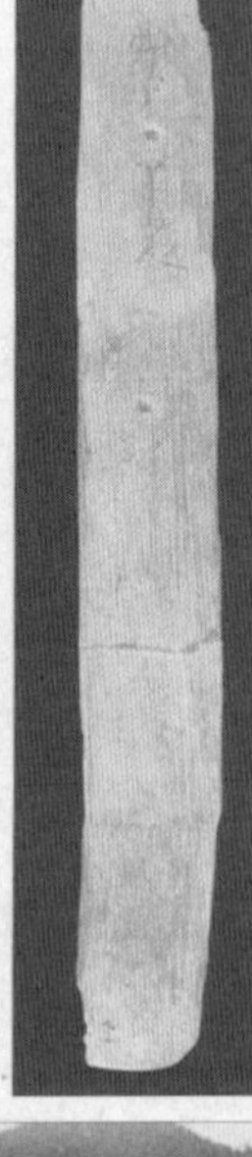

** 扶餘 宮南池 出土 "西阝後港" 墨書銘 木簡(左)과 扶餘 東南里
出土 "前部" "上阝前阝川自此以" 銘文 標石(右)(國立扶餘博物
館)

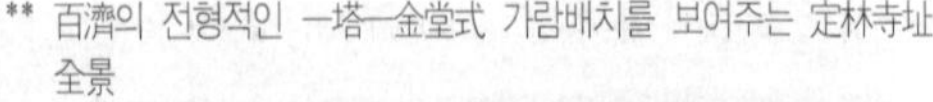

** 百濟의 전형적인 一塔一金堂式 가람배치를 보여주는 定林寺址
全景

* 『文獻通考』, 卷326, 四裔考 3, 百濟

百濟卽 後漢末夫餘王仇台之後 馬韓五十四國 百濟其一也 初以百家濟 因號百濟 後漸强大 兼諸小國 晉時 句驪旣畧有遼東 百濟亦畧有遼西 晉平 唐柳城北平之間 自晉以後 吞併諸國 據有馬韓故地 其國東西四百里 南北九百里 南接新羅 北距高麗千餘里 西限大海處小海之南 國西南海 中有三島 出黃漆樹 似小棕樹而大 六月取汁 漆物罳若黃金 其光奪目 自晉代受蕃爵 自置百濟郡 義熙中 以百濟王夫餘映 爲使持節 百濟諸 軍事 宋齊並遣使朝貢授官封 其人土著 地多下濕 率皆山居 其都治建 居拔城 王號於羅瑕 百姓呼爲鞬吉支 夏言並王也 王妻號於陸 夏言妃 也 官有十六品 曰左率 曰達率 曰恩率 曰德率 曰奈率 曰扞率 以上冠飾 銀花 將德紫帶 施德皂帶 固德赤帶 季德靑帶 對德 文督 皆黃帶 武督 佐軍 振武 克虞 皆白帶 統兵以達率德率扞率爲之 人庶及餘小城咸分隷焉 其 衣服 男子畧同高麗 拜謁之禮 以兩手據地爲敬 婦人衣似袍而袖微大 在室者 編髮盤於首 後垂一道爲飾 出嫁者 乃分爲兩道焉 兵有弓箭刀 矟 俗重騎射兼愛墳史 其秀異者 頗解屬文 又解陰陽五行 用宋元嘉歷 以建寅月爲崴首 亦解醫藥卜筮占相之術 有投壺樗蒲等雜戲 然尤尚奕 碁 僧尼寺塔甚多 而無道士 賦稅以布絹麻米等 婚娶之禮 畧同華俗 父 母及夫死者 三年持服 餘親則葬訖除之 氣候溫暖 五穀雜果菜蔬及酒醴 肴饌樂罳之屬 多同於內地 唯無駞驢騾羊鵝鴨等云 其王以四仲之月祭 天 又每祭崴四祠其始祖仇台之廟 大姓有八族 沙氏 燕氏 劦氏音狹 解 氏 眞氏 國氏 木氏 苗氏音白 國西南人島居者十五所 皆有城邑 王餘映 卒子餘毗立 毗卒子慶代立 慶卒子牟都立 都卒子牟大立 每王立 必遣 使詣江南 請命俱授以鎭東大將軍都督百濟諸軍 百濟亦遣使稱藩 奉貢 於魏 尋爲高麗所破 衰弱累年 遷居南韓地 梁普通二年 王餘隆復遣使

奉表 稱累破高麗 今始與通好 隆卒子明嗣 北齊時亦通使焉 齊亡遣使
通周 隋開皇初 遣使貢方物 拜其王餘昌上開府帶方郡公百濟王 平陳之
歲 奉表賀 八年 遣使入貢 屬興遼東之役 請爲軍道 帝厚其使遣之 高
麗頗知其事 以兵侵其境 餘昌卒子餘璋立 大業時 遣使入貢 請討高麗
煬帝許之 命覘高麗動靜 然餘璋內與高麗通和 挾詐以闚中國 後隋亂
貢使遂絶 唐武德四年 王夫餘璋遣使入貢 自是數朝貢 且訟高麗梗道
太宗貞觀初 詔使者平其怨 又與新羅世仇數相侵 帝賜璽書 和其怨 璋
上表謝 然兵亦不止 璋卒子義慈立 義慈事親孝與兄弟友 時號海東曾子
明年與高麗連和 伐新羅取四十餘城 發兵守之 又謀取党項城絶貢道 新
羅告急 帝遣使齎詔書諭解 聞帝新討高麗 乃取新羅七城 久之 又奪十
餘城 因不朝貢 高宗立 乃遣使者來 帝詔義慈曰 海東三國開基舊矣 地
國犬牙 比者隙爭侵校無寧歲 新羅高城重鎭皆爲王幷 歸窮於朕 丐王歸
地 昔齊桓一諸侯尙存亡國 況朕萬方主可不恤其危邪 王所兼城宜還之
新羅所俘亦俾還 王不如詔者任王決戰 朕將發契丹諸國度遼深入 王毋
後悔 永徽六年 新羅訴百濟高麗靺鞨取北境三十城 顯慶五年 乃詔左衛
大將軍穌定方等發新羅兵討之 自成山濟海 百濟守熊津口 定方縱擊虜
大敗 王師乘潮帆 以進趨眞都城一舍止 虜悉衆拒 復破之 斬首萬餘級
拔其城 義慈挾太子隆走北鄙 定方圍之 次子泰自立爲王 率衆固守 義
慈孫文思曰 王太子固在 叔乃自王 若唐兵解去 如我父子何 與左右縋
而出 民皆從之 泰不能止 定方令士超堞立幟 泰開門降 定方執義慈 隆
及小王演 酋長五十八人 送京師 平其國 五部三十七郡二百城戶七十六
萬 乃析置熊津 馬韓 東明 金連 德安 五都督府 擢酋渠長治之 命郎將
劉仁願守百濟城 左衛郎將王文度爲熊津都督 九月 定方以所俘見 詔釋
不誅 義慈病死 贈衛尉卿 許舊臣赴臨 詔葬孫皓陳叔寶墓左 授隆司稼
卿 文度濟海卒以劉仁軌代之 璋從子福信嘗將兵 乃與浮屠道琛據周留

城反　迎故王子夫餘豐於倭　立爲王　西都皆應引兵圍仁願　龍朔元年　仁
軌發新羅兵徃救　道琛立二壁熊津口　仁軌與新羅兵夾擊之　奔入壁爭梁
墮溺者萬人　新羅兵還　道琛保仁孝城　自稱領軍將軍　福信稱霜岑將軍
告仁軌曰　聞唐與新羅約破百濟　無老懦皆殺之　畀以國　我與其受死不若
戰　仁軌遣使齎書答說　道琛倨甚館　使者於外　嫚報曰　使人官小　我國大
將禮不當見　徒遣之　仁軌以衆少乃休軍養威　請合新羅圖之　福信俄殺道
琛并其兵　豐不能制　二年七月　仁願等破之　熊津拔支羅城　夜薄真峴　比
明入之　斬首八百級　新羅餉道乃開　仁願請濟師　詔右威衛將軍孫仁師爲
熊津道行軍總管　發齊兵七千徃　福信顓國謀殺王　豐率親信斬福信　與高
麗倭連和　仁願已得齊兵士氣振　乃與新羅王金法敏率步騎　而遣劉仁軌
率舟師　自熊津江偕進趨周留城　豐衆屯白江口　四遇皆克火四百艘　豐走
不知所在　僞王子夫餘忠勝忠志　率殘衆及倭人請命　諸城皆復　仁願勒軍
還　留仁軌代守　帝以夫餘隆爲熊津都督　俾歸國平　新羅故憾招還遺人
麟德二年　與新羅王會熊津城　刑白馬以盟　辭曰　徃百濟先王　罔顧逆順
不敦鄰不睦親　與高麗倭共侵削新羅　破邑屠城　天子憐百姓無辜　命行人
修好　先王負險恃遠　侮慢弗恭　皇赫斯怒　是伐是夷　但興亡繼絶　王者通
制　故立前太子隆爲熊津都督　守其祭祀　附仗新羅　長爲與國　結好除怨
恭天子命　永爲藩服　右威衛將軍魯城縣公仁願　親臨厥盟　有貳其德　興
師動衆　明神監之　百殃是降　子孫不育　社稷無守　世世毋敢犯　乃作金書
鐵券　藏新羅廟中　仁願等還　隆畏衆攜散　亦歸京師　儀鳳時　進帶方郡王
遣歸藩　是時　新羅强隆　不敢入舊國　寄治高麗死　武后又以其孫敬襲王
而其地已爲新羅渤海靺鞨所分　百濟遂絶

** 百濟의 五千決死隊 出征像(左)과 蘇定方 軍隊의 배가 百濟를 擊破하며 거슬러 올라온 熊津口, 즉 伎伐浦라고도 불리던 錦江河口(右)

* 『朝鮮史略』 百濟關聯 記事

『朝鮮史略』, 卷1

三韓

馬韓 今全羅地 箕準避衛滿 浮海居韓址 金馬郡 今益山郡 號韓王 其民土著 知蠶桑 作綿布 性勇悍 居處作土屋 其戶向上 統國五十四 後百濟王溫祚幷之

自箕子至亡一千餘年

…

權近曰 後漢書 以爲卞韓在南 辰韓在東 馬韓在西 其謂卞韓在南者 蓋自漢界遼東之地而云耳 非謂卞韓在辰馬二韓之南也 崔致遠因謂 馬韓麗也 卞韓百濟也 誤矣

三國

…

百濟始祖 溫祚立

漢鴻嘉三年　羅始祖四十年

父高句麗王朱蒙　以在東扶餘時　所娶禮氏女子　類利爲太子　溫祚與兄沸
流　恐不相容南行　沸流居彌鄒忽 今仁州府　溫祚都河南慰禮城 今稷山縣　國
號百濟

　　初以鳥干等十人從行　故號十濟　後以百姓樂從　改百濟

後徙南漢山城 今廣州　又徙南平壤城 今漢京　以扶餘爲氏

　　系出扶餘故云

沸流　以其都水土鹹濕　不能居　到慰禮　見宮室之盛　慚憤死

百濟　患靺鞨來侵

　　靺鞨　在不咸山　北與北沃沮相接　古肅愼氏國　卽今野人善冠鈔　三國
　　並被其侵

以族父乙音　有智識　爲右輔委兵事　及卒　以解婁代之　神識淵奧　年過七
十　膂力不愆

百濟王都　有老嫗　化爲男

百濟　遣使馬韓　告遷都漢山　仍定疆域　北至浿河　南限熊川　西窮大海
東極走壤

百濟王　立東明王廟　及國母廟

　　史臣曰　百濟與高句麗自別爲宗　立東明之廟　則不當配以他國之母
　　而別祀其母也

百濟　漢城人家　馬生牛　一首二身

　　日者曰　牛一首二身者　大王幷鄰國之應也　王喜遂有幷呑辰馬之志

…

百濟始祖　溫祚薨　太子　多婁王立

　　漢　建武四年

…

百濟 始種稻

…

百濟王 多婁薨 在位 四十年

太子 已婁立

…

百濟王 已婁薨 在位 五十一年

太子 蓋婁立

…

百濟節婦 都彌妻 與其夫同奔高句麗

　蓋婁王聞都彌妻艶 留都彌 使近臣詐爲王欲私之 妻請更衣 詐飾一
婢薦之 王知見欺誣 都彌以罪矐兩目 置小船泛之河 更欲亂其妻 妻
託月事不從 逃至泉城島 遇其夫 遂同奔高句麗

百濟 蓋婁王薨 子肖古王立

　漢 延熹九年

…

百濟 肖古王薨 在位四十九年

子 仇首王立

　建安十九年

…

百濟 仇首王薨 在位二十一年

肖古王弟 古爾王立

　魏 青龍二年

…

百濟改官制 置內臣佐平 掌宣納事 內頭佐平 掌庫藏事 內法佐平 掌禮儀事
衛士佐平 掌宿衛事 朝廷佐平 掌刑獄事 兵官佐平 掌外兵馬事 六佐平 並一品

又置達率 二品 恩率 三品 德率 四品 扞率 五品 奈率 六品 將德 七品 施德 八品 固德 九品 季德 十品 對德 十一品 文督 十二品 武督 十三品 佐軍 十四品 振武 十五品

…

百濟 立犯贓之禁

　　凡官人受財 及盜者 三陪徵贓 禁錮終身

…

百濟 古爾王薨 在位五十五年

子 責稽王立

　　太康七年

…

百濟王 責稽 爲貊兵所害 在位十三年

子 汾西王立

　　元康八年

…

漢樂浪太守 遣刺客 刺殺百濟王汾西 在位七年

比流王立

　　晉 永興元年 汾西諸子皆幼 國人立仇首王子比流 久在民間 寬慈愛人

…

百濟 比流王薨 在位四十一年

契王立

　　汾西王子　晉 建元二年

百濟 契王薨 在位三年

近肖古王立

比流王子　晉　永和二年

…

百濟王　大擧侵高句麗　王拒戰中流矢薨 在位四十一年　是爲故國原王

…

移都漢山

…

百濟　近肖古王薨 在位三十年

太子　近仇首立

　　晉　寧康三年

百濟　自開國以來　未有文字　近肖古以高興爲博士　始有書記

百濟　近仇首王薨 在位十年

子　枕流王立

　　晉　太元九年

胡僧　摩羅難陁　自晉至　王迎置宮內　禮敬焉

始立大學　頒律令

…

百濟　枕流王薨 在位三年

弟　辰斯立

　　太元十一年

設關防　自靑木嶺　北距八坤城　西至于海

…

百濟王　敗于狗原　薨于行宮 在位八年

阿莘王立

　　太元十八年

以其舅眞武　爲左將　委以兵事　武沈毅有大略

…

百濟王 阿莘薨 在位十四年

太子 腆支立

　　晉 義熙元年　　腆支質倭國　仲弟訓解攝政　以待太子還　季弟碟禮
　　殺訓解自立　腆支聞王訃　請倭主歸國　倭主遣還以兵衛送　至國界　聞
　　變依海島　國人殺碟禮　迎立爲王

…

百濟 腆支王薨 在位十六年

子 久爾辛立

　　宋 高祖 永初元年

八年 薨

子 毗有立

　　宋 元嘉四年

二十九年 薨

子 餘慶立　是爲蓋鹵王

…

高句麗王巨璉　自將攻百濟　殺其王餘慶

　　初浮屠道琳應募　僞得罪亡入百濟　王好碁　琳曰　臣碁頗入妙　王召與
　　碁　果國手　遂信昵之　琳乃說王　葺城郭　脩宮室　蒸土築城　作石槨葬
　　父骨　倉廩虛竭　人民窮困　琳逃還告之　麗王伐百濟　圍王都　王死於
　　兵

子 文周立

　　宋 元徽三年

移都熊津 卽 今公州

耽羅國 卽 今濟州 來獻方物于百濟

　　耽羅在南海中　初無人物　有三那人　從地湧出　長曰　良乙那　次曰　高
　　乙那　三曰　夫乙那　一日　三人獵海濱　得石函　開之　有三女　及諸驅
　　犢　五穀種　遂分娶三女　始播五穀　養驅犢　日就富庶　或稱耽牟羅
百濟　兵官佐平解仇　弑其君文周　立太子三斤　年十三
二年　王命眞老　討殺解仇　三年　王薨
東城王　牟大立
　　宋　昇明三年　　牟大　文周王弟　昆支子　膽力過人　善射
起臨流閣於宮東　高五丈　又穿池置囿　以養奇禽　諫臣抗疏不報　恐有復
諫者　閉宮門
…

** 漢城時代 百濟의 都城으로 여겨지는 風納洞土城

『朝鮮史略』, 卷2

新羅紀

…

百濟　苩加弑其君牟太　子餘隆立
　　齊　中興元年
是爲武寧王　討苩加誅之
…

新羅 高句麗 百濟 三國並遣使朝梁

…

百濟 移都泗沘 卽 今扶餘縣 國號南扶餘

…

新羅 金居漆夫 與百濟兵 擊取高句麗十郡

…

百濟 不知有侯景之亂 遣使如梁 朝貢使者至見宮闕殘毀 號泣端門外
見者莫不洒淚

…

百濟王 明襛帥兵 侵新羅 軍主金武功擊殺之 諡曰 聖
子 昌立
　梁 承聖三年
在位四十五年薨 諡曰 威德
子 季明立 二年薨 是爲惠王
子 宣立 二年薨 是爲法王 命博士李文眞 始脩國史
子 璋立 風儀英偉 志氣雄傑 是爲武王

…

百濟 使解讐攻新羅四城 小監貴山 篝項死之 又陷椵岑城 縣令讚德死
之 後其子金城幢主奚論 又與百濟兵戰于椵岑城 死之

…

百濟王 率臣僚 常游泗沘河北浦 時人稱爲大王浦 又創王興寺 臨水窮
極壯麗 每親詣行香

…

百濟王 璋薨 諡曰 武 在位四十二年
太子 義慈立

義慈 幼有孝友之行 時號 東海曾子

…

百濟 旣取新羅國西彌猴等四十城 又與高句麗謀欲取党項城 絶朝唐之路 羅主告急于唐

百濟將軍允忠 陷新羅大耶城 卽 今陜川 都督金品釋殺妻子 自刎 幢下舍知竹竹閉城門拒之 舍知龍石勸竹竹 降以圖後效 竹竹曰 吾父 名我以竹竹者 使我歲寒不凋 可折而不可屈 豈可畏死生降乎 遂力戰 城陷與龍石同死 王遣伊餐金春秋 乞師於高句麗 欲報之 品釋妻乃春秋女 以故憤然有滅百濟之志 與金庾信嚙指誓歸期 至麗國請師 麗王曰 麻峴竹嶺 本我國地 地若還 兵可出 春秋抗辭以對 王怒囚之 春秋以青布賂寵臣先道解 道解喩春秋以龜兎之説

俗云 東海龍女病甚 欲得兎肝 有一龜語龍王曰 吾能得之 遂登陸見兎 極言海島安居之樂 因負兎行 旣三里 乃言其故 兎曰 吾神明之後 能出五臟 洗而納之 日者少覺心煩 遂出肝洗之 暫置巖石之底而來 若歸取肝 汝得所求 吾雖無肝尙活 豈不兩相宜哉 龜信之乃還纔上岸 兎脫入草中

…

新羅 遣使如唐乞師 文皇帝不許

時 百濟 與高麗連和 將伐新羅

…

百濟將軍義直 圍新羅茂山甘勿洞岑三城 金庾信帥兵拒之 苦戰力竭 軍有丕寧子者 銳意力戰 庾信謂曰 今日事急矣 非子誰能奮勵出奇 以激衆心乎 丕寧子橫槊突陣 殺數人而死 其子擧眞曰 見父之死 偸生苟存可乎 亦突陣死 其奴合節曰 所天崩矣 不死何爲 亦交鋒而死 三軍感激齊進所向摧陷 義直僅以身免

新羅王　遣金庾信　伐百濟　大破之　佐平仲常言于王　乃檟還品釋夫妻之
骨

…

新羅王　遣金法敏　春秋子　如唐高宗　告破百濟

　　百濟將殷相　攻陷新羅七城　金庾信擊破之　斬殷相

…

新羅金庾信　攻百濟刀比川城　克之

　　先是　級餐末枏被虜於百濟　爲佐平任子家　後逃歸　庾信知其可用　令
　　反間於任子曰　兩國存亡可先知　若子國亡則子依於我　我國亡則我依
　　於子　任子曰　子言已悉之　可歸報庾信　末枏還　言百濟事甚悉　於是
　　併吞之謀益急

新羅王　以金歆運　王婿　奈勿王八世孫　爲郞幢大監　出屯百濟陽山下　濟人乘
夜來襲　羅軍驚駭　歆運橫馬握槊以待　大舍詮知曰　賊起暗中　雖死人無
識者　歆運曰　旣以身許國　知與不知一也　遂突陣殺數人而死　大監穢破
小監狄得亦相與戰死　步騎幢主寶用那聞歆運死曰　彼骨貴勢榮猶不畏死
況子生而無益　遂赴敵死　王聞而傷悼　各贈官　時人作陽山歌以傷之　又
有沙梁人　夫果驟徒　兄弟亦死于戰

百濟王　作望海亭　與宮人荒淫耽樂　佐平成忠極諫　王怒囚之　成忠上書
曰　臣嘗觀時察變　必有兵革之事　敵兵若來　使陸不過沈峴

　　卽　炭峴　在黃山　今連山縣

水不過入伎伐浦　卽白江　据險隘以禦之　王不省　死獄中　百濟王都　井水
及泗沘河水皆赤如血　又有鬼入王宮　大呼百濟亡

新羅　創漢山州壯義寺

　　羅王　欲伐百濟　請兵于唐　不報　憂形于色　若有長春　罷郞者曰　皇帝
　　已命蘇定方等　領兵將以明年五月伐百濟　因忽不見　王異之　創寺以

資冥福 長春 罷郎嘗戰死百濟者也
唐太宗 以蘇定方爲神丘道行軍大總管 金仁問爲副總管 帥水陸軍伐百
濟 敕新羅爲聲援 王帥金庾信等出師 百濟王問戰守便宜 佐平義直以爲
先擊唐兵 達率常永以爲先擊羅軍 王猶豫未決 問於興首

嘗以佐平得罪 竄外

對曰 白江 炭峴 我國要衝 宜簡勇士守之 使唐兵不得入白江 羅軍不得
過炭峴 大王重閉固守 待其糧盡卒疲 然後奮擊破之必矣 左右沮而不用
及聞唐羅兵已過白江炭峴 以階伯爲將帥 死士五千拒之 階伯知必敗 盡
殺家屬 至黃山猝遇羅兵 鏖戰力屈而死 定方 仁問等 到伎伐浦 濟軍不
能禦 唐師乘勝 進薄都城 濟王知不免 歎曰 悔不用成忠之策 乃與太子
孝 率左右 夜遁保熊津城 卽 今公城 王宮諸姬走大王浦嵒石上 墮死者亦
衆

世號 落花岩

於是 王自熊津城詣定方降 定方 以濟王義慈 及太子孝 泰 隆 演 及大
臣 將士 八千人 渡海還 百濟亡 自溫祚開基 歷三十王 移都者四

溫祚都慰禮城 近肖古都漢城 文周都熊川 聖王都南扶餘

凡六百七十八年 唐 以其地分 置熊津 馬韓 東明 金漣 德安 五都督府
命劉仁願留鎮泗沘城

歷年圖曰 始祖 乃以東明之胤爲太子 所忌懼不見容 逃難奔竄間關
崎嶇 至河南 建邦設都 雖萬事草創 尙能嚴兵固守 禦樂浪鞬鞨 呑
馬韓而滅之 又能抗高句麗 敵新羅 成鼎足之勢 以基七百年之業 非
豪傑之主能然乎 多婁 作稻田 賑窮民優 禮大臣 有人君之度 然搆
釁新羅 爭一小城 數十年間兵革不息 已婁 脩好新羅 得交隣之義
蓋婁 雖史稱恭順納叛臣 而失鄰和 誣小民 而亂其妻 何足道哉 肖
古 仇首 歷年 雖長 無事 可稱 古爾 喜游畋 未免禽荒之失 然賑貧

110

乏 復租調 定官制 固贓吏 交隣脩好 是足多者 責稽 汾西 以千乘
之尊 不自愼重 或死于敵兵 或隕于賊手 悲夫 比流 久在民間 知民
疾苦 及其卽位 賑窮賙乏 史稱寬慈愛人庶矣 而四十一年之間 災變
屢見 饑饉洊至 民不聊生 何哉 契王 在位纔二年 但比流代汾西而
立 其終也 傳汾西之子契王 契王代比流而立 其終也 傳比流之子近
肖古 尙有遜讓之風 近肖古 與高句麗失和 至殺其主 挑怨速禍世爲
讎敵 兩國之間 干戈爛漫而不已 近仇首 在位十年 粗保其國 枕流
始信佛法 迎胡僧創寺度僧 欲以徼福 踰年薨 而佛不足信明矣 辰斯
喜土木 甘游畋 侈宮室池沼 以畜珍奇 玩物喪志 田於狗原 或旬或
月 卒死行宮 惜哉 阿莘 窮兵黷武 殆無虛歲 民困兵革 多奔敵國
輕質國本於島夷 幾不得嗣 腆支久質於外 王薨國有內難 返而得國
何其幸也 久爾傳之毗有 毗有傳之蓋鹵 蓋鹵 驕奢昏闇 請上國 欲
伐强隣 信敵間 親昵戲玩 大興工役 惟宮室臺榭 是崇是飾 至於蒸
土築城 緣河樹堰 伐石作槨 人力盡悴 倉廩告匱 尙不知墮於敵國之
術 國勢魚爛 而敵兵奄至噬臍無及 身死人手 尙誰咎哉 傳曰 國必
自伐 而後人伐之 蓋鹵之謂矣 文周嗣 緒正臥薪嘗膽之秋 而優柔不
斷 受制强臣 身且不保 三斤 以童稚之年 能命將討賊 復君父之讎
快神人之憤 是可稱也 而享年不永 惜哉 東城當國 凶歉民饑 不恤
起臨流閣 極其壯麗 游宴自恣 閉宮門拒諫臣 荒于游畋 久而不返
爲賊臣所害 武寧 誅苔加 得討賊之義 然失子民之道 不能勞來安集
爲敵國驅民 前史稱 仁慈寬厚 何耶 聖王 初立 能斷大事 國人稱聖
逮至末年 與新羅謀伐高麗 不得其心 背舊好 發忿兵 遂死鋒鏑 眞
所謂 一朝之忿 亡其身者也 威德 雖無德 政享 國悠久 惠王 卽位
二年而薨 法王繼緖 崇信佛敎 禁屠殺 放鷹鷂 焚漁獵之具 創寺度
僧 蓋欲延祚也 而踰年乃薨 多見其惑也 武王 恃强驕驁 侵掠新羅

殆無寧歲 干戈遞侵 流屍蔽野 唐皇詔 諭戢兵 外雖陳謝 而內實不
然 晚年 穿宮南池 起望海樓 游泗沘河 般樂怠傲 惟日不足 國之不
亡幸矣 義慈之爲太子也 事親以孝 與兄弟以友 及其卽位 慮囚原罪
其爲政粗足可觀 但其闇於大體 無深謀遠略 不知新羅脣齒之勢 妄
興干戈 謀欲吞噬 今年奪一城 明年奪一城 席累勝之 威驕氣遠溢
視新羅爲囊中之物 欲取之 心囂然未已 違帝詔 無釋忿之心 結高麗
絶朝貢之路 猶且淫酗耽樂 杜絶忠諫 天怒于上 屢出災異 丁寧譴告
而猶不省悟 晏然 自肆 不能保炭峴 白江之險 唐兵一至 而社稷丘
墟 扶餘氏不祀忽諸 嗚呼悲哉

故百濟王 義慈 卒於唐 帝贈衞尉卿 葬于陳叔寶墓側

…

故百濟宗室 福信等 起兵 迎立義慈之子豐 嘗質倭國 爲王 據周留城 唐
留鎭將軍劉仁願 郞將劉仁軌 與新羅將金欽伐之 豐奔高句麗 達率黑齒
常之詣仁軌降

常之 百濟西部人 驍毅有謀略 嘯合逋亡 據任存城 復百濟二國餘城
至是 乃降入唐 累從征伐積功 爲燕然大總管 後 周興等誣告 與趙
懷節叛 詔繫獄死

帝詔 留仁軌鎭守 以義慈之子在京師者隆 爲熊津都督 遣還本國

** 古代의 水·陸 戰爭圖(左)와 落花岩에서 宮女들이 강물로 뛰어드는 모습을 묘사한 扶餘 扶蘇山 皐
蘭寺의 壁畵(右)

隆畏新羅 不敢入舊國 寄治高句麗死

…

『朝鮮史略』, 卷3

　新羅紀

文武王

…

王 納高句麗叛衆 又據百濟故地 帝大怒削王爵 以王弟仁問 爲雞林州大都督 發兵討之
王遣使 謝罪獻方物 帝赦之 復王官爵

仁問 至中道還 入唐

…

神文王

…

史臣曰 羅俗 以進死爲榮 退死爲辱 死于王事者 曰貴山 曰箒項 曰讚德父子 曰奚論 曰訥催 曰東所 曰竹竹 曰丕寧子父子 曰金歆運 曰穢破 曰狄得 曰寶用那 曰盤屈 曰官昌 曰匹夫 曰阿珍含 曰素那 曰金令胤 曰逼實 曰驟徒 曰夫果 曰脫起 曰仙白 曰悉毛 此其章章者也 百濟之亡 只有階伯 高麗之亡 無一死節者 安能敵新羅哉 至於新羅之亡 效節不屈者 王子一人而已 誰曰 國家之興喪 不係於忠節之有無乎

** 盤屈, 官昌, 階伯 등이 장렬한 최후를 맞이한 황산벌 戰鬪圖(백제군사박물관)

* 『禹貢錐指』, 卷2, 冀州, 島夷皮服夾右碣石入于河

……

漢書 朝鮮傳 眞番音潘 辰國欲上書見天子 又雍閼弗通 辰國卽三韓地也
後漢書 光武紀建武二年 東夷韓國人率衆 詣樂浪音洛狼內附 東夷傳 韓
有三種 一曰馬韓 二曰辰韓 三曰弁辰晉梁二書作弁韓 馬韓在西 有五十四
國 其北與樂浪 南與倭接 辰韓在東 十有二國 其北與濊貊接 弁辰在辰
韓之南 亦有十二國 其南亦與倭接 凡七十八國 百濟是其一國焉 大者
萬餘戶 小者數千家 各在山海間地 合四千餘里 東西以海爲限 皆古之
辰國也 馬韓最大 共立其種爲辰王 盡王三韓之地 北史 新羅者 本辰韓
族也 地在高麗東南 辰韓亦曰秦韓 相傳言 秦世亡人避役來適馬韓 割
其東界居之 以秦人故名之曰秦韓 其言語名物有似中國人 辰韓王常用
馬韓人作之 不得自立王 辰韓之始有六國 稍分爲十二 新羅則其一也
唐書東夷傳 高麗地 東跨海距新羅 南亦跨海距百濟 百濟 扶餘別族也
南倭北高麗皆踰海 乃至其東則新羅 新羅 弁韓苗裔也 地橫千里 縱三
千里 東距長人 東南日本 西百濟 北高麗 今按新羅百濟本三韓七十八
國中之二 至唐時 則有新羅百濟 而無三韓之目 遼史地理志 有高州三

** 百濟의 4세기 狀況圖(近肖古王代)

韓縣　辰韓爲扶餘　弁韓爲新羅　馬
韓爲高麗　開泰中　聖宗伐高麗　俘
三國之遺人於遼東　界中僑置三韓
縣　今以遼東爲三韓非也 …

* 『御定淵鑑類函』, 卷231, 邊塞
　部 2, 百濟 1

原杜氏通典曰　百濟卽　後漢末夫
餘王尉仇台之後　後魏時　百濟王　上表
云　臣與高麗先出夫餘　初以百家濟海
因號百濟　唐武德　貞觀中　頻遣使
朝貢　後王義慈與高麗取新羅三十
城　又不朝貢　顯慶五年　遣蘇定方
討平之　舊有五部　分統三十七郡　二百城　七十六萬戶　至是　以其地分置
熊津　馬韓　東明等　五都督府　仍以其酋渠　爲都督府刺史
增舊唐書云　麟德二年　百濟王扶餘隆　與新羅王金法敏會熊津城　刑白馬
而盟　其文曰　徃者　百濟先王　迷於逆順　不敦鄰好　不睦親姻　結託高麗
交通倭國　共爲殘暴　侵削新羅　破邑屠城　略無寧歲　天子憫一物之失　所
憐百姓之無辜·頻命行人遣其和好　負險恃遠　侮慢天經　皇赫斯怒　恭行
弔伐　旌旗所指　一戎大定　懷柔伐畔　前王之令典　興亡繼絶　徃哲之通規
事必師古　傳諸曩冊　故立前百濟太子司稼正卿扶餘隆　爲熊津都督　守其
祭祀　保其桑梓　依倚新羅　長爲與國　各除宿憾　結好和親　恭承詔命　永
爲藩服　仍遣使人右威衛將軍魯城縣公劉仁願　親臨勸諭　具宣成旨　約之
以婚姻　申之以盟誓　刑牲歃血　共敦終始　分災恤患　恩若弟兄　祗奉綸言

不敢失墜 既盟之後 共保歲寒 若有棄信不恒 二三其德 興兵動衆 侵犯
天陸 明神殛之 百殃是降 子孫不昌 社稷無守 禋祀磨滅 罔有遺餘 故
作金書鐵契 藏之宗廟 子孫萬代 無或敢犯 神之聽之 是饗是福 仁願還
隆懼新羅 尋歸京師 儀鳳二年 拜熊津都督帶方郡王 令歸本蕃 安輯餘
衆 時 百濟本地荒毀 漸爲新羅所據 隆不敢還舊國而卒 其孫敬 則天朝
襲封帶方郡王 授衛尉卿 其地 自此爲新羅及渤海靺鞨所分 百濟之種遂
絶

『御定淵鑑類函』, 卷231, 邊塞部 2, 百濟 2

增大姓八族 初濟百家 北史 百濟國中 大姓有八族 沙氏燕氏刕□氏眞氏解氏骨氏木氏
□暗氏 下見前 號曾閔於海東 葬孫陳之墓側 唐書 百濟王義慈 事親以孝行 聞友于
兄弟 時人號海東曾閔 至京數日而卒 贈金紫光祿大夫 衛尉卿 就孫皓陳叔寶墓側葬之 并爲
竪碑

* 『欽定滿洲源流考』의 百濟關聯 記事

『欽定滿洲源流考』, 卷3, 部族 3, 百濟 —作伯濟

漢

後漢書 三韓別條見前 凡七十八國 伯濟是其一國焉

三國

三國志 馬韓有伯濟國

晉

冊府元龜 晉簡文帝 咸安二年正月 百濟遣使貢方物 六月 遣使拜百濟王餘句 按 百濟爲夫餘王尉仇台之後 故以夫餘爲姓 諸史往往刪去夫字 誤 爲鎭東將軍領樂浪太守 孝武帝太元十一年 以百濟世子餘暉 爲鎭東將軍百濟王 義熙十二年 以百濟王映 爲使持節 都督百濟諸軍事 鎭東將軍 百濟王 通典 晉義熙中 以百濟王夫餘映 爲使持節 督百濟諸軍事

通考 百濟即 後漢末夫餘別條見前王仇台之後 馬韓五十四國 百濟是其一也 初以百家濟 因號百濟 後漸強大 兼諸小國 晉時 句麗既畧有遼東 百濟亦畧有遼西晉平 唐柳城北平之間 自晉以後 呑併諸國 據有馬韓故地 南接新羅 別條詳後 北拒高麗千餘里 西限大海 處小海之南 自晉代受藩爵 自置百濟郡

太平寰宇記 百濟 西限大海 過海至越州 處小海之南 南到海卽倭國 晉代受藩爵 自置百濟郡 其人土著 地多下濕 率皆山居

南北朝

宋書 高麗傳 高祖踐祚 詔曰 使持節 督百濟諸軍事 鎭東將軍 百濟王映 執義海外 遠修貢職 惟新告 始宜荷國休 可鎭東大將軍持節 都督王公如故

宋書 百濟國 本與高麗 俱在遼東之東千餘里 其後 高麗畧有遼東 百濟
畧有遼西 百濟所治 謂之晉平郡晉平縣 義熙十二年 以百濟王餘映 爲
使持節 都督百濟諸軍事 鎭東將軍百濟王 高祖踐祚 進號大將軍 少帝
景平二年 映遣長史張威 詣闕貢獻 元嘉二年 太祖詔之曰 皇帝問 使持
節都督百濟諸軍事鎭東將軍百濟王 累葉忠順 越海效誠 慕義旣彰 厥懷
亦款 浮桴驪水 獻琛執贄 故嗣位方任 以藩東服 勉勗所莅 無墜前蹤
今遣兼謁者閭丘恩子 兼副謁者丁敬子等宣旨慰勞稱朕意 其後 每歳遣
使奉表 獻方物 七年 百濟王餘毗復修職貢 以映爵號授之 二十七年 毗
上書獻方物 私假臺使馮野夫西河太守 表求易林 占式 腰弩 太祖並與
之 毗死子慶代立 世祖 大明元年 遣使求除授 詔許之 二年 慶遣使上
表曰 臣國累葉 偏受殊恩 文武良輔 世蒙朝爵 行冠軍將軍右賢王餘紀
等十一人 忠勤宜在顯進 伏願垂愍 並聽賜除 仍以行冠軍將軍右賢王餘
紀 爲冠軍將軍 以行征虜將軍左賢王餘昆 行征虜將軍餘暈 並爲征虜將
軍 以行輔國將軍餘都餘乂 並爲輔國將軍 以行龍驤將軍沐衿餘爵 並爲
龍驤將軍 以行寧朔將軍餘流糜貴 並爲寧朔將軍 以行建武將軍于西餘
婁 並爲建武將軍 太宗 泰始七年 又遣使貢獻

齊書 武帝 永明八年 百濟王牟大上表曰 寧朔將軍臣姐瑾等四人 振竭
忠効 攘除國難 志勇果毅 等威名將 論功料勤 宜在甄顯 今依例輒假行
職 伏願恩愍 聽除所假 寧朔將軍 面中王姐瑾 歷贊時務 武功並立 今
假行冠軍將軍 都將軍 都漢王 建威將軍 八中侯餘古 弱冠輔佐 忠効夙
著 今假行寧朔將軍 阿錯王 建威將軍餘歷 忠款有素 文武列顯 今假行
龍驤將軍 邁盧王 廣武將軍餘固 忠効時務 光宣國政 今假行建威將軍
弗斯侯 又表曰 臣所遣行建威將軍 廣陽太守 兼長史臣高達 行建威將
軍 朝鮮太守 兼司馬臣楊茂 行宣威將軍 兼參軍臣會邁等三人 志行淸
亮 忠款風著 往太始中 比使宋朝 今任臣使 冒涉波險 宜在進爵 謹依

例 合假行職 伏願除正 逵邊効夙著 勤勞公務 今假行龍驤將軍 帶方太守 茂志行淸壹 公務不廢 今假行建威將軍 廣陵太守 舊作萬 今據前文改 執志周密 屢致勤効 今假行廣武將軍 淸河太守 詔可 並賜軍號 除大爲使持節 都督百濟諸軍事 鎭東大將軍 使謁者僕射孫副策命大襲其祖父 梁書作父牟都爵爲百濟王 是歲 魏人又發騎數十萬 攻百濟 入其界 牟大遣將沙法名 贊首流 解禮昆 木千那率衆襲擊魏軍 大破之 建武二年 遣使上表曰 去庚午年 按 庚午爲齊武帝永明八年 獫允弗悛 擧兵深逼 臣遣沙法名等領軍逆討 宵襲霆擊 乘奔追斬 僵尸丹野 今邦宇寧謐 實名等之畧 今假沙法名行征虜將軍 邁羅王 贊首流爲行安國將軍 辟中王 解禮昆爲行威武將軍 弗中侯 木干那前有軍功 又拔臺舫 爲行廣威將軍 面中侯 伏願天恩特愍聽除 又表曰 臣所遣行龍驤將軍 樂浪太守兼長史臣慕遺 行建武將軍 城陽太守兼司馬臣王茂 兼衆軍 行振武將軍 朝鮮太守臣張塞 行揚武將軍臣陳明 在官忘私 蹈難弗顧 今任臣使 冒涉波險 各假行爵 伏願特賜除正 詔可 並賜軍號 按 此所載 百濟人地名 有與滿洲語相近者 若牟大當爲穆丹韻也 弗斯當爲富森滋生也 牟都當爲穆敦切磋之磋也 弗中當爲法珠樹杈也 又如沙氏 解氏 木氏 皆百濟大族 其名如首流當爲舒嚕珊瑚也 干那當爲噶納往取也 時代雖遙 尙亦有可通者耳

梁書 馬韓有五十四國 百濟其一 後漸强大 兼諸小國 其國本在遼東之東 晉世 據有遼西晉平二郡 自置百濟郡 晉太元中 王須 義熙中 王餘映 宋元嘉中 王餘毗 並遣獻生口 餘毗死 子慶立 慶死 子牟都立 都死 子牟太齊書作大立 齊永明中 除太都督百濟諸軍事鎭東大將軍百濟王 天監元年 進太號征東將軍 尋爲高句驪所破 衰弱者累年 遷居南韓按 弁韓在辰韓之南 故史稱爲南韓地 普通二年 王餘隆始復遣使奉表 稱累破句驪 今始得通好 而百濟更爲强國 其年 詔加寧東大將軍 五年 隆死 復以其子明爲綏東將軍百濟王 所治城曰固麻 中大通六年 大同七年 累遣使獻方

物 幷請湼槃等經義 毛詩博士 幷工匠 畫師等 敕並給之 太淸三年 猶
遣使貢獻

南史 馬韓五十四國 百濟其一也 後漸强大 兼諸小國 其國本與句驪俱
在遼東之東千餘里 晉世 據有遼西晉平二郡地 自置百濟郡 晉義熙十二
年 以餘映爲王 宋元嘉七年 百濟王餘毗復修貢職 以映爵號授之 毗死
子慶代立 慶死 立子牟都 牟都死 立子牟大 齊永明中 除大都督百濟諸
軍事 鎭東大將軍百濟王 梁天監中 爲高麗所破 衰弱累年 遷居南韓地
普通二年 王餘隆始復遣使奉表 稱累破高麗 今始與通好 五年 隆死 復
以其子明爲持節 督百濟諸軍事 綏東將軍 百濟王 其人形長 太淸三年
遣使貢獻 及至 見城闕荒毁 並號慟涕泣 侯景怒 囚執之 景平乃得還國
冊府元龜 宋高祖 永初元年 餘映進號鎭東大將軍 文帝元嘉七年 十七
年 二十年 二十七年 並遣使獻方物 孝武 大明元年 七年 並遣使朝貢
順帝 昇明二年 王牟都遣使貢獻 詔授使持節都督百濟軍事鎭東大將軍
齊武帝 永明八年 遣謁者僕射孫副策命牟太爲百濟王 曰 於戱 惟爾世
襲忠勤 誠著遐表 海路肅澄 要貢無替 式循彝典 用纂顯命 敬膺休業
可不愼歟 梁普通二年 詔加餘隆寧東大將軍 詔曰 守藩海外 遠修貢職
乃誠款到 朕有嘉焉 宜率舊章 服茲榮命 三年 遣使貢方物 五年 以餘
隆子明 爲綏東將軍百濟王 陳文帝 天嘉三年 以百濟王餘明 爲撫東大
將軍 臨海王 光大元年 宣帝大建九年 後主至德二年 四年 並遣使入朝
魏書 百濟國 其先出自夫餘 其民土著 地多下濕 率皆山居 延興二年
其王餘慶始遣使上表曰 臣建國東極 豺狼隔路 雖世承靈化 莫由奉藩
瞻望雲闕 馳情罔極 涼風微應 伏惟陛下協和天休 不勝係仰之情 謹遣
私署冠軍將軍 駙馬都尉弗斯侯 長史餘禮 龍驤將軍 帶方太守 司馬張
茂等 投舫波阻 搜徑元津 託命自然之運 遣進萬一之誠 冀神祇垂感 皇
靈洪覆 克達天庭 宣暢臣志 雖旦聞夕沒 永無餘恨 又云 臣與高句驪源

出夫餘 先世之時 篤崇舊款 其祖釗輕廢隣好 親率士衆 陵踐臣境 臣祖
須整旅電邁 應機馳擊 矢石暫交 梟斬釗首 自爾以來 莫敢南顧 自馮氏
數終 餘燼奔竄 醜類漸盛 遂見凌逼 構怨連禍 三十餘載 財殫力竭 轉
自屛跋 若天慈曲矜 遠及無外 速遣一將 來救臣國 又云 今璉有罪 國
自魚肉 大臣强族 殺戮無已 是滅亡之期 假手之秋也 且馮族士馬 有鳥
畜之戀 樂浪諸郡 懷首丘之心 天威一擧 有征無戰 臣雖不敏 志效畢力
當率所統 承風響應 且高麗不義 逆詐非一 外慕隗囂藩卑之辭 內懷兇
禍豕突之行 或南通劉氏 或北約蠕蠕 共相脣齒 謀陵王畧 今若不取 將
貽後悔 去庚辰年後 臣西界小石山北國海中見屍十餘 幷得衣器鞍勒 視
之非高麗之物 後聞乃是王人來降臣國 長蛇隔路 以沈于海 雖未委當
深懷憤恚 陛下合氣天地 勢傾山海 豈令小豎 跨塞天逵 今上所得鞍一
以爲實驗 顯祖以其僻遠 冒險朝獻 禮遇優厚 遣使者邵安與其使俱還
詔曰 卿處五服之外 不遠山海 歸誠魏闕 欣嘉至意 用戢于懷 卿與高麗
不睦 屢致凌犯 苟能順義 守之以仁 亦何憂于寇仇也 前所遣使 浮海以
撫荒外之國 積年不返達否 未能審悉 卿所送鞍 比校舊乘 非中國之物
不可以疑似之事 以生必然之過 經畧權要 已具別旨 又詔曰 知高麗阻
強 侵軼卿土 修先君之舊怨 棄息民之大德 兵交累代 難結荒邊 使兼申
胥之誠 國有楚越之急 乃應展義扶微 乘機電擧 但以高麗稱藩先朝 供
職日久 于彼雖有自昔之釁 于國未有犯令之愆 卿使命始通 便求致伐
討尋事會 理亦未周 故往年遣禮等至平壤 欲驗其由狀 然高麗奏請頻煩
辭理俱詣 行人不能抑其請 司法無以成其責 故聽其所啓 詔禮等還 若
今復違旨 則過咎益露 後雖自陳 無所逃罪 然後興師討之 于義爲得 所
獻錦布海物雖不悉達 明卿至心 今賜雜物如別 又詔璉護送安等 安等至
高句驪 璉稱昔與餘慶有仇 不令東過 安等于是皆還 乃下詔切責之 五
年 使安等從東萊浮海 賜餘慶璽書 褒其誠節 安等至海濱 遇風飄蕩 竟

不達而還

魏書 高麗傳 高麗王釗 烈帝時與慕容氏相攻 建國四年 慕容元眞伐之 釗單騎奔竄 後爲百濟所殺 按 烈帝爲道武帝之伯祖 隋書 以昭列帝三字相連爲高麗王之名 殊誤 涉羅國爲百濟所倂

魏書 勿吉傳 勿吉先破高句驪十落 密共百濟謀從水道倂力取高句麗 勿吉國另條見前

太平寰宇記 百濟國 後魏孝文帝遣衆征破之 後其王车大爲高句麗所破 遷居南韓舊地

後周書 百濟者 馬韓之屬國 夫餘之別種 有仇台者 始國于帶方 其地界東極新羅 北接高句麗 西南俱限大海 王姓夫餘氏 自晉宋齊梁據江左 後魏宅中原 並遣使稱藩 兼受封拜 齊氏擅東夏 其王隆亦通使焉 隆子昌 建德六年 遣使獻方物 宣政元年 又遣使來獻

北史 百濟 夫餘王東明之後 詳見前夫餘條 有仇台者 篤于仁信 始立國于帶方故地 漢遼東太守公孫度以女妻之 遂爲强國 初以百家濟 因號百濟 王姓餘氏 按後周書 作夫餘氏 當以後周書爲是 其都曰居拔城 亦曰固麻城 其外更有五方 方有十郡 其人兼有新羅高麗倭等 亦有中國人 有僧尼多寺塔 而無道士 有鼓角 箜篌 笙竽 箎笛之樂 行宋元嘉曆 以建寅月爲歲首 國中大姓有八族 原脫八字 今據隋書增 沙氏 燕氏 劦通考作刕 注云音狹氏 解氏 眞隋書新唐書俱作貞氏 國氏 木氏 苩新唐書作㫱 通考作苔 注云音白氏 齊武平元年 齊後主 以餘昌爲使持節 侍中 車騎大將軍 帶方郡公 百濟王如故 二年 又以餘昌爲持節 都督東青州諸軍事 東青州刺史 周建德六年 齊滅 餘昌始遣使通周 宣政元年 又遣使來獻

隋

隋書 百濟 夫餘王東明之後 開皇初 其王餘昌遣使貢方物 拜昌爲上開府帶方郡公百濟王 平陳之歲 有一戰船漂 至海東䑶牟羅國 其船得還 經

于百濟 昌資送之甚厚 并遣使奉表賀平陳 高祖善之 下詔曰 百濟往復
至難 若逢風浪 便致傷損 百濟王心迹淳至 朕已委知 相去雖遠 事同言
面 何必數遣使來 自今以後 不湏年別入貢 朕亦不遣使往 王宜知之 開
皇十八年 北史作 八年 昌使其長史王辯那來獻方物 屬興遼東之役 遣使
請爲軍導 帝下詔曰 往歲爲高麗不供職貢 無人臣禮 故命將討之 高元
君臣畏服歸罪 朕已赦之 不可致伐 厚其使而遣之 高麗頗知其事 以兵
侵掠其境 昌死 子餘宣立 餘宣死 子餘璋立 大業三年 璋遣死者燕文
進朝貢 其年 又遣使王孝隣入獻 請討高麗 煬帝許之 令覘高麗動靜
然璋內與高麗通和 七年 帝親征高麗 璋使其臣國智牟來請軍期 帝大
悅 厚加賞錫 遣尙書起部郎席律詣百濟 與相知 明年 六軍度遼 璋亦嚴
兵于境 聲言助軍 尋與新羅有隙 每相戰爭 十年 復遣使朝貢 後天下亂
使命遂絶 其南海行三月 有躭牟羅國 南北千餘里 東西數百里 附庸于
百濟

唐

舊唐書 百濟地 在京師東六千二百里 東北至新羅 西渡海至越州 南渡
海至倭國 北渡海至高麗 其王所居有東西兩城 又外置六方 方管十郡
其用法 叛逆者死 籍沒其家 殺人者 以奴婢三贖罪 官人受財及盜 三倍
追贓 仍終身禁錮 武德四年 其王夫餘璋遣使獻果下馬 七年 又遣大臣
奉表朝貢 高祖遣使冊爲帶方郡王百濟王 自是歲遣朝貢 高祖撫勞甚厚
因訟高麗閉其道路 不許來通中國 詔遣朱子奢往和之 又與新羅世爲仇
敵 數相侵伐 貞觀元年 賜璽書曰 王世爲君長 撫有東藩 海隅遐曠 風
濤險阻 忠款之至 職貢相尋 尙想徽猷 甚以嘉慰 新羅王金眞平 王之隣
國 每聞遣師 征討不息 阻兵安忍 殊乖所望 朕已對王侄福信及高麗新
羅使人 具勑通和 咸許輯睦 王必須忘彼前怨 識朕本懷 共篤隣情 卽停
兵革 璋因遣使陳謝 實相仇如故 十一年 遣使獻鐵甲雕斧 賜綵帛三千

段幷□袍等 十五年 璋卒 其子義慈告哀 太宗素服哭之 贈光祿大夫 賻物二百段 遣使冊義慈 爲柱國帶方郡王百濟王 十六年 義慈興兵 伐新羅取四十餘城 又發兵以守之 與高麗通好 謀取党項新唐書作棠項 誤城 以絶新羅入朝之路 新羅遣使告急請救 太宗遣司農丞相里元獎 齎書告諭 及太宗親征高麗 百濟乘虛襲破新羅十城 新書作 七城 二十二年 又破其十餘城 數年之中 朝貢遂絶 高宗永徽二年 始又遣使朝貢 使還 降璽書于義慈曰 海東三國開基自久 地實犬牙 近代已來 遂搆嫌隙 戰爭交起 朕代天理物 載深矜憫 去歲 新羅使金法敏奏書 乞詔百濟 令歸所侵之城 若不奉詔 卽自興兵打取 但得故地 卽請交和 朕以其言旣順 不可不許 王所兼新羅之城 並宜亟還其本國 王若不從 朕已依法敏所請 任其決戰 亦令約束高麗 不許救恤 高麗若不從命 卽令契丹諸蕃渡遼澤入抄掠 王可深思朕言 自求多福 六年 新羅王金春秋又表稱 百濟與高麗靺鞨侵其北界 已沒三十餘城 顯慶五年 命左衛大將軍蘇定方統兵討之 大破其國 擄義慈及太子隆 小王孝演等五十八人送京師 命右衛郎將王文度爲熊津都督 總兵以鎭之 義慈事親以孝行聞 友于兄弟 時人號海東曾閔 及至京 數日而卒 贈金紫光祿大夫衛尉卿 文度濟海而卒 百濟僧道琛 舊將福信按新唐書 福信爲夫餘璋之從子 率衆據周留城 遣使往倭國 迎故王子夫餘豐立爲王 其西部北部 並翻城應之 時郎將劉仁願留鎭于百濟府城 道琛等引兵圍之 帶方州刺史劉軌代文度統衆 便道發新羅兵以救仁願 轉戰而前 所向皆下 道琛于熊津江口立兩柵 以拒官軍 仁軌與新羅兵四面夾擊之 退走入柵 阻水橋狹 墮水及戰死萬餘人 道琛等乃釋仁願之圍 退保任存城 按新唐書 作任孝城 新羅兵以糧盡引還 時隆朔元年三月也 于是 道琛自稱領軍將軍 福信自稱霜岑將軍 使告仁軌曰 聞唐與新羅約誓 百濟無問老少 一切殺之 然後以國付新羅 與其受死 豈若戰亡 所以聚結自守耳 仁軌作書 具陳禍福 遣使諭之 道琛置仁軌之使于

外館 傳語謂曰 使人官職小 我一國大將 不合自殺 不答書遣之 尋而福
信殺道琛 并其衆 夫餘豐但主祭而已 二年七月 仁願仁軌率留□之兵
大破福信餘衆于熊津之東 福信等以眞峴城臨江高險 又當衝要 加兵守
之 仁軌引新羅兵乘夜薄城 四面攀堞而上 比明而入據其城 遂通新羅運
糧之路 仁願奏請益兵 詔發淄青萊海之兵七千人 遣左新唐書作右威衛將
軍孫仁師 統衆浮海赴熊津 以益之 時福信旣專其兵權 與夫餘豐漸相猜
貳 稱疾臥于窟室 將俟夫餘豐問疾 謀襲殺之 夫餘豐覺 而率其親信掩
殺福信 又遣使往高麗及倭國 請兵以拒官軍 孫仁師中路迎擊 破之 遂
與仁願之衆相合 兵士大振 于是 仁師仁願及新羅王金法敏帥陸軍進 劉
仁軌及別帥杜爽夫餘隆率水軍及糧船 自熊津江往白江 以會陸軍 同趨
周留城 仁軌遇夫餘豐之衆于白江之口 四戰皆捷 焚其舟四百艘 豐脫身
而走 王子夫餘忠勝忠志等率士女及倭衆並降 百濟諸城皆復歸 仁師等
振旅還 詔劉仁軌代仁願率兵鎮守 乃授夫餘隆熊津都督 遣還本國 共新
羅和親 以招輯餘衆 麟德二年八月 隆到熊津城 與新羅王金法敏刑白馬
而盟 先祀神祇及川谷之神 而後歃血 藏其盟書于新羅之廟 仁願仁軌等
旣還 隆懼新羅 尋歸京師 儀鳳二年 拜光祿大夫太常員外卿兼熊津都督
帶方郡王 令歸本蕃 安輯餘衆 時百濟本地荒毀 漸爲新羅所據 隆竟不
敢還舊國而卒 其孫敬 則天朝襲封帶方郡王 授衛尉卿 其地 自此爲新
羅及渤海靺鞨所分 百濟遂絶 按 周留旣破 夫餘豐脫身而走 通考亦言 豐走不知所
在 至後唐淸秦三年 百濟國復遣使來 盖其支裔共保海濱 仍稱百濟 雖故地已失 而世祀未嘗
絶也

新唐書 顯慶五年 詔蘇定方爲神丘道行軍大總管 率左衛將軍劉伯英 右
武衛將軍馮士貴 左驍衛將軍龐孝泰 發新羅兵伐百濟 自城山濟海 百濟
守熊津口 定方擊敗之 乘潮以進 趨眞都城 復破之 拔其城 義慈挾太子
隆走北鄙 定方圍之 次子泰自立爲王 率衆固守 義慈孫文思曰 王太子

固在 叔乃自王 若唐兵解去 如我父子何 與左右縋而出 民皆從之 泰不
能止 定方令士超堞立幟 泰開門降 定方執義慈隆等 送京師 平其國 析
置熊津 馬韓 東明 金漣 按地理志作遂 太平寰宇記作漣 德安 五都督府 按地理
志云 又置帶方州 麟德後俱廢 擢渠長治之 命劉仁願守百濟城 義慈尋卒 授隆
司稼卿

唐會要 百濟 本夫餘之別種 當馬韓之故地 其後有仇台者 爲高麗所破
以百家濟 因號百濟 東北至新羅

冊府元龜 唐武德七年 封百濟王夫餘璋 爲帶方郡王 七年九月 遣使獻
光明甲 貞觀十一年 璋遣太子隆來朝 並獻鐵甲雕斧 十三年 獻金甲雕
斧 十五年 詔曰 故柱國帶方郡王百濟王夫餘璋 棧山航海 遠稟正朔 獻
琛奉貢 克固始終 宜加常數 式表哀榮 可贈光祿大夫 令其嫡子義慈嗣
位 使祠部郎中鄭文表 備禮冊命 十九年正月 百濟太子夫餘康信貢方物
百濟 自武德四年至永徽三年 朝貢不絶 獻慶五年 蘇定方既濟熊津口
乘山而陣 與之大戰 揚帆盖海 相續而至 敵兵大潰 官軍連舳入江 水陸
並進 直趨眞都 去城二十餘里 復傾國來拒 大戰破之 追奔入郭 義慈及
太子隆走北境 其大將禰植將義慈來降 及諸城主亦俱送款 龍朔三年 百
濟西部人黑齒常之來降 常之長七尺餘 驍勇有謀畧 按唐書列傳 常之爲百濟
達帥 蘇定方平百濟時 常之糾合遺亡 依任存山自固 定方攻之不克 常之遂擾二百餘城 高宗
遣使招諭 乃詣劉仁軌降 授左領軍將軍

通考 百濟王夫餘映子餘毗 餘毗子慶 慶子牟都 牟都子牟大 每王立 必
遣使詣江南 請命俱授以鎭東大將軍都督百濟諸軍事 亦遣使稱藩 奉貢
于魏 尋爲高麗所破 衰弱累年 梁時 王餘隆累破高麗 隆卒子明嗣 北齊
時 亦通使焉 齊亡 遣使通周 隋時 其王餘昌立 餘昌卒 子餘璋立 隋亂
貢使遂絶 唐武德四年 璋始通使 自是數朝貢 且訟高麗梗道 貞觀初 詔
使平其怨 璋卒子義慈立 義慈事親孝 與兄弟友 時號海東曾子 明年 與

高麗連和 取新羅四十餘城 聞帝討高麗 又取新羅七城 久之又奪十餘城 因不朝貢 永徽六年 復與高麗取新羅三十餘城 顯慶五年 蘇定方平其國 璋從子福信等立故王子夫餘豐 龍朔二年 劉仁願等復破之 豐走不知所在 帝以夫餘隆爲熊津都督 俾歸國平新羅故憾 招還遺人 麟德二年 與新羅王會熊津城 刑白馬以盟 辭曰 往百濟先王 侵削新羅 破邑屠城 天子憐百姓無辜 命行人修好 先王負險怙遠 皇赫斯怒 是伐是夷 立前太子隆爲熊津都督 守其祭祀 附伏新羅 長爲與國 結好除怨 永爲藩服 右威衞將軍魯城縣公仁願親臨 厥盟有貳其德 神明監之 乃作金書鐵券 藏新羅廟中 仁願等還 隆畏衆攜散 亦歸京師 儀鳳時 進帶方郡王 遣歸藩 是時 新羅强隆 不敢入舊國 寄治高麗卒 武后 又以其孫敬襲王 而其地已爲新羅渤海靺鞨所分 百濟遂絶

太平寰宇記 百濟 舊有五部 分統三十七郡二百城七十六萬戶 顯慶五年 以其地 分置熊津 馬韓 東明 金蓮 德安 五都督府 至麟德三年 其舊地 沒于新羅 城傍餘衆後漸寡弱 散投突厥及靺鞨 其王夫餘崇 新舊唐書俱作 隆 竟不敢歸舊國 土地盡入于新羅靺鞨

五代

五代史 後唐 淸泰三年正月 百濟國 遣使貢方物 冊府元龜同

宋

通考 高麗 以百濟爲金州金馬郡 號南京 按 此乃百濟東南邊境 其全部始屬新羅 後歸渤海及契丹 非高麗所能有也

元

元史 世祖 至元四年正月 百濟遣其臣梁浩來朝 賜以錦繡有差

謹按 百濟 自後漢時 已見史傳 歷晉迄唐 使命歲通 王本夫餘王仇台之後 以夫餘爲氏 舊國屬馬韓 晉代以後 盡得馬韓故地 兼有遼西晉平二郡 自置百濟郡 宋書言 所治謂之晉平郡晉平縣 都城號居拔城 則百濟

郡卽晉平 而居拔城卽晉平城也 馬端臨謂 晉平在唐柳城北平之間 實今
錦州寧遠廣寧之境 一統志謂 居拔城在今朝鮮境內者 殆梁天監時 遷居
南韓之城歟 普通以後 累破高麗 斬其王釗 更爲强國 號所治城曰固麻
北史謂 居拔城卽固麻城 以滿洲語考之 固麻爲格們之轉音 唐書云 王
居有東西兩城 則居拔卽滿洲語之卓巴 兩城皆王都 故均以格捫稱之 其
曰建居拔者 建字乃漢文 通考 連三字爲城名 誤也 通考又云 南接新羅
會要云 東北至新羅 考百濟之境 其西北 自今廣寧錦義 南跨海 盖東南
極朝鮮之黃海忠淸全羅諸道 東西狹而南北長 故自柳城北平計之 則新
羅在其東南 而自慶尙熊津計之 則新羅在其東北 又魏時 與勿吉謀幷力
取高麗 則東北亦隣勿吉矣 唐初 復取新羅六七十城 其界益廣 蘇定方
浮海濟師 故自熊津北趨 其國熊津卽漢江 在朝鮮國城南十里 則今朝鮮
國城 亦百濟之南界也 其後 夫餘隆畏新羅 不敢歸故地 爲新羅渤海靺
鞨所分 夫餘豐脫身而走 不知所往 而後 唐時有百濟遣使入貢之文 至
元初 猶通朝使 是其支庶保守海隅 仍用舊號 國祚猶存 唐書云 百濟遂

** 唐代 中國의 騎兵과 步兵(敦煌壁畫)

128

** 百濟復興運動軍을 이끈 福信과 道探의 影幀(上: 原作 下:新作) 및 그들을 모신 扶餘 恩山 別神堂

絶者 非也 又北史云 國有五方 方管十郡 舊唐書云 六方各管十郡 則 爲郡且五六十 而定方所得僅三十七郡 未得者尙五分之二 此必餘衆所 保第 爲渤海契丹所隔 故不復相聞耳 若其聲明文物之盛與新羅埒 史言 俗重騎射 兼愛墳史信矣 其國內 衆建侯王 以酬勳懿 自宋齊時已然 則 又地廣民稠之驗也

『欽定滿洲源流考』, 卷9, 疆域 2

百濟里至

魏書 百濟國 北去高句麗千餘里 處小海之南 按史 是時 高麗國 東至新羅 西 度遼二千里 南接百濟 北鄰靺鞨一千餘里

北史 百濟 始立國於帶方故地 其國東極新羅句麗 西南俱限大海 處小 海南 東西四百五十里 南北九百餘里

後周書 百濟 始立國於帶方其地 界東極新羅 北接高句麗 西南俱限大 海 東西四百五十里 南北九百餘里 治固麻城

宋書 百濟 本與高驪俱在遼東之東千餘里 其後高驪略有遼東 百濟略有

遼西

隋書 百濟國 東西四百五十里 南北九百餘里 南接新羅 北距高麗

舊唐書 百濟 處大海之北 小海之南 東北至新羅 按 隋唐時 通百濟 皆自登萊

泛海而往 蓋爲契丹所隔 新唐書所載亦同

新唐書 百濟直京師東六千里 而贏濱海之陽 其東新羅也

唐會要 百濟當馬韓故地 處大海之北 小海之南 東北至新羅

通考 百濟 晉時略有遼西晉平 唐柳城北平之間 自晉以後 吞併諸國 據有

馬韓故地 其國東西四百里 南北九百里

百濟都城　百濟郡邑

北史 百濟所都曰居拔城 亦曰固麻城 其外更有五方 中方曰古沙城 東

方曰得安城 南方曰久知下城 西方曰刀先城 北方曰熊津城 都下有方

方分五部 曰 上部 前部 中部 下部 後部 五方各有方領一人 方有十郡

城之內外民庶及餘小城 咸分隸焉

宋書 百濟所治 謂之晉平郡晉平縣

梁書 晉世 百濟有遼西晉平二郡 地自置百濟郡 梁天監中 爲高句驪所

破 遷居南韓地 後更爲强國 號所治城曰 固麻 謂邑曰 檐魯 其國有二

十二檐魯 皆以子弟宗族分領之 按宋書云 百濟所治 謂之晉平郡晉平縣 是以郡統

縣矣 北史云 國有五方 方管十郡 則當爲五十郡 今梁書云 二十二檐魯 是縣反少於郡 恐無

是理

隋書 百濟國都曰 居拔城 畿內爲五部 五方各有方領一人 方有十郡 國

西南人島居者十五所 皆有城邑 百濟 自西行三日 至貊國云

舊唐書 百濟王所居有東西兩城 貞觀十六年 伐取新羅四十餘城 又襲破

新羅十城 二十二年 又破其十餘城 永徽中 又與高麗靺鞨侵其北界三十

餘城 其國 舊分五部 統郡三十七城二百 至顯慶五年 以其地分置熊津

馬韓 東明等 五都督府 各統州縣 立其帥爲都督刺史縣令 命王文度爲
熊津都督以鎭之

新唐書 百濟王居東西二城 有六萬方統十郡 按六萬方 與他書異 當爲六方 方
統十郡 萬字亦作万 與方相近而誤耳 顯慶五年 平其國五部三十七郡二百城戶
七十六萬 析置熊津 馬韓 東明 金漣 德安 五都督府 後其地爲新羅渤
海靺鞨所分 按五代史 後唐淸泰間 及元史世祖本紀 至元四年 百濟皆遣使入貢 是百濟
至元代猶存 但故地已失 僅守偏隅 非復隋唐之舊耳

唐會要 百濟王所居有東西兩城 又外置六方 方管十郡 唐顯慶五年 分
其國爲五部 統郡三十七城二百 置熊津 馬韓 東明 金漣 德安等 五都
督 各統州縣 立其長爲都督 刺史 縣令 麟德以後 其地爲新羅靺鞨所分

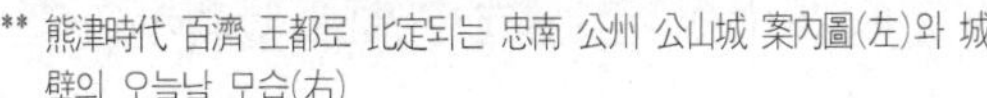
** 熊津時代 百濟 王都로 比定되는 忠南 公州 公山城 案內圖(左)와 城
壁의 오늘날 모습(右)

百濟諸城

舊唐書 龍朔元年 百濟僧道琛 舊將福信 據周留城 其西部北部並應之
帶方州刺史劉仁軌 便道發兵轉鬪 而前所向皆下 道琛於熊津江口立兩

柵以拒 復退保任存城 新書作任孝

舊唐書 龍朔二年 劉仁願仁軌 大破福信餘衆於熊津東 拔其支羅城 及尹城 大山 沙井等柵 福信等 以眞峴城臨江高險又當衝要 加兵守之 仁軌夜拔之 遂通新羅運糧之路 仁願請益兵 詔發淄青萊海兵七千人 浮海赴熊津 於是 水軍 自熊津江往白江 以會陸軍同趨周留城

通考 高麗 以百濟爲金州金馬郡

謹按 百濟與新羅壤地相錯 隋書云 南接新羅 唐會要言 東北至新羅 考百濟之境 西北自今廣寧錦義 南踰海 葢東極朝鮮之黃海忠淸全羅等道 東西狹而南北長 自柳城北平計之 則新羅在其東南 自慶尙熊津計之 則新羅在其東北 其北亦與勿吉爲鄰也 王都有東西兩城 號固麻城 亦曰居拔城 以滿洲語考之 固麻爲格們之轉音 居拔葢滿洲語之卓巴 言二處也 二城皆王都 故皆以固麻名之 宋書言 百濟所治 謂之晉平郡晉平縣 通考云 在唐柳城北平之間 則國都在遼西 而朝鮮全州境內又有俱拔故城 殆梁天監時 遷居南韓之城歟 唐顯慶中 分爲五都督府 曰德安 即百濟東方之得安城 曰熊津 即北方之熊津城 熊津今朝鮮漢江城 在全州西北 百濟與高麗分界處也 曰東明者 東明爲百濟之祖 自橐離渡河 以之名地 當與橐離國相近 考遼志 橐離爲鳳州韓州 皆在今開原境 則東明都督府之設 亦應與開原相邇矣 任存城 在熊津江口朝鮮全州西 百濟之西部 支羅眞峴 在熊津東全州之北 自熊津溯白江爲周留城 在全州西 加林城亦在焉 沙井柵 在其東北 唐蘇定方劉仁軌等 由登萊海道濟師 故戰守之 地皆在今朝鮮境耳 唐書又言 後爲新羅渤海靺鞨所分 百濟遂絶 而自五代迄元 尙有百濟朝貢之文 考百濟舊設五方 方管十郡 則列郡五十 唐初 又攻取新羅六七十城 其幅員益廣 蘇定方所得止三十七郡 王子夫餘豐脫身而走 是其支庶 保守偏隅 仍循位號 僅有黃海忠淸等地 而海葢以北盡歸新羅渤海矣

** 百濟復興運動軍이 新羅軍에게 저항하다 패배한 雨述城 또는 甕山城으로 전하는 大田 鷄足山城의 오늘날 모습

『欽定滿洲源流考』, 卷16, 國俗1

騎射

…

南北朝

…

周書 百濟兵 有弓箭刀矟 俗重騎射

…

隋

隋書 百濟俗 尙騎射

隋書 新羅風俗 與百濟同

…

唐

…

冊府元龜 唐龍朔三年 百濟西部人黑
齒常之來歸 常之長七尺餘 驍勇有謀
畧

…

冠服

…

南北朝

…

周書 百濟 六品以上 冠飾銀華 七品紫帶 八品皂帶 九品赤帶 十品靑
帶 十一品 十二品 皆黃帶 十三品至十六品 皆白帶 若朝拜 祭天 其冠

** 百濟金銅大香爐에 보이는 百濟人의 騎射
像

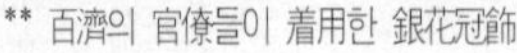

** 百濟의 官僚들이 着用한 銀花冠飾

兩廂加翅 戎事則否 婦人衣似袍 而袖微大

南史 百濟衣服 潔淨

…

唐

舊唐書 百濟國 其王服 大袖 紫袍 青錦袴 烏羅冠 金花爲飾 素皮帶
烏革履 官人 盡緋爲衣 銀花飾冠 庶人不得衣緋紫

…

『欽定滿洲源流考』, 卷17, 國俗2

政教

…

南北朝

南史 百濟國 元嘉二十七年 國王餘毗 上書求易林式占 與之 大同七年
遣使取毛詩博士幷工匠畫師 並給之

…

周書 百濟 兼愛墳史 秀異者 頗解屬文 又解陰陽五行 以建寅月爲歲首
亦解醫藥卜筮占相之術

北史 百濟之秀異者 解屬文 能吏事 又知醫藥 蓍龜 與相術 陰陽五行
法 有鼓角 箜篌 箏竽 篪笛之樂

…

隋

隋書 百濟 其俗 讀書史 能吏事 亦知醫藥 蓍龜之術 有鼓角 箜篌 箏
竽 篪笛之樂

隋書 新羅 風俗刑政 與百濟同

唐

舊唐書　百濟國　其書籍有
五經　子史　又表疏　依中
華之法

…

新唐書　百濟　有文籍　紀
時月　百濟王義慈　事親孝
與兄弟友　時號海東曾子

…

金

…　百濟　新羅　文彩蔚焉　與隋唐使命往來　兼擅詞章之美　……　至字書　則
百濟　新羅　渤海　沿用漢字　…

** 扶餘　陵寺에서　발견된　각종　漢字銘　木簡(國立扶餘博物館)

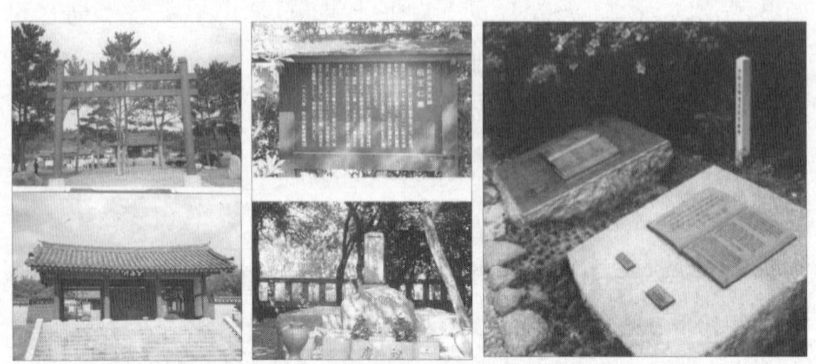

**『論語』10卷 과『千字文』1卷을 가지고 日本으로 건너가 學問을 가르친 百濟 王仁博士의 紀念館
(全南 靈巖)과 日本 枚方에 있는 王仁博士 墓 및 記念構造物(左로부터)

『欽定滿洲源流考』, 卷18, 國俗3

祭天

…

晉書 三韓國邑 各立一人主祭天 又置別邑 名蘇塗

…

後周書 百濟國 以四仲之月 祭天

…

隋書 百濟王 以四仲之月祭天 新羅每當正月旦 拜日月神

…

祀神

…

後周書 百濟 以四仲月祭五帝之神 又每歲四祠其始祖仇台之廟

隋書 百濟王 以四仲之月祭五帝之神 立始祖仇台之廟于國城 歲四祀之

舊唐書 百濟王夫餘豐到熊津城 與新羅王金法敏行白馬而盟 先祀神祇

及山谷之神 而後歃血

…

雜禮

通考 百濟 婚娶之禮同中國 拜謁之禮 以兩手據地爲敬

…

** 慶南 靑鶴洞 倍達聖殿 三聖宮에서 再現한 蘇塗祭天儀式

官制

…

南北朝

…

周書 百濟官 有十六品 左平 _{舊唐書作佐平} 五人一品 達率 _{按隋書作大率 通}
_{考作佐率} 三十人二品 恩率三品 德率四品 扞率五品 奈率 _{按百濟官名 多用}
_{漢語 惟奈率義無所取 以滿洲語考之 或爲納伊二字之音 猶言地方也} 六品 將德七品
施德八品 固德九品 李_{北史作季}德十品 對德十一品 文督十二品 武督十
三品 佐軍十四品 振武十五品 克虞十六品 自恩率以下 官無常員 各有
部司 分掌衆務 內官有前內部 穀部 肉部 內掠部 外掠部 _{按穀部等名 皆用}
_{漢語 此內掠外掠字義 無取 當有訛謬} 馬部 刀部 功德部 藥部 木部 法部 後官
_{北史作宮部} 外官有司軍部 司徒部 司空部 司寇部 點口部 客部 外舍部
綢部 日官_{北史作宮部} 都市部 都下有萬家 分爲五部 曰上部 前部 中部
下部 後部 各統兵五百人 國城外 更有五方 中方曰古沙城 東方曰得安
城 南方曰久知下城 西方曰刀先城 北方曰熊津城 五方各有方領一人
以達率爲之 郡將三人 以德率爲之 方統兵一千二百人以下七百人以上
城之內外民庶及餘小城 咸分隷焉

宋書 百濟官 有左賢王 右賢王 冠將軍將軍 征虜將軍 輔國將軍 龍驤
將軍 寧朔將軍 建武將軍 西河太守 臺使

齊書 百濟官名 有面中王 都漢王 阿錯王 邁盧王 邁羅王 辟中王 八中
侯 弗斯侯 弗中侯 面中侯 _{按百濟盡有三韓之地 所封王侯之號 如面中邁盧 當卽三}
_{韓屬國彌凍莫盧之屬 其與滿洲語相近者 如云都漢當卽爲多罕橋也 辟中當爲博勒卓約會也}
_{弗斯當爲富森滋生也 弗中當爲法珠樹杈也 其音尚有可推者耳} 寧朔將軍 冠軍將軍
都將軍 建威將軍 龍驤將軍 廣武將軍 宣威將軍 征虜將軍 安國將軍
武威將軍 廣威將軍 建武將軍 振武將軍 揚武將軍 廣陽太守 朝鮮太守

帶方太守 廣陵太守 淸河太守 樂浪太守 城陽太守 又有長史 司馬 叅軍

北史 百濟官 有十六品 長吏三年一交代 都下分五部 部有五巷 士庶居焉 五方各有方領一人 方佐貳之 方有十郡 郡有將三人

通考 百濟官 有十六品 曰左率 曰恩率 曰德率 曰奈率 曰扞率 將德 施德 固德 季德 對德 文督 武督 佐軍 振武 克虞 統兵以達率德率扞率等爲之 人庶及餘小城 皆分隷焉

…

唐

舊唐書 百濟國所置內官 曰內臣唐會要又作內官佐平 掌宣納事 內顯佐平 掌庫蔵事 內法佐平 掌禮儀事 衛士佐平 掌宿衛兵事 朝廷佐平 掌刑獄事 兵官佐平 掌在外兵馬事 又外置六方 方管十郡 按後周書及北史官 皆云左平五人 據此當爲六人

新唐書 百濟官 有內臣佐平者 宣納號令 內頭佐平主帑聚 內法佐平 主禮 衛士佐平 典衛兵 朝廷佐平 主獄 兵官佐平掌外兵

…

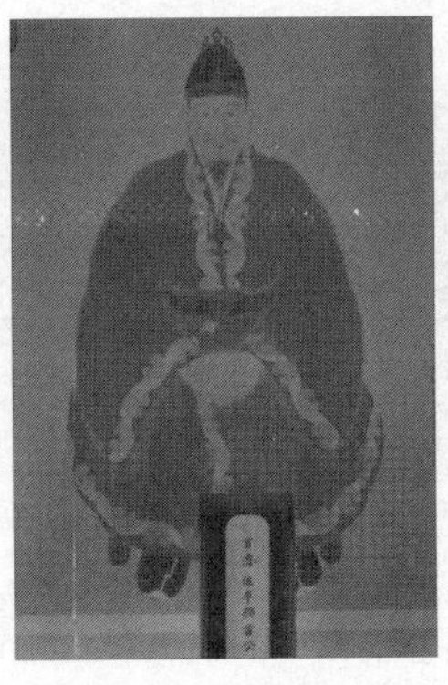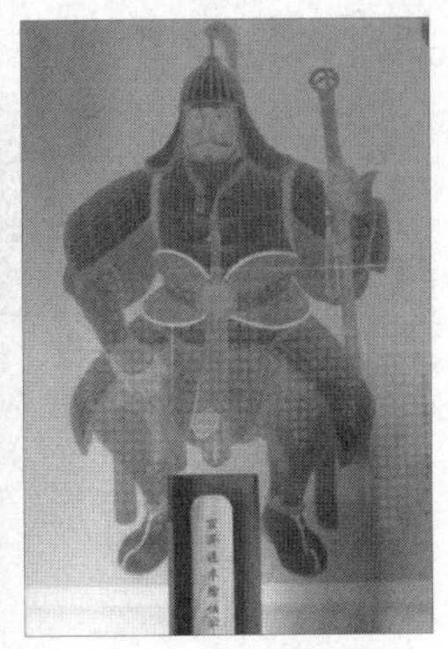

** 扶餘 扶蘇山 三忠祠에 安置되어 있는 佐平 成忠과 興首 및 達率 階伯將軍의 肖像畵(左로부터)

語言

…

南北朝

…

周書 百濟王號 于羅瑕 民呼爲號吉支 夏言並王也 妻號 于陸 夏言妃
也 按百濟新羅語與滿洲語多不合 皆作史者輾轉傳訛之辭 不足信也

梁書 百濟國 號所治城曰 固麻 謂邑曰 檐魯 如中國之言郡縣也 呼帽
曰複衫 袴曰褌

南史 百濟 呼帽曰冠 襦曰複衫 袴曰褌 按此較梁書爲近似 當是梁書脫誤也 其
言參諸夏 亦秦韓之遺俗云

…

通考 新羅語言 待百濟以後通 事與衆議號和白 按滿洲語 赭伯商議也 與此音
義俱相合

…

** 扶蘇山 서편의 구드래 나루(日本에서 百濟를 "구다라"라고 부르게 된 것은 이 "구드래" 나루에서 비롯
되었다는 說도 있다)

『欽定滿洲源流考』, 卷19, 國俗4

物産

…

魏書 百濟國有五穀

…

周書 百濟土田下濕 氣候溫暖 五穀 雜果 蔬菜 及酒醴 餚饌 藥品之屬
多同於內地 唯無駝驢 騾羊 鵞鴨等物
北史 百濟賦稅 以布 絹絲 麻 及米等 量歲豐儉 輸之 土田下濕 氣候
溫暖 人皆山居 有巨栗 其五穀 雜果 菜蔬 及酒醴 餚饌之屬 多同於內
地 唯無駝騾 驢羊 鵞鴨等

…

隋書 百濟國 有五穀 牛 豬 雞 厥田下濕 有巨栗

…

** 百濟 武王을 주인공으로 한 역사드라마 "서동요"에 나오
는 明光鎧

舊唐書 百濟國 武德四年
其王遣使來 獻果下馬 貞
觀十一年 遣使來 獻鐵甲
雕斧
…
新唐書 百濟國 武德間 獻
明光鎧
…
冊府元龜 武德七年 百濟
獻光明甲 貞觀十三年 百
濟獻金甲雕斧 …

…

通考 百濟 氣候溫暖 五穀 雜果 菜蔬 多同內地 其海島出黃漆樹 似小
棕樹而大 六月中取汁 漆物器若黃金 其光奪目
…

*『欽定續通志』, 卷635, 四夷傳 1, 百濟

百濟 扶餘別種也 濱海之陽 南倭 北高麗 皆逾海 乃至其東新羅也 俗
與高麗同 唐武德四年 其王扶餘璋 始遣使獻果下馬 自是數朝貢 高祖
敕爲帶方郡王百濟王 後數與高麗 新羅 相仇殺 來告太宗 詔使者平其
怨 貞觀十五年 璋卒 冊其子義慈紹王 後與高麗連和 伐新羅 取四十餘
城 又間取新羅七城 久之又奪十餘城 屢詔諭解 不從 顯慶元年 詔左衛
大將軍蘇定方 率軍合新羅兵討之 俘義慈及其太子隆送京師 詔釋不誅
析其地 置五都督府 命劉仁願守百濟
城 璋從子福信 據周留城反 立故王子
扶餘豐爲王 西部皆應 引兵圍仁願 龍
朔二年 詔右威衛將軍孫仁師 爲熊津
道行軍總管 與仁願及新羅王 共伐之
豐走遁 諸城皆復 仁願勒軍還 留劉仁
軌代守 帝以扶餘隆爲熊津都督 俾歸
國平新羅故憾 劉仁軌爲之盟辭 後隆
衆攜散 歸京師 儀鳳時 進帶方郡王
遣歸藩 畏新羅彊盛 寄治高麗死 武后
以其孫敬襲王 而其地已爲新羅渤海諸
國所分 百濟遂絶

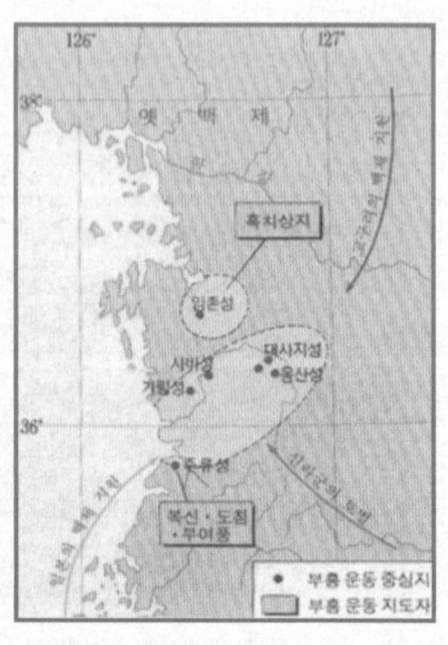

** 百濟復興運動 狀況圖

2) 個別史料

* 唐 太宗과 義慈王

『文館詞林』, 卷364, 貞觀年中撫慰百濟王詔一首

皇帝問柱國帶方郡王百濟王扶餘義慈 朕祗膺靈睠 君臨區宇 憂勤四海 憐養萬姓 天地之所覆載 日月之所照臨 咸被愷澤 致之仁壽 王嗣守藩緖 累効洒心 早慕禮樂之風 久習詩書之敎 虔修貢職 汎彼滄波 行李相繼於道路 眹賮不絶於王府 言念丹款 朕甚嘉之 故高麗王高武 早奉朝化 備展誠節 朝貢無虧 藩禮尤著 其臣莫離支蓋蘇文 苞藏奸凶 奄行逆冤 酷結於遐裔 痛悼聞於中夏 朕受命上玄 爲其父母 旣聞此事 甚用慜傷 若不申兹九伐 無以懲肅八表 今先遣大摠管特進太子詹事英國公李勣 董率士馬 直指遼東 大摠管刑部尙書郳國公張亮 摠統舟艦 徑臨平壤 朕仍親巡遼碣 撫彼黎庶 誅其凶逆 布以威恩 當使三韓之域五郡之境 因此蕩定 永得晏然 前得新羅表稱 王與高麗 每興士衆 不遵朝旨 同侵新羅 朕便疑王 必與高麗協契 覽王今表及問康信 王與高麗 不爲阿黨 旣能如此 良副所望 康信又述王意 固請發兵 卽與官軍 同伐凶惡 朕今興動甲兵 本誅煞君之賊 王志存忠正 情切鷹鸇 旣稱朕懷 欽歎無已 所發之兵 宜受張亮處分 若討賊之日 能立功勳 王宜錄奏 當加襃獎 然王盡心國家 無所愛惜 遠獻子女 深具丹誠 朕旣有事遼左 方弘弔伐 若卽不違來請 受王所獻 便恐四海之議 謂朕有所貪求 其女今且令還 賊平之後 任王更奏 宜知此意 勿致怪也 所奏學問僧等請聽恣意出入及三藩 使人等級者知 又請蔣元昌往彼爲王療患者 元昌朕先使往益州道 今猶未還 所以未得令向王處 所請僧智照還國者 已依所奏宜知 今令朝

散大夫莊元表 副使右衞勳衞旅師段智君等 往新羅王所 宜速遣人船將
送必令安達 勿使在道被莫離支等抄截也 首春猶寒 想比無恙 國境之內
當竝平 履新之慶 與王及率士同之 康信今還 指申往意 并寄王物如別

(참고자료: 『三國史記』, 卷8, 新羅本紀 神文王 6年, 春正月條)
遣使入唐 奏請禮記幷文章 則天令所司 寫吉凶要禮 幷於文館詞林 採其詞涉規誡者
勒成五十卷 賜之

(비교자료: 『冊府元龜』, 卷970, 外臣部, 朝貢 3, 唐 太宗 貞觀 19年 正月 庚午朔
條)
十九年 正月 庚午朔 百濟太子扶餘康信 延陁拖 新羅 吐谷渾 吐蕃 契丹 奚 吐火
羅葉護 沙本羅葉護 于闐 同娥 康國 鞨鞨 霤等 遣使來賀 各貢方物

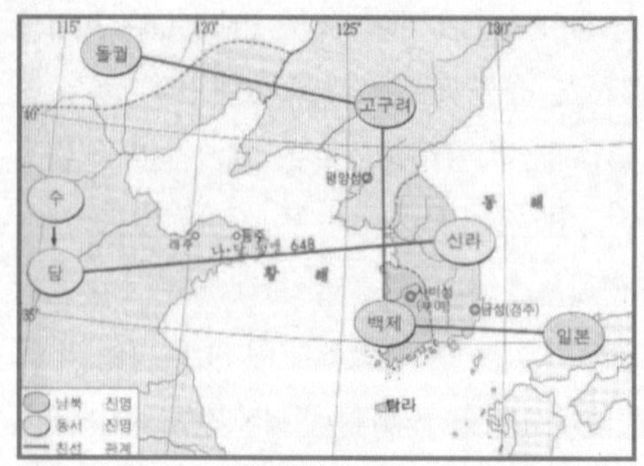

** 義慈王時代 동아시아 形勢圖(左)와 唐 太宗의 肖像畵(右)

* 海東曾子 扶餘義慈

『實賓錄』, 卷2, 海東曾子

唐百濟王義慈 事親孝 與兄弟友 時號海東曾子

『孝詩』, 百濟王扶餘義慈

事親孝 與兄弟友 時號海東曾子

夷方雖爾異 天性本然同 自昔聞曾子 如今在海東

** 扶餘 陵山里에 安置한 義慈王의 墓壇

* 孔子廟 祭祀를 주관한 扶餘隆

『東家雜記』, 卷上, 歷代崇奉, 唐 高宗 乾封 元年條

唐高宗 乾封元年 封禪 還京途經曲阜 親幸祠廟 追贈先師爲太師 其廟
宇制度卑陋 宜加修造 仍令三品一人 以太牢致祭 其子孫並免賦稅 其
年十二月 上遣司稼正卿扶餘隆 以太牢之具 致祭于先聖 …

『幸魯盛典』, 卷5, 先師廟行禮, 唐 高宗 乾封 元年條

 唐高宗 乾封元年 幸曲阜 追贈孔子爲太師 遣司稼正卿扶餘隆 祝告其
文曰 皇帝遣司稼正卿扶餘隆 以少牢致祭於先聖孔宣父曰 …

** 中國 山東 曲阜 孔子廟의 오늘날 案內圖

『山東通志』, 卷11의 3, 闕里志 3, 高宗 乾封 元年, 春正月, 東封泰山

… 詔遣司稼正卿扶餘隆 祝告其文曰 皇帝遣司稼正卿扶餘隆 以小牢致

祭於先聖孔宣父曰 …

* 嶺南으로 流配간 扶餘豐

『資治通鑑』, 卷201, 唐紀17, 高宗 總章 元年條

十二月丁巳 上受俘于含元殿 東內正殿日 含元殿 唐六典曰 含元殿 卽龍首山之東

趾 階上高於平地四十餘尺 南去丹鳳門四百餘步 東西廣五百餘步 殿前玉階三級 每級引出一

螭頭 其下爲龍尾 道委蛇屈曲 凡七轉 以高藏政非已出 敕以爲司平太常伯員外

同正 司平太常伯 卽工部尙書 按舊書 永徽五年 尙藥奉御蔣孝璋員外特置 仍同正員員外

同正自此始 以泉男産爲司宰少卿 司宰少卿 卽光祿少卿 僧信誠爲銀靑光祿大

▲ 중국 광시장족자치구 융닝현 바이지향에선 세무소(왼쪽)와 거리이름(오른쪽)에서도 '백제'라는 한자명이 종종 발견된다. 이곳은 백제장수 흑치상지의 출신지로서 백제의 영향이 중국 최남단까지 미쳤을 가능성을 보여준다.

** 扶餘豐이 流配간 嶺南(嶺外)地方으로 여겨지는 오늘날의 廣西壯族自治區 關聯記事(東亞日報, 2004年 6月 1日)

夫 泉男生爲右衛大將軍 李勣以下 封賞有差 泉男建流黔中 ^{黔音琴} 扶
餘豐流嶺南 …

『新唐書』, 卷220, 列傳145, 東夷, 高麗, 乾封 3年條

十二月 帝坐含元殿 引見勣等 數俘于廷 以藏素脅制 赦爲司平太常伯
男産司宰少卿 投男建黔州 百濟王扶餘隆嶺外

＊ 蘇定方 關聯史料

『舊唐書』, 卷83, 列傳 33, 蘇定方

蘇定方 冀州武邑人也 父邕 大業末 率鄕閭數千人爲本郡討賊 定方驍
悍多力 膽氣絶倫 年十餘歲 隨父討捕 先登陷陣 父卒 郡守又令定方領
兵 破賊首張金稱于郡南 手斬金稱 又破楊公卿于郡西 追奔二十餘里
殺獲甚衆 鄕黨賴之 後仕竇建德 建德將高雅賢甚愛之 養以爲子 雅賢
俄又爲劉黑闥攻陷城邑 定方每有戰功 及黑闥 雅賢死 定方歸鄕里
…

顯慶五年 從幸太原 制授熊津道大總管 率師討百濟 定方自城山濟海
至熊津江口 賊屯兵據江 定方升東岸 乘山而陣 與之大戰 揚帆蓋海 相
續而至 賊師敗績 死者數千人 自餘奔散 遇潮且上 連舳入江 定方於岸
上擁陣 水陸齊進 飛楫鼓譟 直趣眞都 去城二十許里 賊傾國來拒 大戰
破之 殺虜萬餘人 追奔入郭 其王義慈及太子隆奔于北境 定方進圍其城
義慈次子泰自立爲王 嫡孫文思曰 王與太子雖並出城 而身見在 叔總兵
馬 卽擅爲王 假令漢兵退 我父子當不全矣 遂率其左右投城而下 百姓
從之 泰不能止 定方命卒登城建幟 於是泰開門頓顙 其大將禰植又將義

慈來降 太子隆幷與諸城主皆同送款 百濟悉平 分其地爲六州 俘義慈及
隆 泰等獻于東都
定方前後滅三國 皆生擒其主 賞賜珍寶 不可勝計 仍拜其子慶節爲尙輦
奉御 定方俄遷左武衛大將軍 乾封二年卒 年七十六 高宗聞而傷惜 謂
侍臣曰 蘇定方於國有功 例合褒贈 卿等不言 遂使哀榮未及 興言及此
不覺嗟悼 遽下詔贈幽州都督 諡曰莊

(顯慶五年 비교자료: 『資治通鑑』, 卷200, 唐紀 16, 高宗 上之下)
(顯慶五年) 八月 … 蘇定方引兵 自成山濟海 百濟據熊津江口 以拒之 …

(顯慶五年 비교자료: 『文獻通考』, 卷326, 四裔考 3, 百濟)
顯慶五年 乃詔左衛大將軍蘇定方等 發新羅兵討之 自成山濟海 …

(비교자료: 『三國史記』, 卷5, 新羅本紀 5, 太宗武烈王)
七年 … 六月十八日 … (蘇)定方發自萊州 舳艫千里 隨流東下

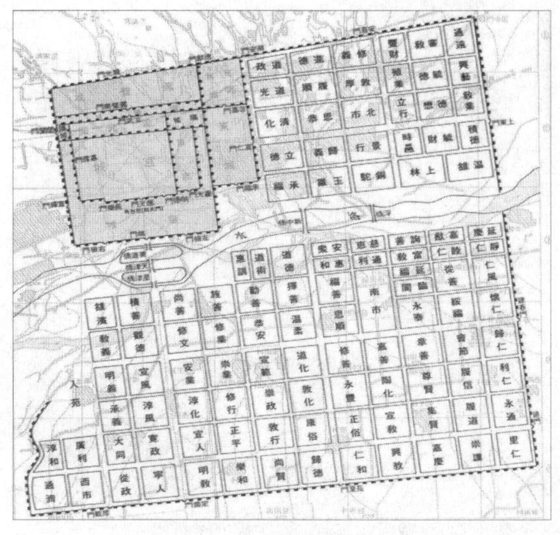

** 義慈王이 中國으로 끌려가 唐 高宗을 만난 東都. 즉 洛陽의 당시 地圖

149

『新唐書』, 卷111, 列伝 36, 蘇定方

蘇烈字定方 以字行 冀州武邑人 後徙始平 父邕 當隋季 率里中數千人
爲本郡討賊 定方驍悍有氣決 年十五 從父戰 數先登陷陣 邕卒 代領其
衆 破劇賊張金稱 楊公卿 追北數十里 自是賊不舍境 鄉黨賴之

…

出爲神丘道大總管 率師討百濟 自城山濟海至熊津口 賊瀕江屯兵 定方
出左涯 乘山而陣 與之戰 賊敗 死者數千 王師乘潮而上 舳艫銜尾進
鼓而譟 定方將步騎夾引 直趨眞都城 賊傾國來 酣戰 破之 殺虜萬人
乘勝入其郛 王義慈及太子隆北走 定方進圍其城 義慈子泰自立爲王 率
衆固守 義慈之孫文思曰 王與太子出 而叔豈得擅爲王 若王師還 我父
子安得全 遂率左右縋城下 人多從之 泰不能止 定方使士登城 建唐旗
幟 於是泰開門請命 其將禰植與義慈降 隆及諸城送款 百濟平 俘義慈

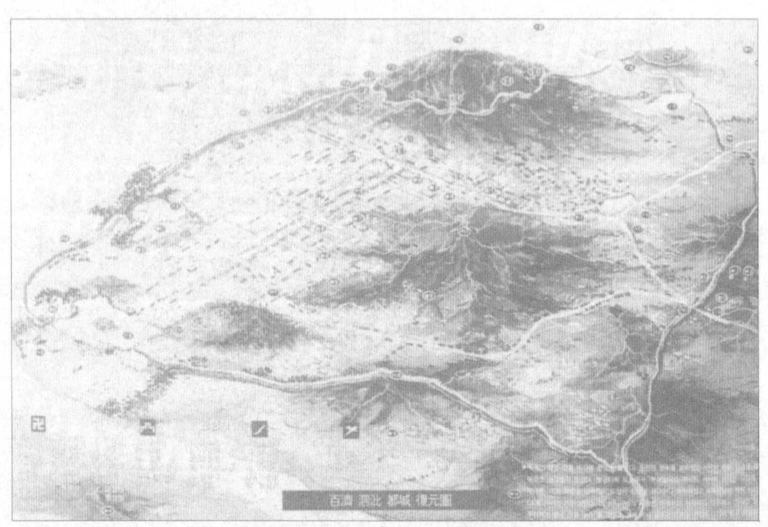

** 蘇定方 軍隊에게 점령된 百濟 泗沘都城 復元圖(國立扶餘文化財研究所)

隆 泰等獻東都

定方所滅三國 皆生執其王 賞賚珍寶不勝計 加慶節尙輦奉御 未幾 定
方爲遼東道行軍大總管 俄徙平壤道 破高麗之衆於浿江 奪馬邑山爲營
遂圍平壤 會大雪 解圍還 拜涼州安集大使 以定吐蕃 吐谷渾 乾封二年
卒 年七十六 帝悼之 責謂侍臣曰 定方於國有功 當褒贈 若等不言 何
邪 乃贈左驍衛大將軍 幽州都督 諡曰莊

『玉海』，卷191，兵捷，唐神丘道行軍大總管蘇定方俘百濟

紀 顯慶五年 三月辛亥 右武衛大將軍蘇定方 爲神丘道行軍大總管 新
羅王金春秋 爲嵎夷道行軍總管 率三將軍及新羅兵 以伐百濟 八月庚辰
蘇定方及百濟 戰敗之 十二月戊戌 蘇定方俘百濟王以獻　　通鑑 顯慶
五年 百濟恃高麗之援 數侵新羅 新羅王春秋 上表求救 三月辛亥 以左
武衛大將軍蘇定方 爲神丘道行軍大總管 帥左驍騎將軍劉伯英等水陸十
萬 以伐百濟 以春秋爲嵎夷道行軍總管 將新羅之衆 與之合執 八月 定
方引軍 自成山濟海 百濟據熊津江口 以拒之 定方進擊破之 百濟死者
數千人 餘皆潰走 定方水陸齊進 直趨眞都城 未至二十餘里 百濟傾國
來戰 大破之 殺萬餘人 追奔入其郭 百濟王義慈及太子隆逃北境 定方
進圍其城 義慈次子泰自立爲王 帥衆固守 隆子文思曰 王與太子皆死
而叔季擁兵自王 借使能却唐兵 我父子必不全矣 遂率左右 踰城來降
百姓皆從之 泰不能止 定方命軍士 登城立幟 泰窘廹開門請命 於是 義
慈 隆 及諸城主 皆降 百濟故有五部 分統三十七郡 二百城 七十六萬
戶 詔 以其地置熊津等五都督府 以其酋長 爲都督刺史 十一月戊戌朔
上御則天門樓 受百濟俘 自其王義慈以下 皆釋之　　蘇定方傳 定方爲
神丘道大總管 定方名烈 率師討百濟 自成山濟海 至熊津口 賊瀕江屯兵

定方出左涯　乘山而陳　與之戰　賊敗死數千　王師乘潮而上　舳艫銜尾進
鼓而譟　定方將步騎夾引　直趨眞都城　賊傾國來　酣戰　破之　殺虜萬人
乘勝入其郛　王義慈及太子隆北走　定方進圍其城　義慈子泰自立爲王　率
衆固守　義慈之孫文思　率左右縋城下　人多從之　泰不能止　定方使士登
城　建唐旗幟　於是　泰開門請命　其將植與義慈降　隆及諸城送款　百濟平
俘義慈　隆　泰　以獻　定方滅三國　皆生執其王　　　東夷傳　百濟扶餘別種也　濱
海之陽　直京師六千里而贏　武德四年　其王扶餘璋　遣使獻果下馬　自是
朝貢　高祖冊爲帶方郡王　後五年　訟高麗梗貢道　太宗　貞觀初　遣使平其
怨　又與新羅世仇　數相侵　帝賜璽書　令忘前怨　璋奉表謝　然亦兵不止
再遣使入朝　上優勞之　十五年　璋死　太宗冊其子義慈　爲柱國紹王　其國
明年　與高麗連和　伐新羅　取四十餘城　又謀取党項城　絶貢道　新羅告急

** 義慈王의 押送과 관련되어 행해지게 된 扶餘의 留王山 놀이 모습

帝遣司農丞相里元奬 齎詔解諭之 聞帝親討高麗 乃間取新羅七城 久之 又奪十餘城 因不朝貢 高宗立 乃遣使來 帝詔義慈 還新羅城 永徽六年 新羅訴 高麗 百濟 靺鞨 取北境三十城 顯慶五年 乃詔 左衛大將軍蘇定方 率將軍劉伯英 馮士貴 龐孝恭等 發新羅兵 討之 自成山濟海 百濟守熊津口 定方縱擊敗之 王師乘潮帆以進 趨眞都城 虜悉衆拒 復破之 斬首萬餘級 拔其城 義慈挾太子隆 走北鄙 定方圍之 次子泰自立爲王 云云同通鑑 定方令士 超堞立幟 泰開門降 遂執義慈 隆 及小王孝 演 酋長五十八人 送京師 一本云 十一月 定方執義慈等 案紀當在十二月 必誤 平其國五部 三十七郡 二百城 戶七十六萬 乃析置熊津 馬韓 東明 金漣 德安五都督府

* 劉仁軌·劉仁願 關聯史料

『舊唐書』, 卷84, 列傳 34, 劉仁軌

劉仁軌 汴州尉氏人也 少恭謹好學 遇隋末喪亂 不遑專習 每行坐所在 輒書空畫地 由是博涉文史 …
顯慶四年 出爲靑州刺史 五年 高宗征遼 令仁軌監統水軍 以後期坐免 特令以白衣隨軍自效 時蘇定方旣平百濟 留郎將劉仁願於百濟府城鎭守 又以左衛中郎將王文度爲熊津都督 安撫其餘衆 文度濟海病卒 百濟爲 僧道琛 舊將福信率衆復叛 立故王子扶餘豐爲王 引兵圍仁願於府城 詔 仁軌檢校帶方州刺史 代文度統衆 便道發新羅兵合勢以救仁願 轉鬪而前 仁軌軍容整肅 所向皆下 道琛等乃釋仁願之圍 退保任存城
尋而福信殺道琛 倂其兵馬 招誘亡叛 其勢益張 仁軌乃與仁願合軍休息 時蘇定方奉詔伐高麗 進圍平壤 不克而還 高宗敕書與仁軌曰 平壤軍迴

一城不可獨固　宜拔就新羅　共其屯守　若金法敏藉卿等留鎭　宜且停彼
若其不須　卽宜泛海還也　將士咸欲西歸　仁軌曰　春秋之義　大夫出疆　有
可以安社稷　便國家　專之可也　況在滄海之外　密邇豺狼者哉　且人臣進
思盡忠　有死無貳　公家之利　知無不爲　主上欲呑滅高麗　先誅百濟　留兵
鎭守　制其心腹　雖妖孽充斥　而備預甚嚴　宜礪戈秣馬　擊其不意　彼旣無
備　何攻不克　戰而有勝　士卒自安　然後分兵據險　開張形勢　飛表聞上
更請兵船　朝廷知其有成　必當出師命將　聲援纔接　凶逆自殲　非直不弃
成功　實亦永淸海外　今平壤之軍旣迴　熊津又拔　則百濟餘燼　不日更興
高麗逋藪　何時可滅　且今以一城之地　居賊中心　如其失脚　卽爲亡虜　拔
入新羅　又是坐客　脫不如意　悔不可追　況福信凶暴　殘虐過甚　餘豐猜惑
外合內離　鴟張共處　勢必相害　唯宜堅守觀變　乘便取之　不可動也　衆從
之　時扶餘豐及福信等以眞峴城臨江高險　又當衝要　加兵守之　仁軌引新
羅之兵　乘夜薄城　四面攀草而上　比明而入據其城　遂通新羅運糧之路
俄而餘豐襲殺福信　又遣使往高麗及倭國請兵　以拒官軍　詔右威衛將軍
孫仁師率兵浮海以爲之援　仁師旣與仁軌等相合　兵士大振　於是　諸將會
議　或曰　加林城水陸之衝　請先擊之　仁軌曰　加林險固　急攻則傷損戰士
固守則用日持久　不如先攻周留城　周留　賊之巢穴　羣凶所聚　除惡務本
須拔其源　若克周留　則諸城自下　於是　仁師　仁願及新羅王金法敏帥陸
軍以進　仁軌乃別率杜爽　扶餘隆率水軍及糧船　自熊津江往白江　會陸軍
同趣周留城　仁軌遇倭兵於白江之口　四戰捷　焚其舟四百艘　煙焰漲天
海水皆赤　賊衆大潰　餘豐脫身而走　獲其寶劍　僞王子扶餘忠勝　忠志等
率士女及倭衆幷耽羅國使　一時並降　百濟諸城　皆復歸順　賊帥遲受信據
任存城不降
先是　百濟首領沙吒相如　黑齒常之自蘇定方軍迴後　鳩集亡散　各據險以
應福信　至是率其衆降　仁軌諭以恩信　令自領子弟以取任存城　又欲分兵

助之 孫仁師曰 相如等獸心難信 若授以甲仗 是資寇兵也 仁軌曰 吾觀
相如 常之皆忠勇有謀 感恩之士 從我則成 背我必滅 因機立効 在於玆
日 不須疑也 於是 給其糧仗 分兵隨之 遂拔任存城 遲受信棄其妻子走
投高麗 於是百濟之餘燼悉平 孫仁師與劉仁願振旅而還 詔留仁軌勒兵
鎮守

初 百濟經福信之亂 合境凋殘 殭屍相屬 仁軌始令收斂骸骨 瘞埋弔祭
之 修錄戶口 署置官長 開通塗路 整理村落 建立橋梁 補葺堤堰 修復
陂塘 勸課耕種 賑貸貧乏 存問孤老 頒宗廟忌諱 立皇家社稷 百濟餘衆
各安其業 於是漸營屯田 積糧撫士 以經略高麗 仁願旣至京師 上謂曰
卿在海東 前後奏請 皆合事宜 而雅有文理 卿本武將 何得然也 對曰
劉仁軌之詞 非臣所及也 上深歎賞之 因超加仁軌六階 正授帶方州刺史
幷賜京城宅一區 厚賚其妻子 遣使降璽書勞勉之 仁軌又上表曰

　臣蒙陛下曲垂天獎 棄瑕錄用 授之刺擧 又加連率 材輕職重 憂責更
　深 常思報効 冀酬萬一 智力淺短 淹滯無成 久在海外 每從征役 軍
　旅之事 實有所聞 具狀封奏 伏願詳察

　臣看見在兵募 手脚沉重者多 勇健奮發者少 兼有老弱 衣服單寒 唯
　望西歸 無心展効 臣聞 往在海西 見百姓人人投募 爭欲征行 乃有不
　用官物 請自辦衣糧 投名義征 何因今日募兵 如此懦弱 皆報臣云 今
　日官府 與往日不同 人心又別 貞觀 永徽年中 東西征役 身死王事者
　並蒙敕使弔祭 追贈官職 亦有迴亡者官爵與其子弟 從顯慶五年以後
　征役身死 更不借問 往前渡遼海者 即得一轉勳官 從顯慶五年以後
　頻經渡海 不被記錄 州縣發遣兵募 人身少壯 家有錢財 參逐官府者
　東西藏避 並即得脫 無錢參逐者 雖是老弱 推背即來 顯慶五年 破百
　濟勳 及向平壤苦戰勳 當時軍將號令 並言與高官重賞 百方購募 無
　種不道 泊到西岸 唯聞枷鎖推禁 奪賜破勳 州縣追呼 求住不得 公私

困弊 不可言盡 發海西之日 已有自害逃走 非獨海外始逃 又爲征役
蒙授勳級 將爲榮寵 頻年征役 唯取勳官 牽挽辛苦 與白丁無別 百姓
不願征行 特由於此 陛下再興兵馬 平定百濟 留兵鎭守 經略高麗 百
姓有如此議論 若爲成就功業 臣聞琴瑟不調 改而更張 布政施化 隨
時取適 自非重賞明罰 何以成功

臣又問 見在兵募 舊留鎭五年 尙得支濟 爾等始經一年 何因如此單
露 並報臣道 發家來日 唯遣作一年裝束 自從離家 已經二年 在朝陽
甕津 又遣來去運糧 涉海遭風 多有漂失 臣勘責見在兵募 衣裳單露
不堪度冬者 給大軍還日所留衣裳 且得一冬充事 來年秋後 更無準擬
陛下若欲殄滅高麗 不可棄百濟土地 餘豐在北 餘勇在南 百濟 高麗
舊相黨援 倭人雖遠 亦相影響 若無兵馬 還成一國 旣須鎭壓 又置屯
田 事藉兵士 同心同德 兵士旣有此議 不可膠柱因循 須還其渡海官
勳及平百濟向平壤功効 除此之外 更相褒賞 明敕慰勞 以起兵募之心
若依今日以前布置 臣恐師老且疲 無所成就

臣又見晉代平吳 史籍具載 內有武帝 張華 外有羊祜 杜預 籌謀策畫
經緯諮詢 王濬之徒 折衝萬里 樓船戰艦 已到石頭 賈充 王渾之輩
猶欲斬張華以謝天下 武帝報云 平吳之計 出自朕意 張華同朕見耳
非其本心 是非不同 乖亂如此 平吳之後 猶欲苦繩王濬 賴武帝擁護
始得保全 不逢武帝聖明 王濬不存首領 臣每讀其書 未嘗不撫心長歎
伏惟陛下旣得百濟 欲取高麗 須外內同心 上下齊奮 擧無遺策 始可
成功 百姓旣有此議 更宜改調 臣恐是逆耳之事 無人爲陛下盡言 自
顧老病日侵 殘生詎幾 奄忽長逝 銜恨九泉 所以披露肝膽 昧死聞奏

上深納其言 又遣劉仁願率兵渡海 與舊鎭兵交代 仍授扶餘隆熊津都督
遣以招輯其餘衆 扶餘勇者 扶餘隆之弟也 是時走在倭國 以爲扶餘豐之
應 故仁軌表言之 於是仁軌浮海西還

初 仁軌將發帶方州 謂人曰 天將富貴此翁耳 於州司請曆日一卷 幷七
廟諱 人怪其故 答曰 擬削平遼海 頒示國家正朔 使夷俗遵奉焉 至是
皆如其言

麟德二年 封泰山 仁軌領新羅及百濟 耽羅 倭四國酋長赴會 高宗甚悅
擢拜大司憲 乾封元年 遷右相 兼檢校太子左中護 累前後戰功 封樂城
縣男 三年 爲熊津道安撫大使 兼浿江道總管 副司空李勣討平高麗 總
章二年 軍迴 以疾辭職 加金紫光祿大夫 聽致仕 咸亨元年 復授隴州刺
史 三年 徵拜太子左庶子 同中書門下三品 監修國史 五年 爲雞林道大
總管 東伐新羅 仁軌率兵徑度瓠盧河 破其北方大鎮七重城 以功進爵爲
公 幷子姪三人並授上柱國 州黨榮之 號其所居爲樂城鄉三柱里 上元二
年 拜尙書左僕射 同中書門下三品 兼太子賓客 依舊監修國史
…

** 麟德二年 唐 高宗이 封禪儀式을 거행했던 泰山의 頂上

『册府元龜』, 卷366, 將帥部, 機畧 6, 劉仁軌, 劉仁願

劉仁軌 龍朔三年 爲帶方州刺史 與熊津道行軍總管右威衛將軍孫仁師 熊津都督劉仁願 大破百濟餘衆及賊於白江 拔其周留城 百濟僞王扶餘 豐走投高麗 初仁願與仁軌 旣拔百濟之眞峴城 詔仁師率兵浮海以爲之 援 扶餘豐南引倭賊 以拒官軍 仁師迎擊破之 遂與仁軌之衆相合 兵士 大振 於是諸將會議 或曰 加林城水陸之衝 請先擊之 仁軌曰 加林險固 急攻則傷損將士 固守則用日持久 不如先攻周畱城 周畱賊之巢穴 羣兇 所聚 除惡務本 須拔其源 若克周畱城 則諸城自下 於是 仁師仁願及新 羅王金法敏帥陸軍以進 仁軌乃別率杜爽扶餘隆 率水軍及糧船 自熊津 江往白江 以會陸軍 同趨周畱城 仁軌遇倭兵於白江之口 四戰皆捷 焚 其舟四百艘 煙焰漲天 海水皆赤 豐脫身而走 獲其寶劍 僞王子扶餘忠 志等 率士女及倭衆並降 百濟諸城皆復歸順 至麟德元年 仁軌上表曰 臣蒙陛下曲垂天獎 棄瑕錄用 授之刺擧 又加連帥 材輕職重 憂責更深 常思報效 冀酬萬一 智力淺短 淹滯無成 久在海外 每從征役 軍旅之事 實有所聞 具狀封奏 伏乞詳察 臣今覩見在兵士 手脚沉重者多 勇健奮 發者少 兼有老弱 衣服單寒 唯望西歸 無心展效 臣聞 往在海西 見百 姓人人投募 爭欲征行 乃有不用官物 請自辦衣糧 投名義征 何因今日 兵士 如此儜女耕切困也弱 皆報臣云 今日官府 與往日不同 人心亦別 貞 觀 永徽年中 東西征役 身死王事 並蒙敕使弔祭 追贈官職 亦有迴亡者 官爵與其子弟 從顯慶五年以後 征役身死 更不惜問 往前度遼海者 卽 得一轉勳官 從顯慶五年以後 頻經渡海 不被紀錄 州縣發遣百姓充兵者 其身少壯 家有錢財 賂與官府 任自東西藏避 卽並得脫 無錢用者 雖是老 弱 推背卽來 顯慶五年 破百濟勳 及向平壤苦戰勳 當時將軍號令 並言 與高官重賞 百方購募 無種不道 泊到西岸 唯聞枷鏁推禁 奪賜破勳 州

縣追呼 求住不得 公私困弊 不可盡言 發海西之日 已有自害逃走 非獨
海外始逃 又本為征役 蒙授勳級 將為榮寵 頻年征役 唯取勳官 牽挽辛
苦 與白丁無別 百姓不願征行 特緣於此 陛下再興兵馬 平定百濟 留兵
海外 經略高麗 百姓有此議論 難為成就功業 臣聞 琴瑟不調 改而更張
布政施化 隨時取適 自非重賞明罰 何以成功 臣又問 見在兵士 舊畱鎭
五年 尚得支濟 爾等始經一年 何因如此單露 並報臣道 發家來日 唯遣
作一年裝束 自從離家 已經二年 在朝陽 瓮津 又遣來去運糧 涉海遭風
多有漂失 臣勘責見在兵士 衣裳單露 不堪度冬者 給大軍還日所留衣裳
且得一冬充事 來年秋後 並無准擬 陛下若欲殄滅高麗 不可棄百濟土地
餘豐在北 餘勇在南 百濟 高麗 舊相黨援 倭人雖遠 亦相影響 若無兵
馬 還成一國 既須鎭壓 又置屯田 事籍兵士 同心同德 兵士既有此議
不可膠柱因循 須還其渡海官勳 及平百濟向平壤功效 除此之外 更須褒
賞 明敕慰勞 以起兵士之心 若依今日以前處置 臣恐師老且疲 無所成
就 臣又見晉代平吳史籍具載 內有武帝張華 外有羊祜杜預 籌謀策畫
經緯諮詢 王濬之徒 折衝萬里 樓船戰艦 已到石頭 賈充王渾之輩 猶欲
斬張華 以謝天下 武帝云 平吳之計 出自朕意 張華同朕見耳 非其本心
是非不同 乖背如此 平吳之後 猶欲苦繩王濬 賴武帝擁護 始得保全 不
逢武帝聖明 王濬不存首領 臣每讀其書 未嘗不撫心長歎 伏惟陛下自既
得百濟 欲取高麗 須內外同心 上下齊奮 舉無遺策 始可成功 百姓既有
此議 更宜改調 臣恐是逆耳之事 無人為陛下盡言 自顧老病日侵殘生能
幾 奄忽是逝 銜恨九泉 所以披露肝膽 昧死奏陳 帝深納其言 遣右威衛
將軍劉仁願率兵渡海 與舊鎭兵交代 仍授扶餘隆熊津都督 遣歸本國 共
新羅和親 以招集其餘衆 扶餘勇者 扶餘豐之弟也 時走在倭國 以為扶
餘豐之應 故仁軌表言之
劉仁願 龍朔中 爲熊津都督 與帶方州刺史劉仁軌 大破百濟餘賊於熊津

之東　初蘇定方之軍還也　仁
願　仁軌等尙在百濟之熊津
城　帝與敕書曰　平壤軍迴　一
城不可獨固　宜就拔新羅　共
其屯守　若金法敏籍卿等廻
鎭　宜且停彼　若其不須　卽宜
泛海還也　將士咸欲西歸　劉
仁軌曰　春秋之義　大夫出疆
有可以安社稷便國家　專之

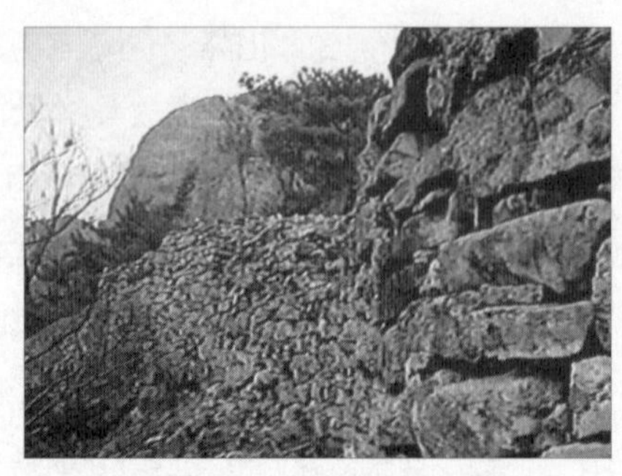

** 百濟復興運動軍의 본거지 周留城으로 추정되고 있는 全北 扶安의 禹金山城

可也　況在滄海之外　密邇豺狼者哉　且人臣當進思盡忠　有死無二　公家
之利　知無不爲　主上欲吞滅高麗　先誅百濟　留兵鎭守　制其腹心　雖妖孽
充斥　而備預甚嚴　宜勵戈秣馬　擊其不意　彼旣無備　何攻不剋　戰而有勝　士
卒自安　然後分兵據險　開張形勢　飛表奏上　更請兵船　朝廷知其有成　必
當出師　命將聲援繼接　兇逆自殲　非唯不棄成功　實可永淸海外　今平壤
之軍旣廻　熊津又拔　則百濟餘燼　不日更興　高麗逋藪　何時可滅　且今以
一城之地　居賊中心　如其失脚　旣爲亡虜　拔入新羅　又是坐客　脫不如意
悔不可追　況福信凶暴　福信扶餘舊將無始　殘虐過甚　餘豐猜惑　外合內離　鴟
梟共處勢　必相害　唯宜堅守觀變　乘便取之　不可動也　衆從之　時扶餘豐
及福信等　以仁願等孤城無援　遣使謂曰　大使等何時西還　當遣相送也
仁願遂與仁軌　掩其不備　出擊之　拔其支離城及尹城　大山　沙井等柵　殺
獲甚衆　仍分兵以鎭守之　福信等　以眞峴城臨江高險　又當衝要　加兵守
之　仁軌伺其稍怠　引新羅之兵　乘夜薄城　四面攀草而上　比明而入據其
城　遂通新羅軍糧之路　仁願乃奏請益其兵　詔發淄靑萊海之兵七千人　赴
熊津　以益仁願之衆

『新唐書』, 卷108, 列傳 33, 劉仁軌

劉仁軌字正則 汴州尉氏人 少貧賤 好學 値亂 不能安業 每動止 畫地書空 寓所習 卒以通博聞 …

初 蘇定方旣平百濟 留郎將劉仁愿守其城 左衛中郎將王文度爲熊津都督 撫納殘黨 文度死 百濟故將福信及浮屠道琛迎故王子扶餘豐立之 引兵圍仁愿 詔仁軌檢校帶方州刺史 統文度之衆 幷發新羅兵爲援 仁軌將兵嚴整 轉鬪陷陣 所向無前 信等釋仁愿圍 退保任存城 旣而福信殺道琛 幷其衆 招還叛亡 勢張甚 仁軌與仁愿合 則解甲休士 時定方伐高麗 圍平壤不克 高宗詔仁軌拔軍就新羅與金法敏議去留計 將士咸欲還 仁軌曰 春秋之義 大夫出疆 有可以安社稷 便國家者 得專之 今天子欲滅高麗 先誅百濟 留兵鎮守 制其心腹 雖孽竪跳梁 士力未完 宜厲兵粟馬 乘無備 擊不意 百下百全 戰勝之日 開張形勢 騰檄濟師 聲援接 虜亡矣 今平壤不勝 熊津又拔 則百濟之燼復炎 高麗之滅無期 吾等雖入新羅 正似坐客 有不如志 悔可得邪 扶餘豐猜貳 表合內攜 勢不支久 宜堅守伺變以圖之 不可輕動 衆從其議 乃請益兵

時賊守眞峴城 仁軌夜督新羅兵薄城扳堞 比明 入之 遂通新羅饟道 而豐果襲殺福信 遣使至高麗 倭丐援 會詔遣右威衛將軍孫仁師率軍浮海而至 士氣振 於是 諸將議所向 或曰 加林城水陸之衝 盍先擊之 仁軌曰 兵法避實擊虛 加林險而固 攻則傷士 守則曠日 周留城 賊巢穴 羣凶聚焉 若克之 諸城自下 於是 仁師 仁愿及法敏帥陸軍以進 仁軌與杜爽 扶餘隆繇熊津白江會之 遇倭人白江口 四戰皆克 焚四百艘 海水爲丹 扶餘豐脫身走 獲其寶劍 僞王子扶餘忠勝 忠志等率其衆與倭人降 獨酋帥遲受信據任存城未下 始 定方破百濟 酋領沙吒相如 黑齒常之嘯亡散 據險以應福信 至是皆降 仁軌以赤心示之 畀取任存自效 卽給鎧

仗糧糒 仁師曰 夷狄野心難信 若受甲濟粟 資寇便也 仁軌曰 吾觀相如
常之忠而謀 因機立功 尙何疑 二人訖拔其城 遲受信委妻子奔高麗 百
濟餘黨悉平 仁師等振旅還 詔留仁軌統兵鎭守

百濟再被亂 殭屍如莽 仁軌始命瘞埋弔祭焉 葺復戶版 署官吏 開道路
營聚落 復防堰 賑貧貸乏 勸課耕種 爲立官社 民皆安其所 遂營屯田
以經略高麗 仁願至京師 帝勞曰 若本武將 軍中奏請 皆有文理 何道而
然 對曰 仁軌之辭 非臣所能 帝歎賞之 超進仁軌六階 眞拜帶方州刺史
賜第一區 厚賚妻子 璽書褒勉

先是 貞觀 永徽中 士戰歿者皆詔使弔祭 或以贈官推授子弟 顯慶後 討
伐恩賞殆絶 及破百濟 平壤 有功者皆不甄敍 州縣購募 不願行 身壯家
富者 以財參逐 率得避免 所募皆儜劣寒僭 無鬪志 仁軌具論其弊 請加
慰賚 以鼓士心 又表用扶餘隆 使綏定餘衆 帝乃以隆爲熊津都督

時劉仁願爲卑列道總管 詔率兵度海 使代舊屯 與仁軌俱還 仁軌曰 上
巡狩方岳 又經略高麗 方農時 而吏與兵悉被代 新至者未習 萬一蠻夷
生變 誰與捍之 不如留舊兵畢穫 等級遣還 仁軌當留 未可去 仁願不可
曰 吾但知準詔耳 仁軌曰 不然 苟利國家 知無不爲 臣之節也 因陳便
宜 願留屯 詔可 由是以仁願爲不忠

始 仁軌任帶方州 謂人曰 天將富貴此翁邪 乃請所頒曆及宗廟諱 或問
其故 答曰 當削平遼海 頒示本朝正朔 卒皆如言 及封泰山 仁軌乃率新
羅 百濟 儋羅 倭四國酋長赴會 天子大悅 擢爲大司憲 遷右相 兼檢校
太子左中護 累功封樂城縣男

總章元年 爲熊津道安撫大使 兼浿江道總管 副李勣討高麗 平之 以
疾辭位 進金紫光祿大夫 聽致仕 俄召爲隴州刺史 拜太子左庶子 同
中書門下三品 監脩國史 咸亨五年 爲雞林道大總管 東伐新羅 仁軌
率兵絶瓠蘆河 攻大鎭七重城 破之 進爵爲公 子及兄子授上柱國者三

人 州黨榮之 號所居爲樂城鄕三柱里 俄拜尙書左僕射兼太子賓客 仍
知政事
…

** 7세기 중엽 百濟와 高句麗를 征服해 統一新羅의 出現을 가능하게 한 唐 高宗 캐리커처(左)와 攻城
圖(右)

* 黑齒常之 關聯史料

『舊唐書』, 卷109, 列伝 59, 黑齒常之

黑齒常之 百濟西部人 長七尺餘 驍勇有謀略 初在本蕃 仕爲達率兼郡
將 猶中國之刺史也 顯慶五年 蘇定方討平百濟 常之率所部隨例送降款
時定方縶左王及太子隆等 仍縱兵劫掠 丁壯者多被戮 常之恐懼 遂與左
右十餘人遁歸本部 鳩集亡逸 共保任存山 築柵以自固 旬日而歸附者三
萬餘人 定方遣兵攻之 常之領敢死之士拒戰 官軍敗績 遂復本國二百餘
城 定方不能討而還 龍朔三年 高宗遣使招諭之 常之盡率其衆降 累轉
左領軍員外將軍
儀鳳中 吐蕃犯邊 常之從李敬玄擊之 劉審禮之沒賊 敬玄欲抽軍 却阻

泥溝 而計無所出 常之夜率敢死之兵五百人進掩賊營 吐蕃首領跋地設
棄軍宵遁 敬玄因此得還 高宗歎其才略 擢授左武衛將軍 兼檢校左羽林
軍 賜金五百兩 絹五百匹 仍充河源軍副使 時吐蕃贊婆及素和貴等賊徒
三萬餘屯於良非川 常之率精騎三千夜襲賊營 殺獲二千級 獲羊馬數萬
贊婆等單騎而遁 擢常之爲大使 又賞物四百匹 常之以河源軍正當賊衝
欲加兵鎭守 恐有運轉之費 遂遠置烽戍七十餘所 度開營田五千餘頃 歲
收百餘萬石 開耀中 贊婆等屯於靑海 常之率精兵一萬騎襲破之 燒其糧
貯而還 常之在軍七年 吐蕃深畏憚之 不敢復爲邊患 嗣聖元年 遷左武
衛大將軍 仍檢校左羽林軍

垂拱二年 突厥犯邊 命常之率兵拒之 躡至兩井 忽逢賊三千餘衆 常之
見賊徒爭下馬著甲 遂領二百餘騎 身當先鋒直衝 賊遂棄甲而散 俄頃
賊衆大至 及日將暮 常之令伐木 營中燃火如烽燧 時東南忽有大風起
賊疑有救兵相應 遂狼狽夜遁 以功進封燕國公 三年 突厥入寇朔州 常
之又充大總管 以李多祚 王九言爲副 追躡至黃花堆 大破之 追奔四十
餘里 賊散走磧北

時有中郞將爨寶
璧表請窮追餘賊
制常之與寶璧會
遙爲聲援 寶璧以
爲破賊在朝夕 貪
功先行 竟不與常
之謀議 遂全軍而
沒 尋爲周興等誣
構 云與右鷹揚將
軍趙懷節等謀反

** 玄鎭健에 의해 1939年 10月 25日에서 1940年 1月 16日까지 東亞日報에 연재된 역사소설 "黑齒常之"의 插畵[이도학, 『백제장군 흑치상지 평전 - 한 무장의 비장한 생애에 대한 변명 -』(주류성, 1996), 112쪽]

繫獄 遂自縊而死

常之嘗有所乘馬爲兵士所損 副使牛師獎等請鞭之 常之曰 豈可以損私
馬而決官兵乎 竟赦之 前後所得賞賜金帛等 皆分給將士 及死 時甚惜
之

『新唐書』, 卷110, 列傳 35, 黑齒常之

黑齒常之 百濟西部人 長七尺餘 驍毅有謀略 爲百濟達率兼風達郡將
猶唐刺史云 蘇定方平百濟 常之以所部降 而定方囚老王 縱兵大掠 常
之懼 與左右酋長十餘人遁去 嘯合逋亡 依任存山自固 不旬日 歸者三
萬 定方勒兵攻之 不克 常之遂復二百餘城 龍朔中 高宗遣使招諭 乃詣
劉仁軌降 累遷左領軍員外將軍 洋州刺史

儀鳳三年 從李敬玄 劉審禮擊吐蕃 審禮敗 敬玄欲引還 阻泥溝 兵不得
出 賊屯高壓官軍 常之夜率敢死士五百人掩其營 殺掠數百人 賊酋跋地
設棄軍走 帝歎其才 擢左武衛將軍 檢校左羽林軍 賜金帛殊等 進爲河
源軍副使 調露中 吐蕃使贊婆等入寇 屯良非川 李敬玄之敗 常之引精
騎三千夜襲其軍 斬首二千級 獲羊馬數萬 贊婆等單騎去 卽拜河源道經
略大使 因建言河源當賊衝 宜增兵鎭守 而運饟須廣 乃斥地置烽七十所
墾田五千頃 歲收粟斛百餘萬 由是食衍士精 戍邏有備 永隆二年 贊婆
營青海 常之馳掩其屯 破之 悉燒糧廥 獲羊 馬 甲首不貲 詔書勞賜 凡
涖軍七年 吐蕃憺畏 不敢盜邊 封燕國公

垂拱中 突厥復犯塞 常之率兵追擊 至兩井 忽與賊遇 賊騎三千方擐甲
常之見其囂 以二百騎突之 賊皆棄甲去 其暮 賊大至 常之潛使人伐木
列炬營中 若烽燧然 會風起 賊疑救至 遂夜遁 久之 爲燕然道大總管
與李多祚 王九言等擊突厥骨咄祿 元珍於黃花堆 破之 追奔四十里 賊

潰歸磧北　會左監門衛中郎將爨寶璧欲窮追要功　詔與常之共計　寶璧獨
進　爲虜所覆　舉軍沒　寶璧下吏誅　常之坐無功　會周興等誣其與右鷹揚
將軍趙懷節反　捕繫詔獄　投繯死
常之御下有恩　所乘馬爲士所箠　或請罪之　答曰　何遽以私馬鞭官兵乎
前後賞賜分麾下　無留貲　及死　人皆哀其枉

** 黑齒常之가 百濟復興運動을 일으켰던 忠南 禮山의 任存城

* 孫仁師 關聯史料

『六藝之一錄』, 卷72, 石刻文字 48, 唐刻 功德

孫仁師百濟班師碑
馬大斌撰　正書無姓名　麟德元年 金石錄
前隋州光化縣尉馬大斌撰　無書人名氏　高宗平百濟已　而其國人復叛　右
威衛將軍孫仁師　爲熊津道行軍總管　伐而平之　師還至都洲　刻石紀功
以麟德元年立 復齋碑錄

* 百濟僧侶 發正과 百濟武廣王

『觀世音應驗記』

有沙門發正者 百濟人也 梁天監中 負笈西渡 尋師學道 頗解義趣 亦明精進 在梁卅餘年 不能頓忘桑梓 還歸本土 發正自道 聞他說越州界 山有觀世音堵室 故往觀之 懷橡爛盡 而堵牆獨存云 尙有二道人 相要入山 一人欲誦花嚴經 一人誦法花經 各據一谷 築作堵室 其誦花嚴者 明內可畢 心疑其伴得幾就往候之 會無一卷 其人其語曰 期已將盡 粮歎絶 置及期至竟之 若不能令誦一部 正可誦觀世音經也 便還其室 於是此人心自悲痛宿因鈍根 及至心誦讀 晝夜匪懈 諳得略半 後數日 其人復來省焉 此人以實告之 其人語曰 我已誦華嚴矣 奈何如此觀世音之物 況逕兩三日而不諳乎 我若捨汝而去 則負所要若待汝 竟粮食欲盡 旣於三日不竟 理不得相待耳 將以明復來省矣 其勉之 此人至到悲痛倍前 至心誦念纔得竟畢 明旦 其人復來省 語曰如此觀世音之初 省不能誦 無可坐何 我將捨汝而去也 此人跪曰 昨暮纔得竟了 於是 其人大憙 欲以相試 乃坐床誦之 四十卷經 一無遺落 次復 此人上床誦之 始得發聲 卽於空中 雨種種花香 花溢堵室 香聞遍谷 氣氳滿天 不可勝計 於是誦花嚴者 卽下地叩頭 頭面流血 懺悔謝過 事畢 欲別去 此人止曰 常有一老翁 餉我食 子可少待 而久久不來於別而去 此人欲汲水 如井向老翁擔食 番伏於草下此人怪而問曰 我件適來 望得共食有何事異 竄伏不餉 翁答彼人者輕我若此 豈忍見乎 於是始知是觀世音菩薩 卽四體投地 禮拜甚至 須叟仰視 便失所在 此人所睹堵牆至今猶存 沙門發正親所見焉

右一條 普門品云 六十二億恒河菩薩名字乃至一時禮拜觀世音正等無異

旣是隔海之事　加後聞見淺薄如斯　感應實非窺見所迷但杲云　後葉好事
之人　廢或繼之　自不是力　謹著篇二條　續之篇末

百濟武廣王　遷都枳慕蜜地　新營精舍　以貞觀十三年歲次己亥冬十一月
天大雷雨　遂災帝釋精舍　佛堂七級浮圖　乃至廊房一皆燒盡　塔下礎石中
有種種七寶　亦有佛舍利　睬水精瓶　又以銅作紙　寫金剛波若經　貯以木
漆函　發礎石開視　悉皆燒盡　唯佛舍利瓶與波若經漆函如故　水精瓶內外
徹見　盖亦不動而舍利悉無　不知所出　將瓶以歸大王　大王請法師　發卽
懺悔　開瓶視之　佛舍利六箇俱在處內瓶　自外視之　六箇悉見　於是　大王
及諸宮人倍加敬信　發卽供養　更造寺貯焉　右一條　普門品云　火不能燒
夫聖人神迹　導化無方　若能至心仰信　無不照復捨　右條追繼焉

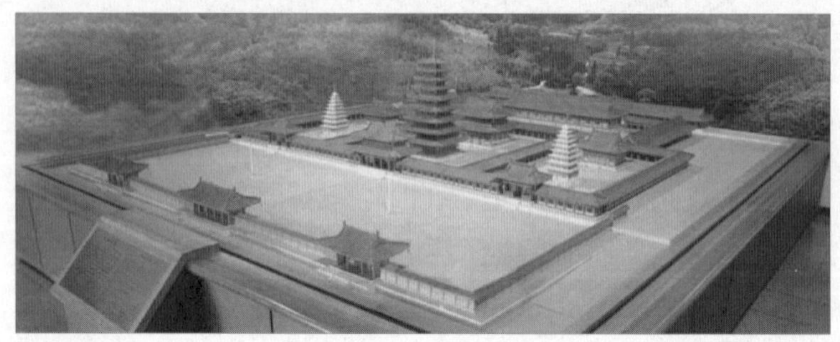

** 百濟 武廣王이 遷都한 枳慕蜜地로 추정되기도 하는 全北 益山에 건립되었던 彌勒寺의 復元模型

* 百濟僧侶 慧顯

『續高僧傳』, 卷28, 釋慧顯傳

(貞觀)二年　釋慧顯　伯濟國人也　少出家　苦心精專　以誦法華爲業　祈福

請願所遂者多　聞講三輪　便從聽受　法一染神　彌增其緒　初住本國北部
修德寺有衆則講　無便淸誦　四遠聞風　造山誼接　便往南方達拏山　山極
深險重陳巖固　縱有往展　登陟艱危　顯靜坐其中　專業如故　遂終于彼　同
學興屍　置石窟中　虞瞰身骨竝盡　惟餘髏舌存焉　經于三周　其舌彌紅赤
柔軟勝常　過後方變紫鞭如石　道俗怪而敬焉　俱緘閉于石塔　時年五十有
八　卽貞觀之初年也

『法華經傳記』, 卷4, 百濟國達拏山寺釋慧顯 21

(貞觀)二年　釋慧顯　百濟國人也　少出家　苦心精專　以誦法華爲業　祈福
請願所遂者多　聞講三輪　便從聽受　法一染神　彌增其緒　初住本國北部
修德寺有衆則講　無便淸誦　四遠聞風　造山誼接　便往南方達拏山　山極
深險重陳巖固　縱有往展　登陟艱危　顯靜坐其中　專業如故　遂終于彼　同

** 慧顯이 초기에 講論을 했다는 忠南 禮山의 修德寺

學興屍 置石窟中 虞噉身骨並盡 惟餘髏舌存焉 經于三周 其舌彌紅赤
柔軟勝常 過後方變紫鞭如石 道俗怪而敬焉 俱緘閉于石塔 時年五十有
八 卽貞觀之初年也

* 百濟僧侶 眞表

『宋高僧傳』, 卷14, 明律篇 4-1, 唐百濟國金山寺眞表傳

釋眞表者 百濟人也 家在金山 世爲弋獵 表多蹻捷 弓矢最便 當開元中
逐獸之餘 憩於田畎間 折楊條貫蝦蟆成串 置於水中 擬爲食調 遂入山
網捕 因逐鹿 由山北路歸家 全忘取貫蝦蟆 至明年春 獵次 聞蟆鳴 就
水 見去載所貫三十許蝦蟆猶活 表於時歎惋 自責曰 苦哉 何爲口腹 令
彼經年受苦 乃絶楊條 徐輕放縱 因發意出家 自思惟曰 我若堂下辭親
室中割愛 難離慾海 莫揭愚籠 由是逃入深山 以刀截髮 苦到懺悔 擧身
撲地 志求戒法 誓願要期彌勒菩薩授我戒法也 夜倍日功 遶旋叩搕 心
心無間 念念翹勤 經於七宵 詰旦 見地藏菩薩手搖金錫爲表策發 敎發
戒緣作受前方便 感斯瑞應 歡喜徧身 勇猛過前 二七日滿 有大鬼現可
怖相 而推表墜於巖下 身無所傷 匍匐就登石壇上 加復魔相未休 百端
千緒 至第三七日質明 有吉祥鳥鳴曰 菩薩來也 乃見白雲若浸粉然 更
無高下 山川平滿 成銀色世界 兜率天主逶迤自在 儀衛陸離 圍遶石壇
香風華雨 且非凡世之景物焉 爾時慈氏徐步而行 至於壇所 垂手摩表頂
曰 善哉 大丈夫求戒如是 至於再 至於三 蘇迷盧可手攘而却 爾心終
不退 乃爲授法 表身心和悅 猶如三禪意識與樂根相應也 四萬二千福河
常流一切功德 尋發天眼焉 慈氏躬授三法衣 瓦鉢 復賜名曰眞表 又於
膝下出二物 非牙非玉 乃籤檢之制也 一題曰九者 一題曰八者 各二字

付度表云 若人求戒 當先悔罪 罪福則持犯性也 更加一百八籤 籤上署
百八煩惱名目 如來戒人 或九十日 或四十日 或三七日行懺 苦到精進
期滿限終 將九八二籤叅合百八者 佛前望空而擲 其籤墮地 以驗罪滅不
滅之相 若百八籤飛逗四畔 唯八九二籤卓然壇心而立者 卽得上上品戒
焉 若衆籤雖遠 或一二來觸九八籤 拈觀是何煩惱名 抑令前人重覆懺悔
已 正將重悔煩惱籤和九八者 擲其煩惱籤 去者名中品戒焉 若衆籤埋覆
九八者 則罪不滅 不得戒也 設加懺悔過九十日 得下品戒焉 慈氏重告
誨云 八者新熏也 九者本有焉 囑累已 天仗旣迴 山川雲霽 於是持天衣
執天鉢 猶如五夏比丘 徇道下山 草木爲其低垂覆路 殊無溪谷高下之別
飛禽鷔獸 馴伏步前 又聞空中唱告村落聚邑 言菩薩出山來 何不迎接
時則人民男女布髮掩泥者 脫衣覆路者 氈罽氍毹承足者 華絪美褥塡坑
者 表咸曲副人情 一一迪踐 有女子提半端白氈覆於途中 表似驚忙之色
迴避別行 女子怪其不平等 表曰 吾非無慈不均也 適觀氈縷間皆是狶子
吾慮傷生 避其悞犯耳 原其女子 本屠家販買得此布也 自爾常有二虎左
右隨行 表語之曰 吾不入郊郭 汝可導引至可修行處 則乃緩步而行三十

來里 就一山坡 蹲
跼於前 時則挂錫
樹枝 敷草端坐 四
望信士 不勸自來
同造伽藍 號金山
寺焉 後人求戒 年
年懺罪者絶多 今
影堂中道具存焉
系曰 …

** 眞表律師가 彌勒菩薩에게 戒를 받아 세웠다고 하는 全北 金堤 金山
寺의 彌勒殿(國寶 62號)

171

* 山東半島 海洋交通路

『元和郡縣志』, 卷13, 河南道, 登州, 管縣 4, 黃縣

大人故城　在縣北二十里　司馬宣王伐遼東　造此城　運糧船從此入　今新羅百濟往還　常由于此

『太平寰宇記』, 卷20, 河南道 20, 登州

大入故城　在縣東北二十里　司馬宣王伐遼東　造此城　運糧船從此入　今新羅百濟往還　常由於此

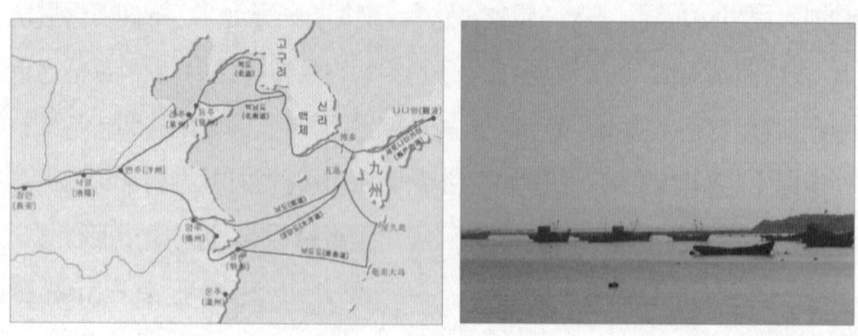

** 唐代 中國 海洋交通路(左)와 山東半島 威海에서 바라본 바닷길(右)

* 熊津都督府의 活動內容

『冊府元龜』, 卷986, 外臣部 31, 征討 5

龍朔二年七月　熊津都督劉仁願　帶方州刺史劉仁軌等率留鎭之兵及新羅之兵　大破百濟餘賊於熊津之東　拔其眞峴城　斬首八百級

『册府元龜』, 卷405, 將帥部, 識略 4

劉仁軌爲帶方州刺史 與熊津道行軍總管孫仁師 都督劉仁願 大破百濟
唯賊帥遲受信據任存城不降 先是 百濟首領沙吒相如黑齒常之 自蘇定
方軍廻後 鳩集亡散 各據險以應福信 至是 率其衆降 仁軌諭以恩信 令
自領子弟以取任存城 又欲分兵助之 仁師曰 相如等獸心難信 若授以甲
仗 是資寇兵也 仁軌曰 吾觀相如常之 皆忠勇有謀 感激之士 從我則成
背我則滅 因機立效在於此日 不須疑也 於是 給其糧仗 分兵隨之 遂拔
任存城 遲受信棄其子 走投高麗 於是 百濟之餘燼悉平 仁軌與仁願 振
旅而還 詔仁軌 代仁願率兵鎮守

『册府元龜』, 卷170, 帝王部, 來遠

儀鳳二年二月丁巳 工部尙書高臧 加授遼東都督 封朝鮮郡王 遣歸安東
府 安輯高麗餘衆 先有編附諸州 高麗悉放還本蕃 司農卿扶餘隆 爲光
祿大夫太常員外卿 加授熊津州都督帶方郡王 亦令安輯百濟餘衆 仍移
安東都護府于新城 以統之 時百濟本地荒毀 特令寄於高麗之境

** 熊津都督府時期 唐軍이 주둔했던 곳으로 여겨지는 公州 소정이펄의 기념비

* 白江口戰鬪 關聯史料

『玉海』, 卷191, 兵捷 露布 3, 唐熊津道行軍總管破百濟

紀龍朔二年七月戊子 右威衛將軍孫仁師 爲熊津道行軍總管 伐百濟 三年九月戊子 仁師及百濟戰于白江敗之 通鑑龍朔元年初 蘇定方旣平百濟 留其將劉仁願 守百濟府城 又以左衛中郎將王文度 爲熊津都督 撫其餘衆 文度濟海而卒 百濟僧道琛 故將福信 聚衆據周留城 迎故王子豐於倭國 而立之 引兵圍仁願於府城 詔起劉仁軌檢校帶方州刺史 將文度之衆 便道發新羅兵以救仁願 仁軌喜曰 天將富貴此翁矣 於州司 請唐曆及廟諱而行 曰 吾欲掃平東夷 頒大唐正朔于海表 仁軌御軍嚴整 轉鬪而前所向皆平下 百濟立兩柵於熊津江口 仁軌與新羅兵合擊破之 殺溺死者萬餘人 道琛等乃釋府城之圍 退保任存城 新羅糧盡引還 道琛自稱領軍將軍 福信自稱霜岑將軍 招集徒衆 其執益張 仁軌衆少 與仁願合軍休息士卒 二年秋七月丁巳 仁願仁軌大破百濟於熊津之東 拔眞峴城 初仁願仁軌等屯津熊城 上與之敕書 以平壤軍回 一城不可獨固 冝拔就新羅 若金法敏藉卿留鎮 宜且停彼 若其不湏 卽宜泛海還也 將士咸欲西歸 仁軌曰 人臣徇公家之利 有死無貳 豈得先念其私 主上欲滅高麗 故先誅百濟 留兵守之 制其心腹 雖餘寇充斥 而守備甚嚴 宜厲兵秣馬 擊其不意 理無不克 旣捷之後 士卒心安 然後分兵據險 開張形執 飛表以聞 更求益兵 朝廷知其有成 必命將出師 聲援才接 凶醜自殲 非直不棄成功 實亦永清海表 今平壤之軍旣還 熊津又拔 則百濟餘燼 不日更興 高麗連寇 何時可滅 今且以一城之地 居敵中央 苟或動足 卽爲禽虜 縱入新羅 亦爲羈客 脫不如意 悔不可追 況福信殘虐 君臣猜離 行相屠戮 正宜堅守觀變 乘便取之 不可動也 衆從之 時百濟王豐與福

信等 以仁願等孤城無援 遣使謂之曰 大使等何時西還 當遣相送 仁願
仁軌知其無備 忽出擊之 拔其支羅城及尹城 太山 沙井等柵 殺獲甚衆
分兵守之 仁軌伺其稍懈 引新羅兵夜傅城下 攀草而上 比明入據其城
遂通新羅運糧之路 仁願乃奏請益兵 詔發淄靑萊海之兵七千人 以赴熊
津 福信專權 與百濟王豐浸相猜忌 福信稱疾臥於室 欲俟豐問病而殺之
豐知之 帥親信襲殺福信 遣使詣高麗倭國乞師 以拒唐兵 三年九月戊午
熊津道行軍總管右威衛將軍孫仁師等 破百濟餘衆及倭兵于白江 拔其周
留城 初劉仁願劉仁軌旣克眞峴城 詔孫仁師 將兵浮海助之 百濟王豐南
引倭人 以拒唐兵 仁師與仁願仁軌合軍執大振 諸將以加林城水陸之衝
欲先攻之 仁軌曰 加林險固 急攻則傷士 緩之則曠日持久 周留城虜之
巢穴 羣凶所聚 除惡務本 宜先攻之 若克周留諸城自下 於是 仁師仁願
與新羅王法敏 將陸軍以進 仁軌與別將杜爽扶餘隆 將水軍及糧船 自熊
津入白江 以會陸軍同趨周留城 遇倭兵于白江口 四戰皆捷 焚其舟四百
艘 烟焰灼天 海水皆赤 王豐脫身奔高麗 王子忠勝忠志等帥衆降 百濟
盡平 惟別帥遲受信據任存城不下 仁軌使黑齒常之沙吒相如 攻任存城
拔之 遲受信棄妻子奔高麗 詔留劉仁軌將兵鎭百濟 召孫仁師劉仁願還
百濟兵火之餘 比屋彫殘 僵尸滿野 仁軌始命瘞骸骨 籍戶口 理村聚 置
官長 通道塗 立橋梁 補隄堰 復陂塘 課耕桑 賑貧乏 養孤老 立唐杜稷
頒正朔及廟諱 百濟大悅 闔境各安其業 金石錄有百濟班師碑 麟德元年 馬大斌
撰

(비교자료: 『六藝之一錄』, 卷72, 石刻文字 48, 唐刻 功德)
孫仁師百濟班師碑
馬大斌撰 正書無姓名 麟德元年 金石錄
前隋州光化縣尉馬大斌撰 無書人名氏 高宗平百濟已 而其國人復叛 右威衛將軍孫
仁師 爲熊津道行軍總管 伐而平之 師還至都洲 刻石紀功 以麟德元年立 復齋碑錄

『欽定續通典』, 卷102, 兵, 攻其必救 先取根本同

唐高宗 龍朔中 劉仁願與劉仁軌 拔百濟之眞峴城 詔孫仁師率兵渤海爲之援 百濟王扶餘豐 南引倭賊拒官軍 仁師迎擊破之 遂與仁願之衆合 諸將會議 或曰 加林城水陸之衝 請先擊之 仁軌曰 加林險固 急攻則傷損將士 固守則曠日遲久 不如先攻周留城 周留賊之巢穴 羣凶所聚 除惡務本 須拔其源 若克周留城 則諸城自下 於是 令仁願及新羅金法敏 帥陸軍以進 仁軌乃別率杜爽扶餘隆 率水軍及糧船 自熊津江往白江 以會陸運 同趨周留城 四戰 皆捷焚其舟四百艘 豐脫身走 獲其寶劍 僞王子扶餘忠志等 率士女及倭衆並降 百濟諸城 皆復歸順 …

(비교자료:『日本書紀』, 卷27, 天智天皇 2年)
  秋八月 壬午朔甲午 新羅 以百濟王斬已良將 謀直入國先取州柔 於是 百濟知賊所計 謂諸將曰 今聞 大日本國之救將廬原君臣 率健兒萬餘 正當越海而至 願諸將軍等 應預圖之 我欲自往待饗白村 戊戌 賊將至於州柔 繞其王城 大唐軍將 率戰船一百七十艘 陣烈於白村江 戊申 日本船師初至者 與大唐船師合戰 日本不利而退 大唐堅陣而守 己酉 日本諸將 與百濟王 不觀氣象 而相謂之曰 我等爭先 彼應自退 更率日本亂伍 中軍之卒 進打大唐堅陣之軍 大唐便自左右夾船繞戰 須臾之際 官軍敗續 赴水溺死者衆 艫舳不得廻旋 朴市田來津 仰天而誓 切齒而嗔 殺數十人 於焉戰死 是時 百濟王豐璋 與數人乘船 逃去高麗 九月 辛亥朔丁巳 百濟州柔城 始降於唐 是時 國人相謂之曰 州柔降矣 事无奈何 百濟之名 絶于今日 丘墓之所 豈能復往 …

** 百濟 加林城으로 推定되는 扶餘 林川의 聖興山城

** 白江口戰鬪가 벌어졌던 東津江 河口(썰물 때의 모습)(左)와 日本 오미(近江)신궁 해시계의 白村江 方向標識石(右)

* 就利山 盟約文 關聯史料

『天地瑞祥志』, 卷20, 盟誓條

大唐 麟德二年 秋八月 勅使劉仁願新羅王及百濟隆盟于就利山 百濟地也
由盟改亂山爲就利山 在只馬縣也 其序曰 上古炎黃之化 卽有戰爭之事 阪泉涿
鹿 稱王者之師 守曰 左傳曰 卜偃云 黃帝戰于阪泉 漢書地理志 應劭注曰 黃帝與蚩尤
戰於涿鹿之野 又刑法志 鄭氏云 涿鹿在鄡城南 與炎帝戰也 李奇曰 黃帝與炎帝戰於阪泉 今
言涿鹿地 有二名也 文穎曰 國語曰 黃帝炎帝弟也 炎帝號神農也 後子孫暴虐 黃帝伐之 又
律歷志云 與炎帝後 戰於阪泉 涿鹿在上谷也 梁武金策云 黃炎之難 百戰乃濟也 師古曰 文
說是也 守以爲亦然之 遂乎堯舜 揖讓而君天下 守曰 堯在位七十三年 禪位於舜 舜
亦在位五十年 禪於禹 故謂之揖讓君之矣 施仁恩而罷征伐 行義而止干戈 守曰 堯
戰丹水之浦 以服南蠻 舜伐三苗 更易其俗 斯乃以義誅不義 以仁討不仁 故漢書云 己有仁
天下歸之 可不用勇也 己有義 天下奉 可不用力也 於文止戈爲武是也 語其升降 曾何
等級 夏殷相繼 復用戎車 竆兵革之凶免 知文德之戡亂 乃興盟誓之禮
以杜戰伐之源 非夫聖帝哲王 莫能行之者也 故成湯殷之聖天子 而有景
亳之盟 守曰 尙書湯誓曰 湯伐桀于鳴條之野 或誓其士衆也 湯復歸于亳 言己以伐桀大義
告天下 故作湯誥篇也 是以左傳有景亳之命是也 晉相近也 周禮 凡諸侯之遍子嗣於天子 鄭

玄日 誓猶命 言誓者 明天子旣命以爲嗣也 蓋是之也 晉文周之覇諸侯 而有踐土之
盟 周襄王作宮于踐踐土土鄭地 僖廿八年 會晉侯 齊侯 宋公 蔡侯 鄭伯等 盟于宮庭也 當
踐土別京師也 盟父日 將王室無相害也 有偷此盟 明神丞之 俾墬其師 無克社國也 獎助也
喩爰也 丞誅也 俾使也 克能也 夏后將戰於甘 而作甘誓 周王陳於牧野 而作
牧誓 由此言之 盟誓之禮 其所從來自久 尙書日 夏啓 伐有扈 會于甘地 將戰先
誓 故甘誓也 武王欲伐紂 癸亥夜 陣於牧野 甲子朝 誓士衆 故牧誓也 然則厲其士衆 將伐百
責之賊 非和穆之盟也 春秋二百四十年中 諸侯盟誓多矣 周平王卽位卅七年者 魯
隱公元年 左傳自此始 來到哀公十四年 二百卅二年 傳終也 夫子不修 加十二 合二百五十四
年 凡盟一百八十餘之也 布在方廻 不待煩言 周禮凡命諸侯四命 鄭玄日 簡冊書王命
也 及至漢高祖 誅暴秦 滅强項 威加四海 德被八荒 乃與佐命功臣 剖
符作誓 言高祖已滅唐賊 乃幷天下 其功臣韓信蕭何等一百卅三人 悉爲受則作誓之也 其
文日 使太山如礪 黃河如帶 子孫傳國 及於後裔 申以丹書之誓 重以白
馬之盟 守日 白馬蓋殷之禮也 夏牲用玄 周牲用騂 大古茹毛飮血 故祭不忘古也 左傳 毛
以告純 血以告敍之也 藏之金遺以垂萬代 然太山何時可如礪 黃河何時可如
帶 意欲尊崇祖考 安固子孫 決定嫌疑 蠲除猶豫 言高皇意望 其裔與太山以長
久 國與黃河以永存 然而山河無損 漢氏已絶也 則知盟不敢果也 百齊地何久之也 君臣揖
讓於上 百姓詠歌於下 仁恩霑於草木 禮義洽於昆虫 瑞應圖日 王者恩及草木
則朱草嘉禾生 恩及昆蟲 則麟鳳來至之也 時無爭訟之聲 俗保大康之樂 孔子日 聽
訟吾猶人也 必使无訟乎也 時君貞元所溺 公正无所偏也 載禮云 民安樂日大康也 斯乃一
人有慶 兆庶賴之者也 孝經載也 故知盟誓之義 其大矣哉 結隣國之歡心
成異邦之好合 共敦和贍 永息侵淩 拜覢天地 流芳不朽 可可不不 勉勉
歟歟 其文日 維大唐麟德二年歲次己丑 八月庚子朔十三日壬子 雞林州
大都督左衞大將軍開府儀同三司上柱國新羅王金法敏 司稼正卿行熊津
州都督扶餘隆等 敢昭告于皇天后土山谷神祇 往者百濟先王 迷於逆順
不敦隣好 不睦親姻 結託高麗 交通倭國 共爲殘暴 侵削新羅 剽邑屠城

略無寧歲　丁壯苦於征役　老弱疲於轉輸　脂膏潤於野草　僵屍遍於道路　天子憫一物之失所　憐百姓之無辜　頻命行人　遣其和好　負嶮恃遠　侮慢天經　皇赫斯怒　龔行弔伐　旌旗所指　若火燎原　電掃風驅　一戎大定　威績截於海外　聲敎被於殊方　固可瀦宮汙宅　作範來裔　塞源拔本　垂訓後昆　然懷柔伐叛　前王之令典　興亡繼絶　往哲之通規　事必師古　傳諸曩冊　改授前百濟太子司稼正卿扶餘隆　爲熊津都督　守其祭祀　保其桑梓　依倚新羅　長爲與國　各除宿憾　結好和親　恭承詔命　永爲藩服　乃遣使人右威衛將軍上柱國魯城縣開國公劉仁願　親臨勸喩　具宣成旨　約之以婚姻　申之以盟誓　刑牲歃血　共敦終始　分災恤患　恩若弟兄　祇奉綸言　不敢失墜　旣盟之後　共保歲寒　若有乖背不恒　二三其德　興兵動衆　侵犯邊陲　明神鑒之　百殃是降　使其子孫不育　社稷無守　禋祀磨滅　罔有遺餘　故作金書鐵券　藏之宗廟　子孫萬代　無敢犯　神之聽之　是饗是福

『册府元龜』, 卷981, 外臣部, 盟誓

高宗麟德二年八月　開府儀同三司新羅王金法敏熊津都尉扶餘隆　盟于百濟之熊津城　初百濟　自扶餘璋與高麗連和　屢侵新羅之地　新羅遣使入朝　求救相望於路　及蘇定方旣平百濟軍回　餘衆又叛　鎭守使劉仁軌仁願等　經畧數年　漸平之　詔扶餘隆歸撫餘衆　及令與新羅和好　至是　刑白馬而盟先祀神祇及川谷之神　而後歃血　其盟文曰　往者　百濟先王　迷於順逆　不敦隣好　不睦親姻　結託高麗　交通倭國　共爲殘暴侵削新羅　剽邑屠城　畧無寧歲　天子憫一物之失所　憐百姓之無辜　頻命行人　遣其和好　負險

恃遠 侮慢天經 皇赫斯怒 恭行弔伐 旌旗所指 一戎大定 固可瀦宮汚宅
作誡來裔 塞源拔本 垂訓後昆 然懷柔伐叛 前王之令典 興亡繼絶 往哲
之通規 事必師古 傳諸曩冊 故立前百濟太子司稼正卿扶餘隆 爲熊津都
督 守其祭祀 保其桑梓 依倚新羅 長爲與國 各除宿憾 結好和親 恭承
詔命 永爲藩服 仍遣使人右威衛將軍魯城縣公劉仁願 親臨勸諭 具宣成
旨 約之以婚姻 申之以盟誓 刑牲歃血 共敦終始 分災恤患 恩若兄弟
祗奉綸言 不敢失墜 旣盟之後 共保歲寒 若有背盟 二三其德 興兵動衆
侵犯邊陲 明神監之 百殃是降 子孫不育 社稷無守 禋祀磨滅 罔有遺餘
故作金書鐵券 藏之宗廟 子孫萬代 無敢違犯 神之聽之 是享是福 劉仁
軌之辭也 歃訖埋書牲幣於壇之壬地 藏其書於新羅之廟 於是 仁軌領新
羅 百濟 眈羅 倭人 四國使 浮海西還 以赴太山之下

『唐大詔令集』, 卷129, 蕃夷, 盟文, 扶餘與新羅盟文

往者 百濟先王 迷於逆順 不敦隣好 不睦親姻 結托高麗 交通倭國 共
爲殘暴 侵削新羅 剽邑屠城 畧無寧歲 天子憫一物之失所 憐百姓之無
辜 頻命行人 遣其和好 負險恃遠 侮慢天經 皇赫斯怒 共行弔伐 旌旗
所指 一戎大定 固可瀦宮汚宅 作誡來裔 塞源拔本 垂訓後昆 然懷柔伐
叛 前王之令典 興亡繼絶 往哲之通規 事必師古 傳諸曩冊 故立前百濟
太子司稼正卿扶餘隆爲熊津都督 守其祭祀 保其桑梓 依倚新羅 長爲與
國 各除宿憾 結好和親 恪承詔命 永爲藩服 仍遣使人右威衞將軍魯城
縣公劉仁願 親臨勸諭 具宣成旨 約之以婚姻 申之以盟誓 刑牲歃血 共
敦終始 分災邺患 恩若弟兄 祗奉綸言 不敢失墜 旣盟之後 共保歲寒
若有背叛不恒 二三其德 興兵動衆 侵犯邊陲 明神鑒之 百殃是降 子孫
不育 社稷無守 禋祀磨滅 罔有遺餘 故作金書銖券 藏之宗廟 子孫萬代

無敢或犯 神之聽之 是饗是福 麟德二年八月

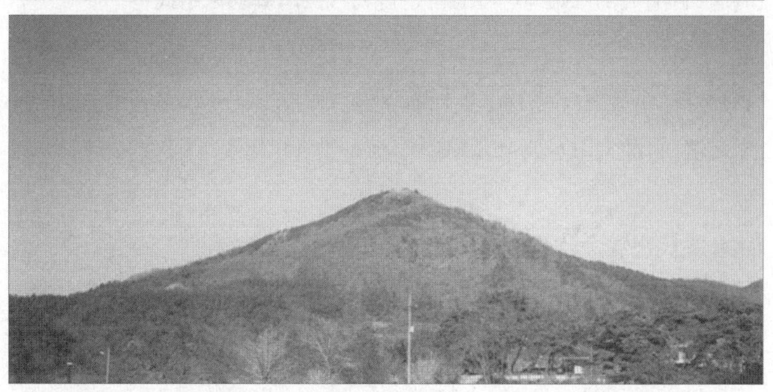

** 扶餘隆과 新羅 文武王이 盟約을 맺은 就利山으로 추정되는 公州의 就利山(上)과 燕尾山(下)

* 百濟의 姓氏

『古今姓氏書辯證』, 卷3, 上平聲, 6脂, 刕 音黎
唐 百濟大臣八姓 其一曰刕氏

『古今姓氏書辯證』, 卷3, 上平聲, 6脂, 毗沙
百濟人姓

『古今姓氏書辯證』, 卷6, 上平聲, 17眞, 眞
… 又百濟國八姓 一曰眞 …

『古今姓氏書辯證』, 卷8, 上平聲, 25寒, 難
姓苑云 百濟人姓

『古今姓氏書辯證』, 卷9, 下平聲, 1先, 燕
… 唐 百濟大臣八姓 其一曰燕氏 餘乃沙刕解眞國苗木氏也

『古今姓氏書辯證』, 卷12, 下平聲, 9麻, 沙
… 又唐 百濟大臣八族 一曰沙氏 …

『古今姓氏書辯證』, 卷24, 上聲, 12蟹, 解
… 唐 百濟國大臣八姓 一曰解氏 …

『古今姓氏書辯證』, 卷28, 上聲, 44有, 雀 音久
百濟人姓

『古今姓氏書辯證』, 卷35, 入聲, 1屋, 木
… 唐 百濟大臣八姓 其一曰木氏

『古今姓氏書辯證』, 卷40, 入聲, 25德, 國

** 百濟의 大佐平 砂宅智積에 의해 만들어진 砂宅智積碑

… 唐 百濟大臣八姓 其一曰國氏

* 百濟의 言語와 習俗

『海錄碎事』, 卷4上, 地部下, 京都門

…

    百濟

百濟 初以百家濟海 故號百濟 後漢末

夫餘王尉合之後也

    鞬吉支

百濟王 自號於羅瑕 百姓呼爲鞬吉之

夏言並王也 鞬音乾

    於陸

百濟王妻 號於陸 夏言妃也

…

    蘇塗

馬韓之人立蘇塗 建大木 懸鈴鼓 事鬼

神 蘇塗如浮塗也

    魁頭露紒

馬韓之人 皆魁頭露紒 魁頭猶科頭也

…

    固麻

百濟王 號所都城曰 固麻 謂邑曰 檐魯 如中國之言郡縣

(비교자료:『朝鮮史略』, 卷1, 三國)
… 溫祚與兄沸流　恐不相容南行　…初以烏干等十人從行　故號十濟　後以百姓樂從
改百濟

** 百濟王과 王妃의 復原像

* 百濟의 音樂과 춤

『隋書』, 卷15, 志 10, 音樂 下

始開皇初　定令置七部樂　一曰國伎　二曰淸商伎　三曰高麗伎　四曰天竺
伎　五曰安國伎　六曰龜玆伎　七曰文康伎　又雜有疎勒　扶南　康國　百濟
突厥　新羅　倭國等伎

『通典』, 卷146, 樂 6, 四方樂

東夷二國 高麗百濟 高麗樂工人 紫羅帽 飾以鳥羽 黃大袖 紫羅帶 大口袴 赤皮靴 五色絛繩 舞者四人 椎髻於後 以絳抹額 飾以金璫 二人黃裙襦 赤黃袴 二人赤黃裙襦袴 極長其袖 烏皮靴 雙雙倂立而舞 樂用彈箏一 搊箏一 臥箜篌一 竪箜篌一 琵琶一 五絃琵琶一 義觜笛一 笙一 橫笛一 簫一 小篳篥一 大篳篥一 桃皮篳篥一 腰鼓一 齊鼓一 擔鼓一 貝一 大唐武太后時 尙二十五曲 今唯能一曲 衣服亦寖衰敗 失其本風 百濟樂 中宗之代 工人死散 開元中 岐王範爲太常卿 復奏置之 是以音伎多闕 舞者二人 紫大袖 裙襦 章甫冠 皮履 樂之存者 箏 笛 桃皮篳篥 箜篌歌

『舊唐書』, 卷29, 志 9, 音樂 2

… 周官 鞮師掌教鞮樂 祭祀則帥其屬而舞之 大享亦如之 鞮東夷之樂名也 擧東方 則三方可知矣 又有鞮鞻氏掌四夷之樂 與其聲歌 祭祀則歈而歌之 讌亦如之 作先王樂者貴能包而用之 納四夷之樂者 美德廣之所及也 東夷之樂曰鞮離 南蠻之樂曰任 西戎之樂曰禁 北狄之樂曰昧 離言陽氣始通 萬物離地而生也 任言陽氣用事 萬物懷任也 禁言陰氣始通 禁止萬物之生長也 昧言陰氣用事 萬物衆形暗昧也 其聲不正 作之四門之外 各持其方兵 獻其聲而已 自周之衰 此禮尋廢 後魏有曹婆羅門 受龜茲琵琶於商人 世傳其業 至孫妙達 尤爲北齊高洋所重 常自擊胡鼓以和之 周武帝聘虜女爲后 西域諸國來滕 於是 龜茲疎勒安國康國之樂 大聚長安 胡兒令羯人白智通教習 頗雜以新聲 張重華時 天竺重譯貢樂伎 後其國王子爲沙門來遊 又傳其方音 宋世有高麗百濟伎樂 魏平拓跋 亦得之而未具 周師滅齊 二國獻其樂 隋文帝平陳 得淸樂及文

康禮畢曲 列九部伎 百濟伎不預焉 煬帝平林邑國 獲扶南工人及其匏琴
陋不可用 但以天竺樂轉寫其聲 而不齒樂部 西魏與高昌通 始有高昌伎
我太宗平高昌 盡收其樂 又造讌後 而去禮畢曲 今箸令者 惟此十部 雖
不著令 聲節存者 樂府猶隸之 德宗朝 又有驃國亦遣使獻樂 高麗樂 工
人紫羅帽 飾以鳥羽 黃大袖 紫羅帶 大口袴 赤皮靴 五色縚繩 舞者四
人 椎髻於後 以絳抹額 飾以金璫 二人黃裙襦 赤黃袴 極長其袖 烏皮
靴 雙雙並立而舞 樂用彈箏一 搊箏一 臥箜篌一 豎箜篌一 琵琶 義觜
笛一 笙一 簫一 小篳篥一 大篳篥一 桃皮篳篥一 腰鼓一 齊鼓一 擔鼓
一 貝一 武太后時 尚二十五曲 今惟習一曲 衣服亦寖衰敗 失其本風
百濟樂 中宗之代 工人死散 岐王範爲太常卿 復奏置之 是以音伎多闕
舞二人 紫大袖 裙襦 章甫冠 皮履 樂之存者 箏笛桃皮篳篥箜篌歌 此
三國 東夷之樂也 …

『太平御覽』, 卷564, 樂部 2, 雅樂 中

萬寶常觀於樂暑部 伎樂中 惟百濟樂淸 有歌人間謳謠之曲 爲耳目之娛
者 不可勝載

『太平御覽』, 卷567, 樂部 5, 四夷樂

又曰 高麗樂百濟樂 貞觀中 滅二國盡得其樂 至天后時 高麗樂猶二十
五曲 貞元末 唯能習一曲 衣服亦漸失其大風矣 其百濟樂 至中宗時 工
人死散 開元中 岐王範爲太常卿 復奏置焉

『太平御覽』, 卷568, 樂部 6, 宴樂

又曰 高麗百濟樂 宋朝初得之 至後魏 太武滅北燕 以得之而未具 周武

滅齊威振海外 二國各獻其樂 周人列於樂部 謂之國伎 隋文平陳及文康
禮俱得之

『册府元龜』, 卷570, 掌禮部, 夷樂

建德六年 旣平北齊 威振海外 高麗百濟二國 爲獻共樂 列於樂部 謂之
國伎

隋高祖 開皇初 定令置七部樂 一曰國伎 二曰淸樂伎 三曰高麗伎 四曰
天竺伎 五曰安國伎 六曰龜玆伎 七曰文康伎 又雜有疎勒 扶南 康國
百濟 突厥 新羅 倭國等伎

…

唐太宗 貞觀中 平高昌國 收其樂 付太常 初高祖 武德中 因隋舊制 奏
九部樂 至是 增爲十部 又滅百濟高麗二國 盡得其樂 則天時 高麗樂猶二十
五曲 貞元末 惟能習一曲 衣服亦漸失其本風矣 中宗時 百濟曲 工人死散 開元中 岐王範爲
太常卿 復奏置焉

『新唐書』, 卷22, 志 12, 禮樂志 12

周隋與北齊陳接壤 故歌舞雜有四方之樂 至唐 東夷樂有高麗百濟 北狄
有鮮卑吐谷渾部落稽 南蠻有扶南天竺南詔驃國 西戎有高昌龜玆疏勒康
國安國 凡十四國之樂 而八國之伎 列于十部樂 中宗時 百濟樂工人亡
散 岐王爲太常卿 復奏置之 然音伎多闕 舞者二人 紫大褎 裙襦 章甫
冠 衣履 樂有箏 笛 桃皮觱篥 箜篌歌而已

『樂書』, 卷174, 樂圖論, 胡部, 舞, 百濟舞

百濟樂舞工人 紫大袖 裙襦 章甫冠 皮履 東夷之樂也 章甫商冠也 而

東夷服之　豈其得中國之遺制邪　古人嘗謂　禮失求之四夷　亦信有之矣

『記纂淵海』，卷78，樂部，樂

高宗時　有當堂十二時曲　薛仁貴破百濟　進百濟曲　皆樂府諸曲也　類要

『御製律呂正義後編』，卷84，樂制考 7，唐

周隋與北齊陳接壤　故歌舞雜有四方之樂　至唐　東夷樂有高麗百濟　北狄有鮮卑吐谷渾部落稽　南蠻有扶南天竺南詔驃國　西戎有高昌龜玆疏勒康國安國　凡十四國之樂　而八國之伎　列於十部樂　中宗時　百濟樂工人亡散　岐王爲太常卿　復奏置之　然音伎多缺　舞者二人　紫大袖　裙襦　章甫冠　衣履　樂有箏　笛　桃皮觱篥　箜篌歌而已

** 百濟金銅大香爐에 보이는 百濟 樂工들의 音樂 演奏 모습

* 百濟의 土俗物産과 朝貢品

『茶經』，卷上，一 茶之源

… 採不時　造不精　雜以卉莽　飮之成疾　茶爲累也　亦猶人參　上者　生上黨　中者　生百濟新羅　下者　生高麗　有生澤州　易州　幽州　檀州者　爲藥

無效 況非此者 設服薺苨 使六疾不瘳 知人參爲累 則茶累盡矣

『本草綱目』, 卷12上, 草之一, 人參 本經上品

…

集解 別錄曰 人參生上黨山谷及遼東 二月 四月 八月 上旬采根 竹刀刮暴乾 無令見風 … 弘景曰 上黨在冀州西南 今來者 形長而黃 狀如防風多潤實而甘 俗乃重 百濟者 形細而堅白 氣味薄於上黨者 次用高麗者 高麗卽是遼東 形大而虛軟 不及百濟 並不及上黨者 其草 一莖直上 四五相對生 花紫色 高麗人作人參讚云 三椏五葉 背陽向陰 欲來求我 椵樹相尋 椵音賈 樹似桐 甚大陰廣 則多生 采作甚有法 今近山亦有 但作之不好 恭曰 人參見用多是高麗百濟者 … 珣曰 新羅國所貢者 有手足狀如人形 長尺餘 以杉木夾定 紅絲纏餝之 … 又有河北権場及閩中來者 名新羅人參 俱不及上黨者 佳春生苗 多於深山背陰近椵漆下濕潤處 … 百濟參 白堅且圓 名白條參 俗名羊角參 遼東參 黃潤纖長有鬚 俗名黃參 獨勝高麗參 近紫體虛 新羅參 亞黃味薄 肖人形者神 其類雞腿者力洪 時珍曰 上黨今潞州也 民以人參爲地方害 不復采取 今所用者 皆是遼參 其高麗 百濟 新羅 三國 今皆屬於朝鮮矣 其參猶來中國互市 亦可收了於十月 下種如種菜法 秋冬采者堅實 春夏采者虛軟 非地産有虛失也

『本草乘雅半偈』, 卷1, 本經上品 1, 人參

人參 氣味 甘微寒 無毒 主補五藏 安精神 定魂魄 止驚悸 除邪氣 明目 開心 益智 久服 輕身延年

覈曰 人參 一名人薓 人銜 人微 黃參 地精 土精 神艸 海腴 皺面還丹 搖光星所散也 運斗樞云 人君廢山瀆之利 則搖光不明 人參不生 生上黨及百濟 高麗 多于深山背陽向陰 及椵漆樹下 下有人參 則上有紫氣 春生苗四五 相對一莖 置上三椏五葉 四月作花 紫色細小如粟 秋後 結子或七八枚 如大豆 生靑熟紅 秋冬 采根堅實堪用 如人

形者有神出　上黨者形長黃白狀　似防風堅潤而甘　百濟者　形細堅白
氣味稍薄　高麗者　形大虛軟　氣味更薄　惟以體實有心　味甘微苦多　餘
味者最勝 …

『居易錄』, 卷4

紫桃軒雜綴云　人參一名人薓　薓者漸漬之義　又名人微　微亦微漸之意
一名人御　以其生有階級　又名鬼蓋　以其生背陽向陰　又有神草　地精　海
腴之名　生上黨山谷者最良　遼東次之　高麗　百濟　又次之　異苑云　人參
名土精　上黨者佳人形　皆具能作兒啼　今人參　産遼東東北者最貴重　有
私販　入山海關者罪至大辟　高麗次之　每陪臣至　得於館中貿易　至上黨
紫團參　竟無過而問焉者　古今地氣之不同耶　抑物性有變易耶

(비교자료:『爾雅翼』, 卷7, 釋草, 參)
春秋運斗樞曰　搖光星散爲人參　廢江淮川瀆之利　則搖光不明　人參不生　禮斗威儀曰
君乘木而王　有人參生　說文云　人薓　出上黨　薓卽參也　所以名爲人參者 …　說者曰
出新羅國所貢　有手脚狀如人形　長尺餘 …

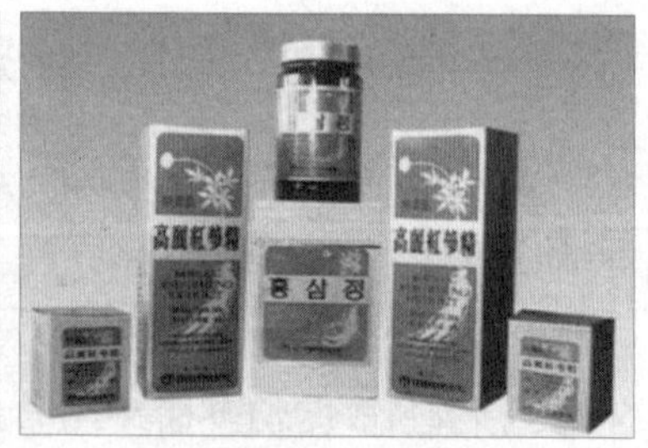

** 忠南 錦山의 人蔘 밭(左)과 扶餘에서 오늘날 생산되고 있는 紅蔘 製品(右)

『册府元龜』, 卷117. 帝王部 親征 2

(貞觀) 十九年 … 初太宗 遣使於百濟國中 採取金漆用 塗鐵甲皆黃紫 引曜色邁兼金 又以五綵染玄金 製爲山文甲 竝從將軍

『玉海』, 卷154, 朝貢, 獻方物, 唐百濟獻明光鎧

東夷傳 百濟扶餘別種也 東明之後 帶方故地 有八姓 有元嘉曆 有三島 生黃漆 武 德四年 王扶餘璋遣使獻果下馬 自是數朝貢 高祖冊爲帶方郡王百濟王 後五年 獻明光鎧 貞觀中 再遣使朝上 鐵甲雕斧 賜帛段三千 至十九年 圍遼 東時 百濟上金髹鎧

『御定淵鑑類函』, 卷228, 武功部 23, 甲 2

… 唐書曰 … 又百濟傳曰 武德四年 獻果下馬 後五年 獻明光鎧 貞觀中 上 鐵甲 雕斧 帝優勞之 賜帛 又高麗傳曰 百濟上金髹鎧 又以元金爲山五文鎧 士 被以從 帝與勣會 甲光炫目 …

** 明光鎧를 착용한 唐三彩 武士像

金石文
史料

3. 金石文 史料

*「大唐平百濟國碑銘」

顯慶五年 歲在庚申 八月己巳朔十五日 癸未 建

洛州 河南 權懷素 書.

原夫皇王 所以朝萬國制百靈 清海外而擧天維 宅寰中而恢地絡 莫不揚

七德以馭遐荒 耀五兵而肅邊徼 雖質文異軌 步驟殊塗 揖讓之與干戈

受終之與革命 皆載勞神武 未戢佳兵 是知洶水挺祆 九嬰逺戮 洞庭搆

逆 三苗已誅 若乃式鑑千齡 緬惟萬古 當塗代漢 典午承曹 至於任重鼇

門 禮崇推轂 馬伏波則鑄銅交阯 竇車騎則勒石燕然 竟不能覆鯤海之奔

鯨 絶狼山之封豕 況丘樹磨滅 聲塵寂寥 圓鼎不傳 方書莫紀

蠢玆卉服 竊命烏洲 襟帶九夷 懸隔萬里 恃斯險阻 敢亂天常 東伐親鄰

近違明詔 北連逆豎 遠應梟聲 況外棄直臣 內信祆婦 刑罰所及 唯在忠

良 寵任所加 必先諂倖 摽梅結怨 杼軸銜悲

我皇體二居尊 通三表極 珠衡毓慶 日角騰輝 揖五瑞而朝百神 妙萬物

而乘六辯 正天柱於西北 廻地紐於東南 若夫席龍圖袠鳳紀 懸金鏡齊玉

燭 拔窮鱗於涸轍 拯危卵於傾巢 哀此遺甿 憤斯兇醜

未親吊伐 先命元戎 使持節 神丘 嵎夷 馬韓 熊津等 一十四道 大摠管

左武衛 大將軍 上柱國 邢國公 蘇定方 疊遠構於曾城 派長瀾於委水
叶英圖於武帳 標秀氣於文昌 架衛霍而不追 俯彭韓而高視 趙雲一身之
膽 勇冠三軍 關羽萬人之敵 聲雄百代 捐軀殉國之志 冒流鏑而逾堅 輕
生重義之心 蹈前鋒而難奪 心懸氷鏡 鬼神無以秘其形 質過松筠 風霜
不能改其色 至於養士卒撫邊夷 愼四知去三惑 顧氷泉以表潔 含霜栢以
凝貞 不言而合詩書 不行而中規矩 將白雲而共爽 與靑松而競高 遠懷
前人 咸有懋德
副大摠管 冠軍大將軍 □□□衛將軍 上柱國 下博公 劉伯英 上□□□
□□風雲 負廊廟之才 懷將相之器 言爲物範 行成士則 詞溫布帛 氣馥
芝蘭 績著旗常 調諧鍾律 重平生於脫節 輕尺璧於寸陰 破塊之勳 常似
不足 平□之策 口未涉言
副大摠管 使持節 隴州諸軍事 隴州刺史 上柱國 安夷公 董寶亮 □志
颷學 雄圖傑立 藝通三略 策運六韜 □□眞梅 能令魏軍止渴 無勞實纊
終使楚卒忘寒
副大摠管 左領軍將軍 金仁問 氣度溫雅 器識沉毅 無小人之細行 有君
子之高風 武旣止戈 文亦柔遠
行軍長史 中書舍人 梁行儀 雲翹吐秀 日鏡揚輝 風偃搢紳 道光雅俗
鑒淸許郭 望重筍裴 辯箭騰波 控九流於學海 詞條發穎 掩七澤於文峰
謝太傅之深謀 未堪捧轡 杜鎭南之遠略 何可扶輪 暫遊鳳池 式淸鯨壑
邢國公 運秘策摠驍雄 陰羽開偃月之圖 陽文含曉星之氣 龍韜豹鈐 必
表於情源 玄女黃公 咸會於神用 況乎稽天蟻聚 迊地蜂飛 類短狐之含
沙 似長虵之吐霧 連營則豺狼滿道 結陣則梟獍彌山 以此兇徒 守斯窮
險 不知懸縷將絶 墜之以千鈞 累碁先危 壓之以九鼎 于時秋草衰而寒
山淨 凉颷擧而殺氣嚴 逸足與流電爭飛 疊鼓共奔雷競震 命豊隆而後殿
控列缺以前驅 沴氣妖氛 掃之以戈戟 崇墉峻堞 碎之以衝棚

左將軍 摠管 右屯衛 郎將 上柱國 祝阿師 右一軍 摠管 使持節 淄州
刺史 上柱國 于无嗣 地處關河 材包文武 挾山西之壯氣 乘冀北之浮雲
呼吸則江海停波 嘯咤則風雷絶響

嵎夷道副摠管 右武衛 中郎將 上柱國 曹繼叔 久預經綸 備嘗艱險 異
廉頗之强飯 同充國之老臣

行軍長史 岐州司馬 杜爽 質耀璿峯 芳流桂畹 追風齎電 騁逸轡於西海
排雲擊水 搏勁翮於南溟 驥足旣申 鳳池可奪

右一軍摠管 宣威將軍 行左驍衛 郎將 上柱國 劉仁願 資孝爲忠 自家
刑國 早聞周孔之敎 晚習孫吳之書 旣負英勇之才 仍兼文吏之道 邢國
公奉緣聖旨 委以斑條 欲令金如粟而不窺 馬如羊而莫顧

右武衛 中郎將 金良圖 左一軍摠管 使持節 沂州刺史 上柱國 馬延卿
俱懷鐵石之心 各勵鷹鸇之志 擁三河之勁卒 摠六郡之良家

邢國公上奉神謀 下專節度 或中權陷陣 或後勁先鋒 出天入地之奇 千
變萬化 致遠鉤深之妙 電發風行 星紀未移 英聲載路 邢國公仁同轉扇
恩甚投醪 逆命者則肅之以秋霜 歸順者則涵之以春露 一擧而平九種 再
捷而定三韓 降劉弘之尺書 則千城仰德 發魯連之飛箭 則萬里銜恩

其王扶餘義慈 及太子隆 自外王餘孝一十三人 并大首領 大佐平 沙吒
千福國辯成以下七百餘人 旣入重闈 并就擒獲 捨之馬革 載以牛車 佇
薦司勳 式獻清廟 仍變斯獷俗 令沐玄猷 露冕襄帷 先擇忠款 烹鮮製錦
必選賢良 庶使剖符 績邁於龔黃 鳴絃名高於卓魯 凡置五都督 卅七州
二百五十縣 戶卄四萬 口六百卄萬 各齊編戶 咸變夷風 夫書東觀紀南
宮 所以旌其善 勒彝鼎銘景鍾 所以表其功

陵州長史 判兵曹 賀遂亮 濫以庸才 謬司文翰 學輕俎豆 氣重風雲 職
號將軍 願與廉頗之列 官稱博士 羞共賈誼爭衡 不以衰容 猶懷壯節 提
戈海外 冀效清塵 六載賊庭 九摧逋盜 翁歸之立 意欲居中 乃弃餘詞

敬撝直筆　但書成事　無取浮華　俾夫海變桑田　同天地之永久　洲移鬱島
與日月而長懸
其銘曰　悠悠邃古　茫茫厥初　人倫草昧　造化權輿　冬巢夏穴　殼飮鶉居
以結以刻　或畋或漁　淳源旣往　大道淪胥　爰皮三五　代非一主　揖讓唐虞
革命湯武　上齊七政　下均九土　屢擾干戈　式淸區宇　未漸西被　豈覃東戶
奧我聖皇　道叶穹蒼　瑩鏡千古　牢籠百王　逖矣遠徼　邈哉大荒　咸稟正朔
並預封疆　蠢玆九種　獨隔三光　叛換澤國　憑凌水鄉　天降飛將　豹蔚龍驤
弓含月影　劍動星芒　貔狴百萬　電擧風揚　前誅蟠木　却翦扶桑　氷鎖夏日
葉碎秋霜　赳赳五營　明明三令　仰申廟略　俯齊軍政　風嚴草衰　日寒江淨
霜戈夜動　雲旗曉暎　□戟前驅　吳鉤後勁　巨猾授首　逋誅請命　威惠□□
邊隅已定　嘉樹不翦　甘棠在詠　花臺望月　貝殿浮空　疎鍾夜鏗　淸梵晨通
刊玆寶刹　用紀殊功　拒天關以永固　橫地軸以無窮

(비교자료: 『三國史記』, 卷28, 百濟本紀 6, 義慈王)
於是　王及太子孝與諸城　皆降　定方以王及太子孝王子泰隆演及大臣將士八十八人
百姓一萬二千八百七人　送京師　國本有五部　三十七郡二百城　七十六萬戶　至是　析
置熊津馬韓東明金漣德安五都督府　各統州縣　擢渠長爲都督剌史縣令以理之　命郎將
劉仁願守都城　又以左衛郎將王文度爲熊津都督　撫其餘衆　定方以所俘見上　責而宥
之

(비교자료: 『日本書紀』, 卷26, 齊明天皇 六年 秋七月, 庚子朔乙卯條 細註)
… 伊吉連博德書云　庚申年八月　百濟已平之後　九月十二日　放客本國　十九日　發
自西京　十月十六日　還到東京　始得相見阿利麻等五人　十一月一日　爲將軍蘇定方等
所捉百濟王以下　太子隆等　諸王子十三人　大佐平沙宅千福　國辨成以下卅七人　并五
十許人　奉進朝堂　急引趍向天子　天子恩勅　見前放着　十九日　賜勞　廿四日　發自東
京

(참고자료: 『金石萃編』, 卷53, 唐 13, 「平百濟國碑」)
此碑　或磨崖　或碑石　皆不可知　除額二行不計　外橫廣約四丈六尺二寸　高五尺二寸
五分　共計一百十七行　前七十九行　行皆十六字　後三十八行　行皆二十字　正書篆額

大唐平百濟國碑銘
…

**「大唐平百濟國碑銘」이 새겨진 定林寺址 五層石塔과 塔身

**『金石萃編』, 卷53에 수록된 「大唐平百濟國碑銘」

*「唐 劉仁願紀功碑」

盖聞 龍躍天衢 必籍風雲之力 聖人膺運 亦待將帥之功 方郡□□□□
周 衛霍馳節於強漢 其能繼□歌詠者 惟在劉將軍乎 君名仁願 字士元
雕陰大斌人也 □上開家 □□建旆於東國 分茅錫讓 王孫杖節於北疆
三楚盛其衣簪 六郡稱其軒冕 分枝布葉 可略而言 高祖□□ 散騎常侍
寧東將軍 徐州大中正 彭城穆公 屬魏室不綱 尒朱陵虐 東京淪喪 □□
西遷 陪奉鑾輿 徙居關內 尋除鎮北大將軍 持節 都督 河北諸軍事 綏
州刺史 因官食封 仍代居之 □鼓□□之 □北州之望 曾祖平 鎮北大將
軍 朔方郡守 綏州刺史 上開府儀同三司 襲爵彭城郡開國公 祖懿周
驃騎大將軍 儀同三司 隨使持節 綏州諸軍事 綏州摠管 □州刺史 □□
郡開國公 父大俱 皇朝使持節 同綏二州摠管 廿四州諸軍事 綏州刺史
尋遷都督 左武衛將軍 右驍衛大將軍 勝夏二州道行軍摠管 冠軍大將軍
鎮北大將軍 上柱國 別封彭城郡開國公 竝桂馥蘭芬 金貞玉潤 名高大
樹 譽滿詞林 珪璋閥閱 見於斯矣 君稟度河基 資靈嶽瀆 牆宇凝峻 孝
敬日躋 命偶昌期 逢時遇主 欽明啓運 光宅普天 太宗文皇帝 乃聖乃神
乃文乃武 併吞六合 席卷八荒 博訪群材 用康大寶 英髦特達 幽顯必臻
君以地蔭膏腴 門承勳業 令聞之譽 僉議攸歸 起家爲弘文館學生 □進
右親衛□□□□□□□ 旅力□健 膽氣過人 嘗從出遊 手格猛獸 太
宗深歎異之 特加賞賜 卽降 恩詔 入仗內供奉 貞觀十九年 太宗親馭六
軍 省方遼碣 千乘雷動 萬騎雲屯 □□□□□□畢集 而高麗賊臣蓋蘇
文 獨生携貳 鳩聚亡命 招納姦回 囚其君長 擧兵稱亂 □率蟻衆 敢抗
王師 皇赫斯怒 龔行弔伐 兵鋒所到 若破□□ □其遼東蓋牟□□□十
城 駐□□□新城安地等三□ 虜其大將延壽惠眞 俘其甲卒一十六萬 君
身預戎旅 手奉羈靮 前茅後殿 每陣先登 摧强陷堅 同於拉朽 戰勝攻取

□□□□ □賜物乘馬一疋 □□□□□□□弓二張 大箭三百隻 竝是供
奉御仗 特加褒異 遼東行還 累前後戰功 超拜上柱國 別封黎陽縣開國
公 擢授右武衛鳳鳴府 左果毅都尉 壓領飛騎於北門長上 廿一年 任行
軍大摠管 隨英國公李勣 經略延陀 竝迎接車鼻 安撫九姓鐵勒 行還改
授右□衛郎將 依舊□□供奉 廿二年 又任大摠管 向遼東經略 以公事
除名 其年更授右武衛神通府 左果毅都尉 廿三年 太宗宮車晏駕 宗廟
社稷 不可一日無□ 儲皇諒闇 纂戎□□ 周邦雖舊 厥政惟新 凡百庶寮
勉修其職 君以沐浴聖智 材明被用 未踰朞月 又蒙今上馳使 永徽二年
更入鐵勒撫慰 行隨□勅 簡折衝果毅 强明堪統領者 隨機處分 君受□
經略 頻度遼東 五年 授蔥山道行軍大摠管 隨盧國公程知節 討□賀魯
行還從行洛陽 顯慶元年 遷左驍衛郎將 二年 應詔 舉文武高第 □進三
階 後入鐵勒安撫 四年 入吐谷渾及吐藩宣勞 五年 授嵎夷道行軍大摠
管 隨邢國公蘇定方 平破百濟 執其王扶餘義慈 竝太子隆 及佐平□率
以下七百餘人 自外首領 古魯都□ 奉武□扶餘生 受延尒普羅等 竝見
機而作 立功歸順 或入移絳闕 或入□□□ 合境遺黎 安堵如舊 設官分
職 各有司存 卽以君爲都護兼知留鎭 新羅王金春秋亦遣少子金泰 同城
固守 雖夷夏有殊 長幼懸隔 君綏和接待 恩若弟兄 功業克就 盖由於□
然昔周武平殷 商奄續叛 漢定西域 疏勒被圍 餘風未殄 久懷草竊 蠻貊
之俗 易動難安 況北方逋寇 元來未附 旣見雕戈 東邁錦纜 西浮妖孽
侏張仍圖 反逆卽有僞僧道琛 僞扞率鬼室福信 出自閭巷爲其魁首 招集
狂狡 堡據任存 蜂屯蝟起 彌山滿谷 假名盜位 竝□將軍 隳城破邑 漸
入中部 堙井刊木 壞宅焚廬 所過殘滅 略無遺噍 凶威旣逞 人皆脅從
布柵連營 攻圍留連 雲梯俯瞰 地道旁通 擊石飛矢 星奔雨落 晝夜連戰
朝夕憑陵 自謂興亡繼絕 □□□□□□ 閑然高枕 不與爭鋒 堅甲利兵
以□其弊賊等 曠日持久 力竭氣衰 君乃陰行間諜 □其卒墮 構□□□

□爨待時 鑿門開穴 縱兵掩襲 (중간의 43자 판독 불가) 柵二城 時屬
窮 冬□□□□ (중략; 제22행부터 제32행까지 판독 불가)

** 國立扶餘博物館 境內의 「唐 劉仁願紀功碑」

*「扶餘隆 墓誌銘」

公諱隆 字隆 百濟辰朝人也 元□□孫啓祚 暘谷稱雄 割據一方 [跨]
[蹦][千]載 仁厚成俗 光揚漢史 忠孝立名 昭彰晉策 祖璋 百濟國王 沖
撝[清]秀 器業不羣 貞觀年 詔授開府儀同三司杜國帶方郡王 父義[慈]
顯慶年[授]金紫光祿大夫衛尉卿 果斷沈深 聲芳獨劭 趨藁街而沐[化]
績著來王 登棘署以開榮 慶流遺胤

公有彰奇表 夙挺壞姿 氣蓋三韓 名馳兩貃 孝以成性 愼以立身 擇善而
行 開義能徙 不師蒙衛而□發惎工 未學孫吳而六奇開出 顯慶之始 王
師有征 公遠鑒天人 深知逆順 奉珍委命 削衽歸仁 去後夫[之]凶 革先
迷之失 款誠押至 褒賞荐加 位在列卿 榮貫蕃國 而馬韓餘燼 狼心不悛
鴟張遼海之濱 蟻結丸山之域 皇赫斯怒 天兵耀威 上將擁旄 中權奉律

202

吞噬之籌　雖稟廟謀　綏撫之方　且資人懿　以公爲熊津都督　封百濟郡公
仍爲熊津道摠管兼馬韓道安撫大使　公信勇早孚　威懷表洽　招攜邑落　忽
若拾遺　翦滅姦匈　有均沃雪　尋奉明詔　脩好新羅　俄沐鴻恩　陪覲東岳
勳庸累著　寵命日隆　遷袟太常卿　封王帶方郡　公事君竭力　徇節亡私　屢
獻勤誠　得留宿衛　比之秦室　則由余謝美　方之漢朝　則日磾慚德　雖情深
匪懈　而美疢維幾　砭藥罕徵　舟壑潛徙　春秋六十有八　薨于私第　贈以輔
國大將軍　諡曰

公[植]操堅慤　持身謹正　高情[獨]詣　遠量不羈　雅好文詞　尤翫經籍　慕
賢才如不及　比聲利於遊塵　天下愍遺　人斯胥悼　以永淳元年歲次壬午十
二月庚寅朔廿四[日]癸酉　葬于北芒淸善里　禮也　司存有職　敢作銘云
海隅開族　河孫效祥　崇基崚峙　遠派靈長　家聲克嗣　代業逾昌　澤流澨水
威稜帶方

餘慶不[孤]　英才繼踵　執尒貞慤　載其忠[勇]　徇國身輕　亡家義重　迺遵
王會　遂膺天寵

桂婁初擾　遼川不寧　薄[言]
攜育　寔賴威靈　[信]以成紀
仁以爲經　宣風徼塞　侍蹕
云亭

爵超五等　班參九列　虔奉
天階　肅恭臣節　南山匪固
東流遽閱　敢託明旌　式昭
鴻烈

大唐　故　光祿大夫　行太常
卿　使持節　熊津都督　帶方
郡王　扶餘君墓誌

**「扶餘隆 墓誌銘」

* 「黑齒常之 墓誌銘」

大周 故 左武威衛大將軍 檢校左羽林軍 贈左玉鈐衛大將軍 燕國公 黑
齒府君 墓誌文 并序

太淸上冠 合其道者坤元 至無高居 參其用者師律 不有命世之材傑 其
奚以應斯數哉 然則求玉榮者 必遊乎密山之上 蘊金聲者 不恨乎魯門之
下矣

府君諱常之 字恒元 百濟人也 其先出自扶餘氏 封於黑齒 子孫因以爲
氏焉 其家世相承爲達率 達率之職 猶今兵部尙書 於本國二品官也 曾
祖諱文大 祖諱德顯 考諱沙次 並官至達率

府君少而雄爽 機神敏絶 所輕者嗜欲 所重者名訓 府深沈 淸不見其涯
域 情軌闊達 遠不形其里數 加之以謹愨 重之以溫良 由是 親族敬之
師長憚之 年甫小學 卽讀春秋左氏傳 及班馬兩史 歎曰 丘明恥之 丘亦
恥之 誠吾師也 過此何足多哉 未弱官 以地籍授達率 唐顯慶中 遣邢國
公蘇定方 平其國 与其主扶餘隆 俱入朝 隷爲萬年顯人也

麟德初 以人望授折衝都尉 鎭熊津城 大爲士衆所悅 咸亨三年 以功加
忠武將軍行帶方州長史 尋遷使持節沙泮州諸軍事沙泮州刺史 授上柱國
以至公爲已任 以忘私爲大端 天子嘉之 轉左領軍將軍 兼熊津都督府司
馬 加封浮陽郡開國公 食邑二千戶 于時 德音在物 朝望日高 屬蒲海生
氛 蘭河有事 以府君充洮河道經略副使 實有寄焉 府君稟質英毅 資性
明達 力能翹關 不以力自處 智能禦寇 不以智自聞 每用晦而明 以蒙養
缶 故其時行山立 具瞻在焉 至於仁不長姦 威不害物 賞罰有必 勸沮無
違 又五校之大經 三軍之元吉 故士不敢犯其令 下不得容其非 高宗每
稱其善 故以士君子處之也 及居四道 大著勳庸 于時 中書令李敬玄爲
河源道經略大使 諸軍取其節度 亦水軍大使尙書劉審禮 旣以敗沒 諸將

莫不憂懼　府君獨立高崗之功　以濟其難　轉左武衛將軍　代敬玄爲大使
從風聽也　府君傍無聲色　居絶翫好　枕藉經書　有祭遵之樽俎　懷蘊明略
同杜預之旌旗　胡塵肅淸而邊馬肥　漢月昭亮而天狐滅　出師有頌　入凱成
歌　遷左鷹揚衛大將軍燕然道副大摠管　垂拱之季　天命將革　骨卒祿狂賊
也　旣不覩其微　徐敬業逆惡也　又不量其力　南靜淮海　北掃旄頭　並有力
焉　故威聲大振　制曰　局度溫雅　機神爽晤　夙踐仁義之途　耸蹈廉貞之域
言以昭行　學以潤躬　屢摠戎麾　每申誠效　可封蒹國公　食邑三千戶　仍改
授右武威衛大將軍神武道經略大使　餘如故　於是　董茲哮勇　剪彼凶狂
胡馬無南牧之期　漢使靜北遊之望　靈夏衝要　妖羯是瞻　君之威聲　無以
爲代　又轉爲懷遠軍經略大使　以遏游氛也　屬禍流群惡　疊起孤標　疑似
一彰　玉石斯混　旣從下獄　爰隔上穹　義等絶頏　哀同仰藥　春秋六十
長子俊　幼丁家難　志雪遺憤　誓命虜庭　投軀漢節　頻展誠效　屢振功名
聖曆元年　冤滯斯鑒　爰下制曰　故左武威衛大將軍檢校左羽林衛上柱國
燕國公黑齒常之　早襲衣冠　備經馳榮　亟摠師律　戴宣績效　往遘飛言　爰
從訊獄　幽憤殞命　疑罪不分　比加檢察　曾無反狀　言念非[專]　良深嗟憫
宜從雪免　庶慰塋魂　增以寵章　式光泉壤　可贈左玉鈐衛大將軍　勳封如
故　其男游擊將軍行蘭州廣武鎭將上柱國俊　自嬰家咎　屢效赤誠　不避危
亡　捐軀徇國　宜有裦錄　以申優獎　可右豹韜衛翊府左郎將　勳如故　粤以
聖曆二年壹月廿二日　勅曰　燕國公男俊　所請改葬父者　贈物一百段　其
葬事幔幕手力一事以上官供　仍令京官六品一人檢校　卽用其年二月十七
日　奉遷于邙山南官道北　禮也
惟府君　孤峯偉絶　材幹之表也　懸鏡虛融　理會之臺也　言[直]而意博　無
枝葉之多蔽　謀動而事成　有本末之盡美　夙夜非懈　心存於事上　歲寒不
移　志在於爲下　非君子之所關　懷必不入於思慮　非先王之所貽　訓必不
出於企想　自推轂軍門　建節邊塞　善毀者　不能加惡　工譽者　不能增美

** 「黑齒常之 墓誌銘」

智者見之 謂之智 仁者
見之 謂之仁 至於推財
忘己 重義先物 雖刎首
不顧其利 傾身不改其
道 由是 懦夫爲之勇 貪
夫爲之廉 猶權衡之不
言 而斤兩定其謬 騊駼
之絕足 而駑駘知其遠
至於吏能貞幹 走筆而
雙璧自非 鑒賞人倫 守
默而千金成價 固非當
世之可效 盖拔萃之標

准也 榮辱必也 死生命之 苟同於歸 何必終於婦人之手矣 余嘗在軍 得
參義所 感其道 頌其功 乃爲銘曰

談五岳者 不知天台之翠屏也 觀四瀆者 不晤雲洲之丹榮也 恭聞日磾爲
漢之韓 亦有里奚爲秦之梯 苟云明哲 興衆殊絕 所在成寶 何往非晰 惟
公之自東兮 如春之揚風兮 文物資之以動色 聲明佇之以成功兮 悠悠旌
斾 肅肅軒盖 擊鴻鍾鼓鳴籟云 誰之榮伊我德聲 四郊無戎馬之患 千里
捍公侯之城 勳積卽展矣 忠義旣顯矣 物有忌乎貞剄 行有高而則傷 中
峯落其仞 幽壤淪其光 天下爲之痛 海內哀其良 天鑒斯孔 衰及存亡 余
實感慕 爲之頌章 寄言不朽 風聽無疆

* 「黑齒俊 墓誌銘」

大唐 故 右金吾衛守翊府中郎將 上柱國 黑齒府君 墓誌銘 幷序

206

公諱俊　卽唐左領軍衛大將軍燕國公之子焉　公邦海濱　見美玄虛之賦　稱
曶澤國　取重太沖之詞　熾種落於遐荒　積衣冠於中國　立功立事　懸名於
畫月之旗　爲孝爲忠　紀德於繫年之史

曾祖加亥　任本鄉刺史　祖沙子　任本鄉戶部尙書　並玉挺荊山　珠光蔚浦
耀錦衣於日域　風化大行　撫仙署於天涯　□臺時敍　父常之　爲皇朝左武
衛大將軍上柱國燕國公　贈左領軍衛大將軍　材冠孤旺　行光金氏　功盖天
地　仲孺之任將軍　賞茂山河　邵奭之封燕國　死而可作　褒贈載榮

公稟訓將門　夙懷武略　陶謙兒戲　卽列旌旗　李廣所居　必圖軍陣　由是
負鷰頷之遠略　挺猿臂之奇工　弱冠以別奏　從梁王[嫛]西道行　以軍功　授
游擊將軍　任右豹韜衛翊府左郎將　俄遷右金吾衛翊府中郎將　上柱國　高
踐連雲之閣　俯從秋省之遊　珥晉代之華貂　盛漢年之車服　方冀七葉貽慶
以享西漢之榮　豈圖二豎□□　俄從北升之名　以神龍二年五月廿三日　遘
疾終洛陽縣從善之□　春秋卅一　烏呼　城府颯焉　邦國殄瘁　惟公志氣雄
烈　宇量高深　雖太上立
功　劬勞苦戰　而數奇難
偶　竟不封侯　奄及殲良
朝野痛惜　卽以神龍二年
歲次景午八月壬寅朔十
三日　葬於北邙山原　禮
也　途移楚挽　路引周簫
窀穸將開　黃腸遽掩　封
崇旣畢　翠栢方深　紀餘
恨於□玉　庶碑字之生金
銘曰

於維后唐　求賢以理　頻

** 「黑齒俊 墓誌銘」

207

當見用 秅侯入仕 西戎孤□ 東夷之子 求如不及 片善斯紀 其一

紀善奚謂 加之冠纓 忠以立勳 孝以楊名 允矣皇考 卑勵清貞 孝哉今嗣 無墜厥聲 其二

厥聲伊何 將門武德 受命分閫 立功異域 克定禍亂 掃除氛慝 哥鍾賞賢 車服表德 其三

車服伊何 金吾最盛 美矣夫子 膺茲寵命 高閣連雲 華貂疊映 享此積善 冀傳餘慶 其四

餘慶不延 俄終小年 梁木斯壞 彼蒼者天 挽悲蒿里 簫咽松阡 一埋白日 永座黃泉 其五

*「珣將軍功德記」

□部將軍功德記

　碑高四尺五十 廣三尺七寸 十八行 行三十一字隷書 郭謙光一行篆書
　在太原縣天龍寺後

大唐□部將軍功德記

　郭謙光文及書

咨故天龍寺者 兆基有齊 替虖隋季 蓋敎理歸寂 載宅玆山之奧 龕室千萬 彌亘崖岊 因广增修 世濟其美 夫其峯巒岌礫 丹翠含緺 灌木蕭森 濫泉觱沸 或叫而合 墾誼譁者 則衆虗之秀麗也 雖緇徒久曠 禪廡荒闃 而邁種德者 陟降遞險 固無虛月焉

大唐天兵中軍副使右金吾衛將軍上柱國遵化郡開國公□部珣　本枝東海 世食舊德 相虞不朡 之奇族行 太上懷邦 由余載格 歷官內外 以貞勤驟 徙天兵重鎮 實佐中軍 于神龍二年三月 與內子樂浪郡夫人黑齒氏 卽大將軍燕公之中女也 躋京陵 越巨壑 出入坎窞 牽攣莖蔓 再休再呬 迺詹

夫淨域焉 於是 接足禮巳 卻住一面 瞻覩□歷 歎未曾有相與俱時 發純

善 誓博施財具富 以□上 奉爲先尊 及見存姻族 敬造三世佛像 并諸賢

聖 刻彫□相 百[福]莊嚴 冀籍勝因 圓資居往 暨三年八月 功斯畢焉 夫

作而不記 非盛德也 遵化公 資孝爲忠 □義而勇 顓頊以國 蹇連匪躬

德立□行 事時禮順 塞旣淸只 人亦寧只 大蒐之隙 且閱三乘 然則居業

定功 於斯爲盛光昭 將軍之令德 可不務虖 故刻此樂石 以旌厥問 其辭

曰

□鑠明德 知終至 而忠信孝敬 元亨利 而摠戎衛服 要荒謐 而乘緣詣覺

歸□□□

大唐景龍元年 歲在鶉首 十月乙丑朔 十八日[壬]午建

□□□□部選宣德郞昕 次子吏部選上柱國暕 次子上□□□ 次子□□

□□□兵部選仲容 公聲天[兵][中]軍摠管[彌]義

** 淸 嘉慶10年(1805) 王昶이 편찬한 『金石萃編』, 卷68에 수록된 珣將軍碑文

* 「難元慶 墓誌銘」

大唐 故 宣威將軍 左衛 汾州 淸勝府 折衝都尉 上柱國 難君 墓誌銘
幷序

君諱元慶 其先卽黃帝之宗也 扶餘之尒類焉 昔伯仲枝分 位居東表 兄
弟同政 爰國臣韓妙 以治民之難 因爲姓矣 孔丘序舜典 所謂歷試諸難
卽其義也 [高]祖沮 仕遼爲達率官 亦猶今宗正卿焉 祖汗 入唐爲熊津州
都督府長史 父武 中大夫 使持節支潯州諸軍事 守支潯州刺史 遷忠武
將軍 行右衛翊府中郎將 並仁明識遠 在政□聞 德[治]詞宏 邦家共達
君幼而聰敏 無所不精 尋授游擊將軍 行檀州白檀府右果毅 直中書省
雖司雄衛 [恒]理文軒 俄轉夏州寧朔府左果毅都尉 直中書省內供奉 屬
邊塵屢起 烽火時驚 以君宿善惟籌 早參師律 文乃□□□□□□□軍□
弓旌□重 要之緩撫 倒載干戈 遂授朔方軍摠管 君以□[命]□建奇 [討]
九姓於□殲夷 三軍宴然無事 凱歌旋入 高會星樓 天子以祿不足以酬
[能] 特賜紫金魚袋 衣一襲 物一百匹 □屬羌[戒][氏]□ 河西胡亡 俾君
招征 降如雨集 □俘操袂 內宴褒功 特賜口六 馬十 物一百匹 授宣威
將軍 遷汾州淸勝府折衝都尉 勳各如姑 君植性溫恭 □神道德 無□官
[賞] [恒]懷耿[潔] 恐量不剋[位] 能不濟時 坐必儼然 目以定體 □人所
利 □惠□□永乎 積善無徵 奠楹遄效 露[稀]朝薤 魂斂夜臺 以開元十
一年六月廿八日 終於汝州龍興縣之私第 春秋六十有一 夫人丹徒縣君
甘氏 左玉鈐衛大將軍羅之長女也 婉婉沖華 柔閑輔態 柳花浮吹 駐琴
瑟而題篇 □色開顔 寫文章[於]錦緖 作配君子 宜其室家 禮甚梁妻 賢
蹤班女 [莊]樓遽掩 桂月□□ 以開元廿二年五月十八日 終於汝州魯山
縣之私第 春秋六十有七 男□□□[罔]極昊天 哀深觸地 屠心叩臆 若壞
牆然 奧以大唐開元廿二年[十][一]月四日 合葬於汝州魯山縣東北原 禮

也 嗚呼 楚劍雙飛 俱沒沉碑之水 殷□俄合 同墳揮日之郊 乃爲銘曰
玄黃肇泮 家邦遂興 四方丘立 萬物陶蒸 其一 達率騰華 遼陽鼎貴 德邁
將軍 汾州衝尉 其二 氣蓋千古 譽重三韓 子孫孝養 恭維色難 其三 國籍
英靈 作固邦寧 自君執節 掃孽邊亭 其四 振旅猶飢 摧凶如渴 以寡當衆
志不可奪 其五 還宴龍筵 陪爲鴛沼 賞錫雖多 酬恩不少 其六 日月徒懸
金玉俱捐 痛纓紫綬 永置黃泉 其七 夫貴妻尊 鸞潛鳳奔 楹間徹奠 松下
埋魂 其八 君子所居 賢人之里 魯陽揮戈 唐堯立祀 其九 烟雲共暗 山川
俱夕 輒慕清風 敢銘玄石 其十
以開元廿二年歲次甲戌十一月戊年朔三日庚申書

** 「難元慶 墓誌銘」

附錄

4. 附 錄

1) 百濟와 中國의 朝貢 및 冊封 關係記事 總攬

年度:百濟王	出典　　　內　　　　　　　　　　　　容	備考(朝貢:冊封)
280:古爾王	『晉書』, 卷79, 列傳 67, 四夷, 馬韓 武帝 太康元年 … 其主頻遣使入貢方物	朝貢
281:古爾王	『晉書』, 卷79, 列傳 67, 四夷, 馬韓 (武帝 太康)二年 其主頻遣使入貢方物	朝貢
286:責稽王	『晉書』, 卷79, 列傳 67, 四夷, 馬韓 (武帝 太康)七年 … 又頻至	朝貢
287:責稽王	『晉書』, 卷79, 列傳 67, 四夷, 馬韓 (武帝 太康)八年 … 又頻至	朝貢
289:責稽王	『晉書』, 卷79, 列傳 67, 四夷, 馬韓 (武帝 太康)十年 又頻至	朝貢
290:責稽王	『晉書』, 卷79, 列傳 67, 四夷, 馬韓 太熙元年 詣東夷校尉何龕上獻	(東夷校尉 朝貢)
325(?):比流王	『晉書』, 卷79, 列傳 67, 四夷, 馬韓 咸(太?)寧 三年 復來	朝貢
326(?):比流王	『晉書』, 卷79, 列傳 67, 四夷, 馬韓 [咸(太?)寧 三年] … 明年又請內附	朝貢
372:近肖古王	『三國史記』, 卷24, 百濟本紀 2, 近肖古王 27年 春正月 遣使入晉朝貢 秋七月地震 『晉書』, 卷9, 帝紀 9, 簡文帝 咸安二年 春正月辛丑 百濟林邑王各遣使貢方物 『冊府元龜』, 卷963, 外臣部, 封冊 (晋) 簡文帝 成(咸?)安二年 正月 百濟王遣使貢方物	朝貢

年度:百濟王	出　典　　　內　　　　　　　　　　　　容	備考(朝貢:册封)
	『晉書』, 卷9, 帝紀 9, 簡文帝 (咸安)二年　六月　遣使拜百濟王餘句爲鎭東將軍 領樂浪太守 『册府元龜』, 卷963, 外臣部, 封册 [晋　簡文帝　成(咸?)安二年] 六月　遣使拜百濟王餘句爲鎭東將軍　領樂浪太守	册封
373:近肖古王	『三國史記』, 卷24, 百濟本紀 2, 近肖古王 28年 春二月　遣使入晉朝貢　秋七月　築城於靑木嶺　禿山城主率三百人　奔新羅	朝貢
379:近仇首王	『三國史記』, 卷24, 百濟本紀 2, 近仇首王 5年 春三月　遣使朝晉　其使海上遇惡風　不達而還　夏四月　雨土竟日	(朝貢 실패)
384:枕流王	『三國史記』, 卷24, 百濟本紀 2, 枕流王 繼父卽位　秋七月　遣使入晉朝貢 『晉書』, 卷9, 帝紀 9, 孝武帝 太元九年　秋七月　百濟遣使來貢方物 『梁書』, 卷54, 列傳 48, 諸夷, 百濟 晉　太元中　王須 … 並遣獻生口	朝貢
386:辰斯王	『晉書』, 卷9, 帝紀 9, 孝武帝 (太元)十一年　夏四月　以百濟王世子餘暉爲使持節 都督鎭東將軍　百濟王 『册府元龜』, 卷963, 外臣部, 封册 (晋)　孝武帝　太元十一年　以百濟王世子餘暉爲使持節　都督鎭東將軍　百濟王	册封
406:腆支王	『三國史記』, 卷25, 百濟本紀 3, 腆支王 2年 春正月　王謁東明廟　祭天地於南壇　大赦　二月　遣使入晉朝貢	朝貢
416:腆支王	『三國史記』, 卷25, 百濟本紀 3, 腆支王 12年 東晉　安帝　遣使册命王　爲使持節　都督百濟諸軍事　鎭東將軍　百濟王 『宋書』, 卷97, 列傳 57, 夷蠻, 百濟 義熙十二年　以百濟王餘映　爲使持節　都督百濟諸軍事　鎭東將軍　百濟王 『南史』, 卷79, 列傳 69, 夷貊 下, 百濟 晉　義熙十二年　以百濟王餘映　爲使持節　都督百濟諸軍事　鎭東將軍　百濟王 『通典』, 卷185, 邊防 1, 東夷上, 百濟 義熙中　以百濟王夫餘腆 佗典 反 爲使持節　百濟諸軍事 『册府元龜』, 卷963, 外臣部, 封册 (晉　安帝　義熙)十二年　以百濟王映　爲使持節　都督百濟諸軍事　鎭東將軍　百濟王	册封

年度:百濟王	出　典　　　　內　　　　　　　　　　　容	備考(朝貢:册封)
	『梁書』, 卷54, 列傳 48, 諸夷, 百濟 義熙中 王餘映 … 並遣獻生口	朝貢
420:久爾辛王	『宋書』, 卷3, 本紀 3, 武帝 下 永初元年 秋七月 甲辰 鎭東將軍 百濟王 扶餘映 進號鎭東大將軍 『宋書』, 卷97, 列傳 57, 夷蠻, 百濟 高祖踐阼 進號鎭東大將軍 『宋書』, 卷97, 列傳 57, 夷蠻, 高句麗 高祖踐阼 詔曰 使持節 都督營州諸軍事 征東將 軍 高句麗王 樂浪公璉 使持節 督百濟諸軍事 鎭 東將軍 百濟王映 並執義海外 遠修貢職 惟新告 始 宜荷國休 璉可征東大將軍 映可鎭東大將軍 持節 都督 王 公如故 『南史』, 卷1, 宋 本紀 上 1 永初元年 秋七月 甲辰 鎭東將軍 百濟王 扶餘映 進號鎭東大將軍 『南史』, 卷79, 列傳 69, 夷貊 下, 百濟 宋 武帝踐阼 進號鎭東大將軍 『册府元龜』, 卷963, 外臣部, 封册 宋 高祖 永初元年 百濟王餘映 進號鎭東大將軍	册封
424:久爾辛王	『宋書』, 卷97, 列傳 57, 夷蠻, 百濟 少帝 景平二年 映遣長史張威詣闕貢獻 『南史』, 卷79, 列傳 69, 夷貊 下, 百濟 少帝 景平二年 映遣長史張威詣闕貢獻	朝貢
425:久爾辛王	『宋書』, 卷97, 列傳 57, 夷蠻, 百濟 元嘉二年 太祖詔之曰 皇帝問使持節 都督百濟諸 軍事 鎭東大將軍 百濟王 累葉忠順 越海効誠 遠 王纂戎 聿修先業 慕義旣彰 厥懷赤款 浮桴驪水 獻睬執贄 故嗣位方任 以藩東服 勉勖所位 無墜 前蹤 今遣兼謁者閭丘恩子 兼副謁者丁敬子等 宣 旨慰勞稱朕意 其後每歲遣使奉表 獻方物 『南史』, 卷79, 列傳 69, 夷貊 下, 百濟 元嘉二年 文帝詔兼謁者閭丘恩子 兼副謁者丁敬 子等 往宣旨慰勞 其後每歲遣使 奉獻方物	(朝貢에 대한 皇帝의 대응)
	『宋書』, 卷97, 列傳 57, 夷蠻, 倭國 太祖 元嘉二年 … 讚死 弟珍立 遣使貢獻 自稱 使持節 都督倭百濟新羅任那秦韓慕韓六國諸軍事 安東大將軍 倭國王 『南史』, 卷79, 列傳 69, 夷貊 下, 倭國 文帝 元嘉二年 … 讚死 弟珍立 遣使貢獻 自稱 使持節 都督倭百濟新羅任那秦韓慕韓六國諸軍事 安東大將軍 倭國王	(日本 朝貢과 自稱號)

年度:百濟王	出　典　　　　內　　　　　　　　　　　容	備考(朝貢:册封)
429:毗有王	『三國史記』, 卷25, 百濟本紀 3, 毗有王 3年 秋　遣使入宋朝貢 『宋書』, 卷5, 本紀 5, 文帝 元嘉六年七月 … 百濟王遣使獻方物 『南史』, 卷2, 宋 本紀中 2, 文帝 元嘉六年秋七月　百濟遣使朝貢 『梁書』, 卷54, 列傳 48, 諸夷, 百濟 宋 元嘉中　王餘毗　並遣獻生口 『册府元龜』, 卷968, 外臣部, 朝貢 1 (宋 文帝 元嘉)六年 七月 百濟王 … 遣使獻方物	朝貢
430:毗有王	『南史』, 卷2, 宋 本紀中 2, 文帝 元嘉七年 倭 百濟 呵羅單 林邑 呵羅他 師子等 國　並遣朝貢 『三國史記』, 卷25, 百濟本紀 3, 毗有王 4年 夏四月　宋文皇帝以王復修職貢　降使册授先王映 爵號 腆支王十二年 東晉册命 爲使持節 都督百濟諸軍事 鎭東將軍 百濟王 『南史』, 卷79, 列傳 69, 夷貊下, 百濟 元嘉七年 百濟王餘毗 復修職貢 以映爵號授之 『宋書』, 卷97, 列傳 57, 夷蠻, 百濟 元嘉七年 百濟王餘毗 復修職貢 以映爵號授之 『册府元龜』, 卷963, 外臣部, 封册 (宋 文帝 元嘉七年) 是年 百濟王餘毗 復修職貢 以餘映爵號授之	朝貢 册封
440:毗有王	『三國史記』, 卷25, 百濟本紀 3, 毗有王 14年 冬十月　遣使入宋朝貢 『宋書』, 卷5, 本紀 5, 文帝 元嘉十七年 … 是歲　武都王 河南王 百濟國 遣 使獻方物 『南史』, 卷2, 宋 本紀中 2, 文帝 元嘉十七年 十二月戊辰 武都 河南 百濟等國 並 遣使朝貢 『册府元龜』, 卷968, 外臣部, 朝貢 1 (宋 文帝 元嘉)十七年 武都王 河南王 百濟國 遣 使獻方物	朝貢
443:毗有王	『宋書』, 卷5, 本紀 5, 文帝 元嘉二十年 … 是歲　河西國 高麗國 百濟國 倭 國　並遣使獻方物 『南史』, 卷2, 宋 本紀中 2, 文帝 元嘉二十年 … 是歲　河西 高麗 百濟 倭國 並遣 使朝貢 『册府元龜』, 卷968, 外臣部, 朝貢 1 (宋 文帝 元嘉)二十年 河西國 高麗國 百濟國 倭	朝貢

年度:百濟王	出典　　　　內　　　　　　　　　　　容	備考(朝貢:册封)
	國　並遣使獻方物	
450:毗有王	『宋書』, 卷5, 本紀 5, 文帝 元嘉二十七年　春正月辛卯　百濟國遣使獻方物 『宋書』, 卷97, 列傳 57, 夷蠻, 百濟 元嘉二十七年　毗上書獻方物　私假臺使　馮野夫西河太守　表求易林　式占　腰弩　太祖並與之 『南史』, 卷2, 宋 本紀中 2, 文帝 元嘉二十七年　春正月辛卯　百濟國遣使朝貢 『南史』, 卷79, 列傳 69, 夷貊下, 百濟 元嘉二十七年　毗上書獻方物　私假臺使　馮野夫西河太守　表求易林　式占　腰弩　文帝並與之 『冊府元龜』, 卷968, 外臣部, 朝貢 1 (宋 文帝 元嘉)二十七年　百濟國　遣使獻方物	朝貢
457:蓋鹵王	『南史』, 卷79, 列傳 69, 夷貊下, 百濟 孝武　大明元年　遣使求除授　詔許之 『南史』, 卷2, 宋 本紀中 2, 孝武帝 大明元年　冬十月甲辰　以百濟王餘慶爲鎭東大將軍 『宋書』, 卷6, 本紀 6, 孝武帝 大明元年　冬十月甲辰　以百濟王餘慶爲鎭東大將軍 『宋書』, 卷97, 列傳 57, 夷蠻, 百濟 毗死　子慶代立 世祖　大明元年　遣使求除授　詔許 『冊府元龜』, 卷963, 外臣部, 封冊 (宋 孝武) 大明元年　十月　以百濟王餘慶　爲鎭東大將軍	朝貢・册封
458:蓋鹵王	『宋書』, 卷97, 列傳 57, 夷蠻, 百濟 大明二年　慶遣使上表曰　臣國累葉　偏受殊恩　文武良輔　世蒙朝爵　行冠軍將軍右賢王餘紀等十一人　忠勤宜在顯進　伏願垂愍　並聽賜除　仍以行冠軍將軍右賢王餘紀爲冠軍將軍　以行征虜將軍左賢王餘昆　行征虜將軍餘暈並爲征虜將軍　以行輔國將軍餘都　餘乂並爲輔國將軍　以行龍驤將軍沐衿餘爵並爲龍驤將軍　以行寧朔將軍餘流　麋貴並爲寧朔將軍　以行建武將軍于西　餘婁並爲建武將軍 『南史』, 卷79, 列傳 69, 夷貊下, 百濟 大明二年　慶遣上表　言行冠軍將軍右賢王餘紀十一人　忠勤　並求顯進　於是　詔並加優進	朝貢・臣下冊封
462:蓋鹵王	『宋書』, 卷97, 列傳 57, 夷蠻, 倭國 (世祖 大明六年) 興死　弟武立　自稱使持節　都督倭百濟新羅任那加羅秦韓慕韓七國諸軍事　安東大將軍　倭國王	(日本 自稱號)

年度:百濟王	出 典　　內　　　　　　　　　　容	備考(朝貢:册封)
	『南史』, 卷79, 列傳 69, 夷貊下, 倭國 (孝武帝 大明六年) 興死 弟武立 自稱使持節 都督倭百濟新羅任那加羅秦韓慕韓七國諸軍事 安東大將軍 倭國王	
463:蓋鹵王	『冊府元龜』, 卷968, 外臣部, 朝貢 1 (宋 孝武帝 大明)七年 芮芮國 百濟國 並遣使獻方物	朝貢
467:蓋鹵王	『宋書』, 卷8, 本紀 8, 明帝 泰始三年 冬十一月戊午 百濟國遣使獻方物	朝貢
471:蓋鹵王	『宋書』, 卷8, 本紀 8, 明帝 (泰始)七年 十月 高麗國 百濟國遣使獻方物 『宋書』, 卷97, 列傳 57, 夷蠻, 百濟 太宗 泰始七年 又遣使貢獻 『南史』, 卷79, 列傳 69, 夷貊下, 百濟 明帝 泰始七年 又遣使貢獻	朝貢
472:蓋鹵王	『三國史記』, 卷25, 百濟本紀 3, 蓋鹵王 18年 遣使朝魏 上表曰 … 又云臣與高句麗 源出扶餘 先世之時 篤崇舊款 其祖釗輕廢鄰好 親率士衆 凌踐臣境 臣祖須整旅電邁 … 梟斬釗有 自爾已來 莫敢南顧 自馮氏數終 餘燼奔竄 醜類漸盛 遂見凌逼 構怨連禍 三十餘載 … 速遣一將 來求臣國 … 詔曰 得表聞之 無恙其善 卿在東隅 處五逢之外 不遠山海 歸誠魏闕 欣嘉至意 … 又詔曰 … 但以高句麗稱藩先朝 供職日久 於彼雖有自昔之釁 於國未有犯令之愆 … 所獻錦布海物 雖不悉達 明卿至心 今賜雜物如別 又詔璉護送安等 安等至高句麗 璉稱昔與餘慶有讎 不令東過 安等於是皆還 乃下詔切責之 後使安等從東萊浮海 賜餘慶璽書 褒其誠節 安等至海濱 遇風飄蕩 竟不達而還 王以麗人屢犯邊鄙 上表乞師於魏 不從 王怨之 遂絶朝貢 『魏書』, 卷7上, 高祖紀 7上, 獻帝 (延興) 二年 八月丙辰 百濟國遣使奉表 請師伐高麗 『魏書』, 卷100, 列傳 88, 百濟 延興二年 其王餘慶始遣使 上表曰 … 又云臣與高句麗源出扶餘 先世之時 篤崇舊款 其祖釗輕廢隣好 親率士衆 陵踐臣境 臣祖須整旅電邁 … 梟斬釗首 自爾已來 莫敢南顧 自馮氏數終 餘燼奔竄 醜類漸盛 遂見陵逼 構怨連禍 三十餘載 … 速遣一將 來求臣國 … 詔曰 得表聞之 無恙其善 卿在東隅 處五服之外 不遠山海 歸誠魏闕 欣嘉至意 … 又詔曰 … 但以高句麗稱藩先朝 供職日	朝貢 (朝貢斷絶:北魏)

年度:百濟王	出 典　　　　　內　　　　　　　　　　　容	備考(朝貢:册封)
	久　於彼雖有自昔之釁　於國未有犯令之愆　…　所 獻錦布海物　雖不悉達　明卿至心　今賜雜物如別 又詔璉護送安等　安等至高句麗　璉稱昔與餘慶有 讎　不令東過　安等於是皆還　乃下詔切責之 　『北史』, 卷3, 魏本紀 3, 高祖孝文皇帝 延興二年　八月　百濟遣使　請兵伐高麗 　『北史』, 卷94, 列傳 82, 百濟 魏　延興二年　其王餘慶始遣其冠軍將軍駙馬都尉 弗斯侯　長史餘禮　龍驤將軍帶方太守司馬張茂等 上表自通云　臣與高麗　源出扶餘　先世之時　篤崇 舊款　其祖釗　輕廢隣好　陵踐臣境　臣祖須　整旅電 邁　梟斬釗首　自爾已來　莫敢南顧　自馮氏數終　餘 燼奔竄　醜類漸盛　遂見陵逼　構怨連禍　三十餘載 …　速遣一將　來求臣國　…　詔曰　得表聞之無恙 卿與高麗不睦　致被陵犯　苟能順義　守之以仁　亦 何憂於寇讎也　…　又詔曰　高麗稱藩先朝　供職日 久　於彼雖有自昔之釁　於國未有犯令之愆　…　所 獻錦布海物　雖不悉達　明卿至心　今賜雜物如別 又詔璉護送安等　至高麗　璉稱昔與餘慶有讎　不令 東過　安等於是皆還　乃下詔　切責之	
475:文周王	『魏書』, 卷100, 列傳 88, 百濟 (延興) 五年　使安等從東萊浮海　賜餘慶璽書　褒其 誠節　安等至海濱　遇風飄蕩　竟不達而還 　『北史』, 卷94, 列傳 82, 百濟 (延興) 五年　使安等從東萊浮海　賜餘慶璽書　褒其 誠節　安等至海濱　遇風飄蕩　竟不達而還	(北魏의 使節: 실패)
476:文周王	『三國史記』, 卷26, 百濟本紀 4, 文周王 2年 三月　遣使朝宋　高句麗塞路　不達而還	(朝貢 실패)
480:東城王	『南史』, 卷4, 齊本紀上 4, 高帝 建元二年　春三月　百濟國遣使朝貢　以其王牟都爲 鎮東大將軍 　『册府元龜』, 卷963, 外臣部, 封册 (南齊 太祖 建元)二年　三月　百濟王牟都遣使貢獻 詔曰　寶命惟新　澤波絶域　牟都世藩東表　守職遐 外　可卽授　使持節　都督百濟諸軍事　鎮東大將軍	朝貢·册封
484:東城王	『三國史記』, 卷26, 百濟本紀 4, 東城王 6年 春二月　王聞南齊祖道成册高句麗巨璉爲驃騎大將 軍　遣使上表請內屬　許之 　『三國史記』, 卷26, 百濟本紀 4, 東城王 6年 秋七月　遣內法佐平沙若思如南齊朝貢　若思至西 海中　遇高句麗兵　不進	朝貢 (朝貢 실패)
486:東城王	『三國史記』, 卷26, 百濟本紀 4, 東城王 8年 三月　遣使南齊朝貢	朝貢

年度:百濟王	出　典　　　　內　　　　　　　　　　　容	備考(朝貢:册封)
490:東城王	『冊府元龜』, 卷963, 外臣部, 封冊 (南齊 武帝 永明)八年 正月 百濟王牟太遣使上表 遣謁者僕射孫副　策命太襲亡祖父牟都爲百濟王 … 詔行都督百濟諸軍事 鎮東大將軍 百濟王 今 以世襲祖父牟都 爲百濟王卽位 章綬等五 銅虎竹 符四 其拜受 不亦休乎 『南史』, 卷4, 齊 本紀上 4, 武帝 (永明) 八年 春正月丁巳 以行百濟王泰爲鎮東大 將軍 百濟王 『南史』, 卷79, 列傳 69, 夷貊下, 百濟 齊 永明中 除大都督百濟諸軍事 鎮東大將軍 百 濟王 『梁書』, 卷54, 列傳 48, 諸夷, 百濟 齊 永明中 除太都督百濟諸軍事 鎮東大將軍 百 濟王 『南齊書』, 卷58, 列傳 39, 東南夷, 百濟 …原闕… 報功勞勤 實存名烈 假行寧朔將軍臣姐 瑾等四人 振竭忠効 攘除國難 志勇果毅 等威名 將 可謂扞城 固蕃社稷 論功料勤 宜在甄顯 今依 例輒假行職 伏願恩愍 聽除所假 寧朔將軍・面中 王姐瑾 歷贊時務 武功並列 今假行冠軍將軍・都 將軍・都漢王 建威將軍・八中侯餘古 弱冠輔佐 忠効夙著 今假行寧朔將軍・阿錯王 建威將軍餘 歷 忠款有素 文武列顯 今假行龍驤將軍・邁盧王 廣武將軍餘固 忠効時務 光宣國政 今假行建威將 軍・弗斯侯 牟大又表曰:臣所遣行建威將軍・廣陽太守・兼 長史臣高達 行建威將軍・朝鮮太守・兼司馬臣楊 茂 行宣威將軍・兼參軍臣會邁等三人 志行淸亮 忠款夙著 往泰始中 比使宋朝 今任臣使 冒涉波 險 尋其至効 宜在進爵 謹依先例 各假行職 且玄 澤靈休 萬里所企 況親趾天庭 乃不蒙賴 伏願天 監特愍除正 達邊効夙著 勤勞公務 今假行龍驤將 軍・帶方太守 茂志行淸壹 公務不廢 今假行建威 將軍・廣陵太守 (萬)[邁]執志周密 屢致勤効 今 假行廣武將軍・淸河太守 詔可 並賜軍號 除太守 爲使持節・都督百濟諸軍事・鎮東大將軍 使兼謁 者僕射孫副策命大襲亡祖父牟都爲百濟王　曰:於 戲 惟爾世襲忠懃 誠著遐表 滄路肅澄 要貢無替 式循彝典 用纂顯命 往欽哉 其敬膺休業 可不愼 歟 制詔行都督百濟諸軍事・鎮東大將軍百濟王牟 大今以大襲祖父牟都爲百濟王卽位　　章綬等玉((五))銅虎竹符四 [王]其拜受 不亦休乎	朝貢・册封・臣 下册封

年度：百濟王	出　典　　　內　　　　　　　　　　　　容	備考(朝貢：册封)
495:東城王	『南齊書』, 卷58, 列傳 39, 東南夷, 百濟 建武二年 牟大遣使上表曰:「臣自昔受封 世被朝 榮 忝荷節鉞 剋攘列辟 往姐瑾等竝蒙光除 臣庶 咸泰 去庚午年 獫狁弗悛 擧兵深逼 臣遣沙法名 等 領軍逆討 宵襲霆擊 匈梨張惶 崩若海蕩 乘奔 追斬 僵尸丹野 由是摧其銳氣 鯨暴韜凶 今那宇 謐靜 實名等之略 尋其功勳 宜在襃顯 今假沙法 名行征虜將軍 邁羅王 贊首流爲行安國將軍 辟中 王 解禮昆爲行武威將軍 弗中侯 木干那前有軍功 又拔臺舫 爲行廣威將軍 面中侯 伏願天恩特愍 聽除」又表曰:「臣所遣行龍驤將軍 樂浪太守兼長 史臣慕遺 行建武將軍 城陽太守兼司馬臣王茂 兼 參軍 行振武將軍 朝鮮太守臣張塞 行揚武將軍陳 明 在官忘私 唯公是務 見危授命 蹈難不顧 今任 臣使 冒涉波險 盡其至誠 實宜進爵 各假行署 伏 願聖朝特賜除正」詔可 竝賜軍號	朝貢・臣下册封
502:武寧王	『梁書』, 卷2, 本紀 2, 武帝中 (天監) 元年 四月戊辰 鎭東大將軍百濟王餘大 進 號征東大將軍 　『梁書』, 卷54, 列傳 48, 諸夷, 百濟 天監元年 進太 號征東將軍 　『南史』, 卷6, 梁本紀上 6, 武帝上 天監元年 夏四月戊辰 鎭東大將軍百濟王餘太 進 號征東大將軍 　『南史』, 卷79, 列傳 69, 夷貊下, 百濟 梁 天監元年 進大 號征東將軍	册封
512:武寧王	『三國史記』, 卷26, 百濟本紀 4, 武寧王 12年 夏四月 遣使入梁朝貢 　『梁書』, 卷2, 本紀 2, 武帝中 (天監) 十一年 四月 百濟 扶南 林邑國 竝遣使獻 方物 　『南史』, 卷6, 梁本紀上 6, 武帝上 (天監) 十一年 夏四月 百濟 扶南 林邑等國 各遣 使朝貢 　『册府元龜』, 卷968, 外臣部, 朝貢 1 (梁 高祖 天監)十一年 … 四月 百濟 扶南 林邑 國 … 竝遣使獻方物	朝貢
521:武寧王	『三國史記』, 卷26, 百濟本紀 4, 武寧王 21年 冬十一月 遣使入梁朝貢 先是爲高句麗所破 衰弱 累年 至是 上表 稱累破高句麗 始與通好 而更爲 强國 　『梁書』, 卷3, 本紀 3, 武帝下 (普通) 二年 冬十一月 百濟 新羅國 各遣使獻方 物	朝貢

年度:百濟王	出 典　　　　內　　　　　　　　　　　　　容	備考(朝貢:册封)
	『梁書』, 卷54, 列傳 48, 諸夷, 百濟 普通二年 王餘隆始復遣使奉表 稱累破句麗 今始與通好 而百濟更爲强國 「梁職貢圖」, 百濟國使 普通二年 其王餘隆遣使奉表 云累破高麗 『南史』, 卷7, 梁本紀中 7, 武帝下 普通二年 冬十一月 百濟 新羅國 各遣使朝貢 『南史』, 卷79, 列傳 69, 夷貊下, 百濟 普通二年 王餘隆始復遣使奉表 稱累破高麗 今始與通好 百濟更爲强國 『梁書』, 卷54, 列傳 48, 諸夷, 新羅 普通二年 王姓募名秦 始使使隨百濟奉獻方物 『南史』, 卷79, 列傳 69, 夷貊下, 新羅 梁 普通二年 王姓募名泰 始使使隨百濟奉獻方物 『通典』, 卷185, 邊防 1, 東夷上, 新羅 梁 武帝 普通二年 王姓慕名秦 始使人隨百濟獻方物 『册府元龜』, 卷968, 外臣部, 朝貢 1 (梁 高祖 普通)二年 十一月 百濟國遣使朝貢	
	『三國史記』, 卷26, 百濟本紀 4, 武寧王 21年 十二月 高祖詔册王曰 行都督百濟諸軍事鎭東大將軍百濟王餘隆 守藩海外 遠修貢職 迺誠款到 朕有嘉焉 宜率舊章 授茲榮命 可使持節 都督百濟諸軍事 寧東大將軍 『梁書』, 卷3, 本紀 3, 武帝下 (普通二年) 十二月戊辰 以鎭東大將軍百濟王餘隆爲寧東大將軍 『梁書』, 卷54, 列傳 48, 諸夷, 百濟 其年 高祖詔曰 行都督百濟諸軍事鎭東大將軍百濟王餘隆 守藩海外 遠脩貢職 迺誠款到 朕有嘉焉 宜率舊章 授茲榮命 可使持節 都督百濟諸軍事 寧東大將軍 百濟王 『南史』, 卷7, 梁本紀中 7, 武帝下 十二月戊辰 以鎭東大將軍百濟王餘隆 爲寧東大將軍 『南史』, 卷79, 列傳 69, 夷貊下, 百濟 其年 梁武帝詔 隆爲使持節 都督百濟諸軍事 寧東大將軍 百濟王 『册府元龜』, 卷963, 外臣部, 封册 (梁 普通)二年 十二月 詔曰 行都督百濟諸軍事鎭東大將軍百濟王餘隆 守藩海外 遠修貢職 乃誠款到 朕有嘉焉 宜率舊章 服茲榮命 可持節 都督百濟諸軍事 寧東大將軍 百濟王	册封

年度 : 百濟王	出 典　　　　　內　　　　　　　　　　容	備考(朝貢 : 冊封)
524:聖王	『三國史記』, 卷26, 百濟本紀 4, 聖王 2年 梁 高祖詔 冊王爲持節 都督百濟諸軍事 綏東將軍 百濟王 『梁書』, 卷54, 列傳 48, 諸夷, 百濟 (普通) 五年 隆死 詔復以其子明爲持節 督百濟諸軍事 綏東將軍 百濟王 『南史』, 卷79, 列傳 69, 夷貊下, 百濟 (普通) 五年 隆死 詔復以其子明爲持節 督百濟諸軍事 綏東將軍 百濟王 『冊府元龜』, 卷963, 外臣部, 封冊 (梁 普通) 五年 詔 以百濟王餘隆子明 爲持節百濟諸軍事 綏東將軍 百濟王	冊封
534:聖王	『三國史記』, 卷26, 百濟本紀 4, 聖王 12年 春三月 遣使入梁朝貢 『梁書』, 卷3, 本紀 3, 武帝下 中大通六年 三月甲辰 百濟國遣使獻方物 『南史』, 卷7, 梁本紀中 7, 武帝下 中大通六年 三月甲辰 百濟國遣使朝貢 『冊府元龜』, 卷968, 外臣部, 朝貢 1 (梁 高祖 中大通)六年 三月 百濟國 … 並遣使獻方物	朝貢
541:聖王	『三國史記』, 卷26, 百濟本紀 4, 聖王 19年 王遣使入梁朝貢 兼表請毛詩博士 涅槃等經義 并工匠畫師等 從之 『梁書』, 卷3, 本紀 3, 武帝下 大同七年 三月乙亥 高麗 百濟 滑國 各遣使獻方物 『梁書』, 卷54, 列傳 48, 諸夷, 百濟 中大通六年 大同七年 累遣使獻方物 并請涅槃等經義 毛詩博士 并工匠 畫師等 敕並給之 『南史』, 卷7, 梁本紀中 7, 武帝下 (大同七年) 是歲 宕昌 蠕蠕 高麗 百濟 滑國 各遣使朝貢 百濟求涅槃等經疏及醫工 畫師 毛詩博士 並許之 『南史』, 卷79, 列傳 69, 夷貊下, 百濟 中大通六年 大同七年 累遣使獻方物 並請涅槃等經義 毛詩博士 并工匠 畫師等 並給之 『南史』, 卷71, 列傳 61, 儒林, 鄭灼 陸詡少習崔靈恩三禮義宗 梁時百濟國表求講禮博士 詔令詡行 『陳書』, 卷33, 列傳 27, 儒林, 鄭灼 陸詡少習崔靈恩三禮義宗 梁世百濟國表求講禮博士 詔令詡行 『冊府元龜』, 卷968, 外臣部, 朝貢 1	朝貢 · 下賜

年度:百濟王	出典　　　內　　　　　　　　　容	備考(朝貢:册封)
	(梁 大同)七年 三月 高麗國 百濟國 滑國 … 並遣使獻方物	
549:聖王	『三國史記』, 卷26, 百濟本紀 4, 聖王 27年 冬十月 王不知梁京師有寇賊 遣使朝貢 使人既至 見城闕荒毁 並號泣於端門外 行路見者 莫不灑淚 侯景聞之大怒 執囚之 及景平 方得還國 『梁書』, 卷4, 本紀 4, 簡文帝 太淸三年 十二月 百濟國 遣使獻方物 『梁書』, 卷54, 列傳 48, 諸夷, 百濟 太淸三年 不知京師寇賊 猶遣使貢獻 既至 見城闕荒毁 並號慟涕泣 侯景怒 囚執之 及景平 方得還國 『南史』, 卷8, 梁本紀下 8, 簡文帝 (太淸三年 十二月) 是月 百濟國 遣使朝貢 『南史』, 卷79, 列傳 69, 夷貊下, 百濟 太淸三年 遣使貢獻 及至 見城闕荒毁 並號慟涕泣 侯景怒 囚執之 景平 乃得還國 『南史』, 卷80, 列傳 70, 賊臣, 侯景 太淸三年 十一月 百濟使至 見城邑丘墟 於端門外號泣 行路見者莫不灑泣 景聞大怒 收小莊嚴寺 禁不聽出入 『册府元龜』, 卷968, 外臣部, 朝貢 1 (梁) 簡文 太淸三年 十月 百濟國遣使朝貢	朝貢(실패)
562:威德王	『陳書』, 卷3, 本紀 3, 文帝 (天嘉) 三年 閏二月己酉 以百濟王餘明 爲撫東大將軍 『南史』, 卷9, 陳本紀上 9, 文帝 (天嘉) 三年 閏月己酉 以百濟王餘明 爲撫東大將軍 『册府元龜』, 卷963, 外臣部, 封册 陳 文帝 天嘉三年 閏月 以百濟王餘明 爲撫東大將軍 …	册封
567:威德王	『三國史記』, 卷27, 百濟本紀 5, 威德王 14年 秋九月 遣使入陳朝貢 『陳書』, 卷4, 本紀 4, 廢帝 光大元年 九月庚辰 百濟國遣使獻方物 『南史』, 卷9, 陳本紀上 9, 廢帝 (光大) 元年 九月丙辰 百濟國遣使朝貢 『册府元龜』, 卷969, 外臣部, 朝貢 2 (陳 廢帝) 光大元年 十月 百濟國遣使獻方物	朝貢
	『北齊書』, 卷8, 帝紀 8, 後主 (天統) 三年 冬十月 突厥 大莫婁 室韋 百濟 靺	朝貢

年度:百濟王	出　典　　　內　　　　　　　　　　　　　容	備考(朝貢:册封)
	鞨等國 各遣使朝貢 『册府元龜』, 卷969, 外臣部, 朝貢 2 (北齊 後主 天統)三年 十月 突厥 大莫婁 室韋 百濟 靺鞨等國 各遣使朝貢	
570:威德王	『三國史記』, 卷27, 百濟本紀 5, 威德王 17年 高齊 後主 拜王 爲使持節 侍中 車騎大將軍 帶 方郡公 百濟王 『北齊書』, 卷8, 帝紀 8, 後主 武平元年 春二月癸亥 以百濟王餘昌 爲使持節 侍中 驃騎大將軍 帶方郡公 王如故 『北史』, 卷8, 齊本紀下 8, 後主 武平元年 春二月癸亥 以百濟王餘昌 爲使持節 侍中 驃騎大將軍 帶方郡公 王如故 『北史』, 卷94, 列傳 82, 百濟 武平元年 齊後主 以餘昌 爲使持節 侍中 車騎大 將軍 帶方郡公 百濟王如故 『册府元龜』, 卷963, 外臣部, 封册 (北齊) 後主 武平元年 二月 以百濟王餘昌 爲使 持節 侍中 驃騎大將軍 帶方郡公 王如故	册封
571:威德王	『三國史記』, 卷27, 百濟本紀 5, 威德王 18年 高齊 後主 又以王 爲使持節 都督東青州諸軍事 東青州刺史 『北齊書』, 卷8, 帝紀 8, 後主 武平二年 春正月戊寅 以百濟王餘昌 爲使持節 都督東青州刺史 『北史』, 卷8, 齊本紀下 8, 後主 (武平) 二年 春正月戊寅 以百濟王餘昌 爲使持節 都督東青州刺史 『北史』, 卷94, 列傳 82, 百濟 武平二年 又以餘昌 爲持節 都督東青州諸軍事 東青州刺史 『册府元龜』, 卷963, 外臣部, 封册 (北齊 武平二年) 正月 以百濟王餘昌 爲使持節 都督東青州刺史	册封
572:威德王	『三國史記』, 卷27, 百濟本紀 5, 威德王 19年 遣使入齊朝貢 『北齊書』, 卷8, 帝紀 8, 後主 (武平三年) 是歲 新羅 百濟 勿吉 突厥 並遣使朝 貢 『北史』, 卷8, 齊本紀下 8, 後主 (武平三年) 是歲 新羅 百濟 勿吉 突厥 並遣使朝 貢	朝貢

年度:百濟王	出典　　　內　　　　　　　　　　容	備考(朝貢:册封)
	『册府元龜』, 卷969, 外臣部, 朝貢 2 (北齊 後主 武平)三年 新羅 百濟 勿吉 突厥 並 遣使朝貢	
577:威德王	『三國史記』, 卷27, 百濟本紀 5, 威德王 24年 秋七月 遣使入陳朝貢 『陳書』, 卷5, 本紀 5, 宣帝 (太建) 九年 秋七月己卯 百濟國遣使獻方物 『南史』, 卷10, 陳本紀下 10, 宣帝 (太建) 九年 秋七月己卯 百濟國遣使朝貢 『册府元龜』, 卷969, 外臣部, 朝貢 2 (陳 宣帝 太建)九年 七月 百濟國遣使獻方物	朝貢
	『三國史記』, 卷27, 百濟本紀 5, 威德王 24年 十一月 遣使入宇文周朝貢 『周書』, 卷6, 帝紀 6, 武帝下 建德六年 十一月庚午 百濟遣使獻方物 『周書』, 卷49, 列傳41, 異域上, 百濟 建德六年 齊滅 昌始遣使獻方物 『北史』, 卷10, 周本紀下 10, 高祖武皇帝 (建德六年) 是歲 吐谷渾 百濟 並遣使朝貢 『北史』, 卷94, 列傳 82, 百濟 周 建德六年 齊滅 餘昌始遣使通周	朝貢
578:威德王	『三國史記』, 卷27, 百濟本紀 5, 威德王 25年 遣使入宇文周朝貢 『周書』, 卷7, 帝紀 7, 宣帝 (宣政) 元年 冬十月戊子 百濟遣使獻方物 『北史』, 卷10, 周本紀下 10, 宣皇帝 宣政元年 冬十月戊子 百濟遣使朝貢 『北史』, 卷94, 列傳 82, 百濟 宣政元年 又遣使來獻	朝貢
581:威德王	『三國史記』, 卷27, 百濟本紀 5, 威德王 28年 王遣使入隋朝貢 隋高祖詔 拜王爲上開府儀同三 司 帶方郡公 『北史』, 卷11, 隋本紀上 11, 高祖文皇帝 (開皇) 元年 冬十月乙酉 百濟王扶餘昌遣使來賀 授昌上開府儀同三司 帶方郡公 『北史』, 卷94, 列傳 82, 百濟 隋 開皇初 餘昌又遣使貢方物 拜上開府 帶方郡 公 百濟王 『隋書』, 卷1, 帝紀 1, 開皇元年 冬十月乙酉 百濟王扶餘昌遣使來賀 授 昌上開府儀同三司 帶方郡公 『隋書』, 卷81, 列傳 46, 東夷, 百濟 開皇初 其王餘昌遣使貢方物 拜昌爲上開府 帶方	朝貢·册封

年度:百濟王	出典　　　內　　　　　　　　　　　　容	備考(朝貢:册封)
	郡公　百濟王 『册府元龜』, 卷963, 外臣部, 封册 隋　高祖　開皇元年　十月　百濟王扶餘昌遣使來賀 授昌上開府儀同三司　帶方郡公	
582:威德王	『三國史記』, 卷27, 百濟本紀 5, 威德王 29年 春正月　遣使入隋朝貢 『北史』, 卷11, 隋本紀上 11, 高祖文皇帝 (開皇二年) 是歲　高麗　百濟　並遣使朝貢 『隋書』, 卷1, 帝紀 1, (開皇) 二年　春正月辛未　高麗　百濟　並遣使貢方物 『册府元龜』, 卷970, 外臣部, 朝貢 3 (隋　高祖　開皇)二年　正月　高麗　百濟　並遣使獻方物 …	朝貢
584:威德王	『三國史記』, 卷27, 百濟本紀 5, 威德王 31年 冬十一月　遣使入陳朝貢 『陳書』, 卷6, 本紀 6, 後主 (至德) 二年　十一月戊寅　百濟國遣使獻方物 『南史』, 卷10, 陳本紀下 10, 後主 (至德二年　冬十一月) 是月　盤盤　百濟國　並遣使朝貢 『册府元龜』, 卷969, 外臣部, 朝貢 2 (陳　後主　至德)二年　十一月　盤盤國　百濟國　並遣使獻方物	朝貢
586:威德王	『三國史記』, 卷27, 百濟本紀 5, 威德王 33年 遣使入陳朝貢 『陳書』, 卷6, 本紀 6, 後主 (至德) 四年　秋九月丁未　百濟國遣使獻方物 『南史』, 卷10, 陳本紀下 10, 後主 (至德) 四年　秋九月丁未　百濟國遣使朝貢 『册府元龜』, 卷969, 外臣部, 朝貢 2 (陳　後主　至德)四年　九月　百濟國遣使獻方物	朝貢
589:威德王	『三國史記』, 卷27, 百濟本紀 5, 威德王 36年 隋平陳　有一戰船漂至耽牟羅國　其船得還　經于國界　王資送之甚厚　并遣使奉表賀平陳　高祖善之　下詔曰　百濟王旣聞平陳　遠令奉表　往復至難　若逢風浪　便致傷損　百濟王心迹淳至　朕已委知　相去雖遠　事同言面　何必數遣使來相體悉　自今已後不須年別入貢　朕亦不遣使往　王宜知之 『隋書』, 卷81, 列傳 46, 東夷, 百濟 平陳之歲　有一戰船漂至海東牉牟羅國　其船得還經于百濟　昌資送之甚厚　并遣使奉表賀平陳　高祖善之　下詔曰　百濟王旣聞平陳　遠令奉表　往復至難　若逢風浪　便致傷損　百濟王心迹淳至朕已委知	朝貢

年度 :百濟王	出　典　　　內　　　　　　　　　　容	備考(朝貢 :册封)
	相去雖遠　事同言面　何必數遣使來相體悉　自今以後　不須年別入貢　朕亦不遣使往　王宜知之　使者舞蹈而去 『北史』, 卷94, 列傳 82, 百濟 平陳之歲　戰船漂至海東牟羅國　其船得還　經于百濟　昌資送之甚厚　幷遣使奉表賀平陳　文帝善之　下詔曰　彼國懸隔　來往至難　自今以後　不須年別入貢　使者舞蹈而去	
598:威德王	『三國史記』, 卷27, 百濟本紀 5, 威德王 45年 秋九月　王使長史王辯那入隋朝獻　王聞隋興遼東之役　遣使奉表　請爲軍道　帝下詔曰　往歲高句麗不供職貢　無人臣禮　故命將討之　高元君臣　恐懼畏服歸罪　朕已赦之　不可致伐　厚我使者　而還之　高句麗頗知其事　以兵侵掠國境 『三國史記』, 卷20, 高句麗本紀 8 (嬰陽王) 九年　百濟王昌　遣使奉表　請爲軍導　帝下詔　諭以高句麗服罪　朕已赦之　不可致伐　厚其使而遣之　王知其事　侵掠百濟之境 『隋書』, 卷81, 列傳 46, 東夷, 百濟 開皇十八年　昌使其長史王辯那來獻方物　屬興遼東之役　遣使奉表　請爲軍導　帝下詔曰　往歲爲高麗不供職貢　無人臣禮　故命將討之　高元君臣恐懼畏服歸罪　朕已赦之　不可致伐　厚其使而遣之　高麗頗知其事　以兵侵掠其境 『北史』, 卷94, 列傳 82, 百濟 (開皇) 十八年　餘昌使其長史王辯那來獻方物　屬興遼東之役　遣奉表　請爲軍導　帝下詔　厚其使而遣之　高麗頗知其事　兵侵其境 『資治通鑑』, 卷178, 隋紀 2, 高祖上之下 (開皇) 十八年　秋九月己丑　百濟王昌　遣使奉表　請爲軍導　帝下詔　諭以高麗服罪　朕已赦之　不可致伐　厚其使而遣之　高麗頗知其事　以兵侵掠其境	朝貢 · 戰略使臣
607:武王	『三國史記』, 卷27, 百濟本紀 5, 武王 8年 春三月　遣扞率燕文進入隋朝貢　又遣佐平王孝鄰入貢　兼請討高句麗　煬帝許之　令覘高句麗動靜 『北史』, 卷94, 列傳 82, 百濟 大業三年　餘璋遣使燕文進朝貢　其年　又遣使王孝隣入獻　請討高麗　煬帝許之　令覘高麗動靜　然餘璋內與高麗通和　挾詐以窺中國 『隋書』, 卷81, 列傳 46, 東夷, 百濟 大業三年　璋遣使者燕文進朝貢　其年　又遣使者王孝隣入獻　請討高麗　煬帝許之　令覘高麗動靜　然璋內與高麗通和　挾詐以窺中國	朝貢(2회)

年度:百濟王	出典　　　內　　　　　　　　容	備考(朝貢:册封)
608:武王	『三國史記』, 卷27, 百濟本紀 5, 武王 9年 春三月 遣使入隋朝貢 隋文林郎裴淸奉使倭國 經我國南路 『北史』, 卷12, 隋本紀下 12, 煬皇帝 大業四年 三月壬戌 百濟 倭 赤土 迦羅舍國 並遣使貢方物 『隋書』, 卷3, 帝紀 3, 煬帝上 大業四年 春三月壬戌 百濟 倭 赤土 迦羅舍國 並遣使貢方物 『册府元龜』, 卷970, 外臣部, 朝貢 3 (隋 煬帝 大業)四年 三月 百濟 倭 赤土 迦羅舍國 並遣使貢方物	朝貢
611:武王	『三國史記』, 卷27, 百濟本紀 5, 武王 12年 春二月 遣使入隋朝貢 隋煬帝將征高句麗 王使國智牟入請軍期 帝悅厚加賞錫 遣尙書起部郎席律來 與王相謀 『北史』, 卷12, 隋本紀下 12, 煬皇帝 (大業) 七年 二月庚申 百濟遣使朝貢 『北史』, 卷94, 列傳 82, 百濟 (大業) 七年 帝親征高麗 餘璋使其臣國智牟來請軍期 帝大悅 厚加賞賜 遣尙書起部郎席律詣百濟 與相知 『隋書』, 卷3, 帝紀 3, 煬帝上 (大業) 七年 二月庚申 百濟遣使朝貢 『隋書』, 卷81, 列傳 46, 東夷, 百濟 七年 帝親征高麗 璋使其臣國智牟來請軍期 帝大悅 厚加賞錫 遣尙書起部郎席律詣百濟 與相知 『册府元龜』, 卷970, 外臣部, 朝貢 3 (隋 煬帝 大業)七年 二月 百濟遣使朝貢	朝貢·戰略使臣
614:武王	『北史』, 卷94, 列傳 82, 百濟 (大業) 十年 復遣使朝貢 後天下亂 使命遂絶 『隋書』, 卷81, 列傳 46, 東夷, 百濟 十年 復遣使朝貢 後天下亂 使命遂絶 『册府元龜』, 卷970, 外臣部, 朝貢 3 (隋 煬帝 大業)十年 七月 曹國 百濟國 並遣使貢方物	朝貢
621:武王	『三國史記』, 卷27, 百濟本紀 5, 武王 22年 冬十月 遣使入唐 獻果下馬 『舊唐書』, 卷199上, 列傳 149, 東夷, 百濟 武德四年 其王扶餘璋遣使來獻果下馬 『新唐書』, 卷220, 列傳 145, 東夷, 百濟 武德四年 王扶餘璋始遣使獻果下馬 『唐會要』, 卷95, 百濟	朝貢

年度：百濟王	出　典　　　　內　　　　　　　　　　　容	備考（朝貢·冊封）
	武德四年 其王扶餘璋遣使獻果下馬 『冊府元龜』, 卷970, 外臣部, 朝貢 3 (唐 高祖 武德 四年) 十月 百濟遣使獻果下馬	
624:武王	『三國史記』, 卷27, 百濟本紀 5, 武王 25年 春正月 遣大臣入唐朝貢 高祖嘉其誠款 遣使就冊 爲帶方郡王 百濟王 『舊唐書』, 卷1, 本紀 1, 高祖 (武德) 七年 春正月己酉 百濟王扶餘璋爲帶方郡 王 　『舊唐書』, 卷199上, 列傳 149, 東夷, 百濟 七年 又遣大臣奉表朝貢 高祖嘉其誠款 遣使就冊 爲帶方郡王 百濟王 自是歲遣朝貢 高祖撫勞甚厚 　『資治通鑑』, 卷190, 唐紀 6, 高祖中之下 (武德七年 春正月) 丁未 … 以百濟王扶餘璋爲帶 方郡王 　『冊府元龜』, 卷964, 外臣部, 封冊 2 (唐 高祖 武德)七年 正月 … 百濟王扶餘璋 爲帶 方郡王 …	朝貢·冊封
	『三國史記』, 卷27, 百濟本紀 5, 武王 25年 秋七月 遣使入唐朝貢 　『冊府元龜』, 卷970, 外臣部, 朝貢 3 (唐 高祖 武德七年) 五月 百濟 … 七月 百濟 康 國 曹國 並遣使朝貢 …	朝貢
	『冊府元龜』, 卷970, 外臣部, 朝貢 3 (唐 高祖 武德七年) 九月 百濟遣使獻光明甲	朝貢
625:武王	『三國史記』, 卷27, 百濟本紀 5, 武王 26年 冬十一月 遣使入唐朝貢 　『冊府元龜』, 卷970, 外臣部, 朝貢 3 (唐 高祖 武德八年) 十一月 新羅 百濟 並遣使朝 貢	朝貢
626:武王	『三國史記』, 卷27, 百濟本紀 5, 武王 27年 遣使入唐獻明光鎧 因訟高句麗梗道路 不許來朝 上國 高祖遣散騎常侍朱子奢來 詔諭我及高句麗 平其怨 　『三國史記』, 卷20, 高句麗本紀 8, 榮留王 9年 新羅 百濟 遣使於唐 上言 高句麗閉道 使不得朝 又屢相侵掠 帝遣散騎侍郎未子奢 持節諭和 王奉 表謝罪 請與二國平 　『舊唐書』, 卷199上, 列傳 149, 東夷, 高麗 (武德) 九年 新羅 百濟 遣使訟建武 云閉其道路 不得入朝 又相與有隙 屢相侵掠 詔員外散騎侍郎	朝貢

年度:百濟王	出典　　內　　　　　　　　　　　　容	備考(朝貢:册封)
	朱子奢 往和解之 建武奉表謝罪 請與新羅對使會盟 『新唐書』, 卷220, 列傳 145, 東夷, 高麗 明年 新羅 百濟上書 言建武閉道 使不得朝 且數侵入 有詔散騎侍郎朱子奢 持節諭和 建武謝罪 乃請與二國平 『三國史記』, 卷27, 百濟本紀 5, 武王 27年 冬十二月 遣使入唐朝貢 『舊唐書』, 卷2, 本紀 2, 太宗上 (武德九年) 是歲 新羅 龜玆 突厥 高麗 百濟 黨項 并遣使朝貢 『資治通鑑』, 卷192, 唐紀 8, 高祖下之下 (武德九年) 十二月 … 新羅 百濟 高麗 三國有宿仇 … 迭相攻擊 上遣國子助敎朱子奢往諭指 … 三國 皆上表謝罪 『册府元龜』, 卷970, 外臣部, 朝貢 3 (唐 高祖 武德九年) 十二月 高麗 百濟 党項 並遣使朝貢 …	朝貢
627:武王	『三國史記』, 卷27, 百濟本紀 5, 武王 28年 秋八月 遣王姪福信入唐朝貢 太宗謂與新羅世讎 數相侵伐 賜王璽書曰 … 新羅王金眞平 朕之蕃臣 王之鄰國 每聞遣使征討不息 阻兵安忍 殊乖所望 朕已對王姪福信及高句麗新羅使人 具勅通和 咸許輯睦 王必須忘彼前怨 識朕本懷 共篤鄰情 卽停兵革 王因遣使奉表陳謝 雖外稱順命 內實相仇如故 『舊唐書』, 卷199上, 列傳 149, 東夷, 百濟 貞觀元年 太宗賜其王璽書曰 … 新羅王金眞平 朕之藩臣 王之鄰國 每聞遣使征討不息 阻兵安忍 殊乖所望 朕已對王姪信福及高麗新羅使人 具勅通和 咸許輯睦 王必須忘彼前怨 識朕本懷共篤鄰情 卽停兵革 璋因遣使奉表陳謝 雖外稱順命 內實相仇如故	朝貢·謝罪使
628:武王	『舊唐書』, 卷199上, 列傳 149, 東夷, 百濟 貞觀二年 俄而高麗及百濟 新羅 高昌 吐蕃等 諸國酋長 亦遣子弟請入於國學之內	遊學生派遣
629:武王	『三國史記』, 卷27, 百濟本紀 5, 武王 30年 秋九月 遣使入唐朝貢 『册府元龜』, 卷970, 外臣部, 朝貢 3 (唐 太宗 貞觀三年) 九月 高麗 百濟 新羅 並遣使朝貢 …	朝貢

年度:百濟王	出典　　　內　　　　　　　　　　　容	備考(朝貢:册封)
631:武王	『三國史記』, 卷27, 百濟本紀 5, 武王 32年 秋九月 遣使入唐朝貢 『册府元龜』, 卷970, 外臣部, 朝貢 3 (唐 太宗 貞觀)五年 九月 百濟 十月 薛延陀 十一月 室韋 倭 黑水靺鞨 並遣使朝貢 …	朝貢
632:武王	『三國史記』, 卷27, 百濟本紀 5, 武王 33年 春正月 封元子義慈爲太子 … 冬十二月 遣使入唐朝貢 『册府元龜』, 卷970, 外臣部, 朝貢 3 (唐 太宗 貞觀六年) 十一月 雪山 党項 百濟 新羅 並遣使朝貢	朝貢
	『新唐書』, 卷198, 列傳 123, 儒學上 貞觀六年 詔罷周公祠 更以孔子爲先聖 顏氏爲先師 盡召天下惇師老德以爲學官 … 於是新羅 高昌 百濟 吐蕃 高麗等 羣酋長 並遣子弟入學 … 雖三代之盛 所未聞也	遊學生入學
635:武王	『册府元龜』, 卷970, 外臣部, 朝貢 3 (唐 太宗 貞觀九年) 十一月 百濟 十二月 吐蕃 西突厥 並遣使來朝貢方物 …	朝貢
636:武王	『三國史記』, 卷27, 百濟本紀 5, 武王 37年 春二月 遣使入唐朝貢 『册府元龜』, 卷970, 外臣部, 朝貢 3 (唐 太宗 貞觀)十年 二月 百濟 焉耆 于闐 疏勒 … 並遣使來朝	朝貢
637:武王	『三國史記』, 卷27, 百濟本紀 5, 武王 38年 冬十二月 遣使入唐 獻鐵甲 雕斧 太宗優勞之 賜錦袍幷彩帛三千段 『舊唐書』, 卷3, 本紀 3, 太宗下 (貞觀) 十一年 十二月辛酉 百濟王 遣其太子隆來朝 『舊唐書』, 卷199上, 列傳 149, 東夷, 百濟 (貞觀) 十一年 遣使來朝 獻鐵甲 雕斧 太宗優勞之 賜彩帛三千段幷錦袍等 『新唐書』, 卷220, 列傳 145, 東夷, 高句麗 (貞觀) 十一年 時百濟上金髹鎧 又以玄金爲山五文鎧 士被以從 『册府元龜』, 卷970, 外臣部, 朝貢 3 (唐 太宗 貞觀十一年) 十二月 百濟王扶餘璋 遣太子隆 來朝幷獻鐵甲雕斧 帝優勞之	朝貢·下賜
638:武王	『舊唐書』, 卷3, 本紀 3, 太宗下 (貞觀十二年 冬十月) 己亥 百濟遣使貢金甲 雕斧	朝貢

年度:百濟王	出典　　　內　　　　　　　　　　　　　容	備考(朝貢:册封)
639:武王	『三國史記』, 卷27, 百濟本紀 5, 武王 40年 冬十月 又遣使於唐 獻金甲 雕斧 『册府元龜』, 卷970, 外臣部, 朝貢 3 (唐 太宗 貞觀十三年) 十月 百濟遣使 貢金甲甲 雕斧	朝貢
640:武王	『三國史記』, 卷27, 百濟本紀 5, 武王 41年 二月 遣子弟於唐 請入國學 『三國史記』, 卷5, 新羅本紀 5, 善德王 9年 夏五月 王遣子弟於唐 請入國學 是時 太宗大徵 天下名儒爲學官 … 增築學舍千二百間 增學生滿 三千二百六十員 於是 四方學者 雲集京師 於是 高句麗 百濟 高昌 吐蕃 亦遣子弟入學 『資治通鑑』, 卷195, 唐紀 11, 太宗中之上 (貞觀十四年) 二月 丁丑 … 乃至高麗 百濟 新羅 高昌 吐蕃 諸酋長 亦遣子弟請入國學 升講筵者 至八千餘人 … 舊傳日 八十餘人 今從新書 『新唐書』, 卷44, 志第 34, 選擧志上 (貞觀) 十三年 … 增築學舍至千二百區 … 四夷 若高麗 百濟 新羅 高昌 吐蕃 相繼遣子弟入學 遂至八千餘人	遊學生派遣
641:義慈王	『三國史記』, 卷27, 百濟本紀 5, 武王 42年 春三月 王薨 諡日武 使者入唐 素服奉表日 君外 臣扶餘璋卒 帝擧哀玄武門 … 贈光祿大夫 … 『三國史記』, 卷28, 百濟本紀 6, 義慈王 元年 武王薨 太子嗣位 太宗遣祠部郎中鄭文表 册命爲 柱國帶方郡王百濟王 『舊唐書』, 卷3, 本紀 3, 太宗下 (貞觀) 十五年 五月丙子 百濟王扶餘璋卒 詔立其 世子扶餘義慈嗣其父位 仍封爲帶方郡王 『舊唐書』, 卷199上, 列傳 149, 東夷, 百濟 十五年 璋卒 其子義慈 遣使奉表告哀 太宗素服 哭之 贈光祿大夫 賻物二百段 遣使册命義慈爲柱 國 封帶方郡王 百濟王 『新唐書』, 卷220, 列傳 145, 東夷, 百濟 十五年 璋死 使者素服奉表日 君外臣百濟王扶餘 璋卒 帝爲擧哀玄武門 贈光祿大夫 賻賜甚厚 命 祠部郎中鄭文表冊其子義慈爲柱國 紹王 『資治通鑑』, 卷196, 唐紀 12, 太宗中之中 (貞觀十五年 五月) 丙子 百濟來告 其王扶餘璋之 喪 遣使冊命其嗣子義慈 『册府元龜』, 卷964, 外臣部, 封冊 2 (唐 太宗 貞觀)十五年 五月 詔日 … 故柱國帶方 郡王百濟王扶餘璋 … 可贈光祿大夫 令其嫡子義 慈嗣位 授柱國 封帶方郡王百濟王 使祠部郎中鄭	告哀使・册封

年度·百濟王	出典　　　　　內　　　　　　　　　　　容	備考(朝貢·册封)
	文表 持節備禮冊命	
641:義慈王	『三國史記』, 卷28, 百濟本紀 6, 義慈王 元年 秋八月 遣使入唐表謝 兼獻方物	朝貢
642:義慈王	『三國史記』, 卷28, 百濟本紀 6, 義慈王 2年 春正月 遣使入唐朝貢 『冊府元龜』, 卷970, 外臣部, 朝貢 3 (唐 太宗 貞觀)十六年 春正月 吐蕃 于闐 百濟 高麗 新羅 康國 龜兹 吐谷渾 曹國 賀國 史國 婆羅國 曇陵 參半 四月 俱密國 五月 林邑國 十 一月 朱陁國 烏萇國 遣使獻方物	朝貢
643:義慈王	『三國史記』, 卷28, 百濟本紀 6, 義慈王 3年 春正月 遣使入唐朝貢 『冊府元龜』, 卷970, 外臣部, 朝貢 3 (唐 太宗 貞觀)十七年 正月朔 薛延陀 百濟 高麗 新羅 吐谷渾 康國 女國 閏六月 墮和羅國 十一 月 吐蕃 薛延陀 新羅 婆羅門 同娥 西蕃處般啜 等國 各遣使獻方物	朝貢
644:義慈王	『三國史記』, 卷28, 百濟本紀 6, 義慈王 4年 春正月 遣使入唐朝貢 太宗遣使司農丞相里玄獎 告諭兩國 王奉表陳謝 『冊府元龜』, 卷970, 外臣部, 朝貢 3 (唐 太宗 貞觀)十八年 正月朔 吐谷渾 薛延陀 吐 蕃 高麗 百濟 新羅 康國 于闐 … 各遣使獻方物	朝貢·謝罪使
645:義慈王	『冊府元龜』, 卷970, 外臣部, 朝貢 3 (唐 太宗 貞觀)十九年 正月 庚午朔 百濟太子扶 餘康信 延陁 新羅 吐谷渾 吐蕃 契丹 奚 吐火羅 葉護 沙本羅葉護 于闐 同娥 康國 鞈鞨 霤等 遣 使來賀 各貢方物 『三國史記』, 卷21, 高句麗本紀 9, 寶藏王 上 四年 五月 時百濟上金髹鎧 又以玄金爲文鎧 士 被以從 帝與勣會 甲光炫日	朝貢
648:義慈王	『舊唐書』, 卷199上, 列傳 149, 東夷, 百濟 (貞觀) 二十二年 又破其十餘城 數年之中 朝貢遂 絕	(朝貢斷絕)
651:義慈王	『三國史記』, 卷28, 百濟本紀 6, 義慈王 11年 遣使入唐朝貢 使還 高宗降璽書諭王曰 … 王所 兼新羅之城 並宜還其本國 新羅所獲百濟俘虜 亦 遣還王 然後解患釋紛 … 王若不從進止 朕已依 法敏所請 任其與王決戰 亦令約束高句麗 不許遠 相救恤 高句麗若不承命 卽令契丹諸藩 度遼深入 抄掠 王可深思朕言 自求多福 審圖良策 無貽後 悔	朝貢

年度:百濟王	出 典　　　內　　　　　　　　容	備考(朝貢:册封)
	『舊唐書』, 卷199上, 列傳 149, 東夷, 百濟 永徽二年　始又遣使朝貢　使還　降璽書與義慈曰 …　王所兼新羅之城　並宜還其本國　新羅所獲百濟 俘虜　亦遣還王　然後解患釋紛　…　王若不從進止 朕已依法敏所請　任其與王決戰　亦令約束高麗　不 許遠相救恤　高麗若不承命　卽令契丹諸藩渡遼澤 入抄掠　王可深思朕言　自求多福　審圖良策　無貽 後悔 　『新唐書』, 卷220, 列傳 145, 東夷, 百濟 (永徽) 二年　高宗立　乃遣使者來　帝詔義慈曰 … 王所兼城宜還之　新羅所俘亦畀還王　不如詔者　任 王決戰　朕將發契丹諸國度遼深入　王可思之　無後 悔 　『資治通鑑』, 卷199, 唐紀 15, 高宗上之上 (永徽二年) 十二月　…　是歲　百濟遣使入貢　上戒 之使勿與新羅高麗相攻　不然　吾將發兵　討汝矣	
652:義慈王	『三國史記』, 卷28, 百濟本紀 6, 義慈王 12年 春正月　遣使入唐朝貢 　『資治通鑑』, 卷199, 唐紀 15, 高宗上之上 (永徽)三年　春正月　己未朔　吐谷渾　新羅　高麗　百 濟　竝遣使入貢 　『冊府元龜』, 卷970, 外臣部, 朝貢 3 (唐 高宗 永徽)三年　春正月朔　吐谷渾　新羅　百濟 高麗　並遣使朝貢	朝貢
660:義慈王	『三國史記』, 卷28, 百濟本紀 6, 義慈王 20年 高宗詔　左衛大將軍蘇定方爲神丘道行軍大總管 率左衛將軍劉伯英　右武衛將軍馮士貴　左驍衛將 軍龐孝公　統兵十三萬　以來征　兼以新羅王金春秋 爲嵎夷道行軍總管　將其國兵與之合勢　…　於是 王及太子孝與諸城　皆降　定方以王及太子孝　王子 泰　隆　演及大臣將士八十八人　百姓一萬二千八百 七人　送京師　… 　『舊唐書』, 卷4, 本紀 4, 高宗 上 (顯慶) 五年　八月庚辰　蘇定方等討平百濟　面縛其王 扶餘義慈　…　十一月戊戌朔　邢國公蘇定方獻百濟王 扶餘義慈　太子隆等　五十八人俘於則天門　責而宥之 　『舊唐書』, 卷199上, 列傳 149, 東夷, 百濟 顯慶五年　命左衛大將軍蘇定方　統兵討之　大破其 國　虜義慈及太子隆　小王孝　演　僞將五十八人等 送於京師　上責而宥之 　『舊唐書』, 卷199上, 列傳 149, 東夷, 新羅 顯慶五年　命左武衛大將軍蘇定方爲熊津道大總管 統水陸十萬　仍令春秋爲嵎夷道行軍總管　與定方 討平百濟　俘其王扶餘義慈　獻于闕下	唐의 攻擊 (義慈王 捕虜)

年度:百濟王	出典　　內　　　　　　　　　　容	備考(朝貢:册封)
	『資治通鑑』, 卷200, 唐紀 16, 高宗上之下 (顯慶五年) 三月 … 百濟恃高麗之援 數侵新羅 數角所翻 新羅王春秋上表求救 辛亥以左武衛大將 軍蘇定方爲神丘道行軍大摠管 新書作神兵道 帥左 驍衛將軍劉伯英等 帥讀曰率驪堅堯翻 水陸十萬 以 伐百濟 考異曰 舊書定方傳 新羅傳皆云 定方爲熊津道大 摠管 實錄定方傳 亦同 今從此年實錄 新唐書本紀 又舊本 紀 唐曆皆云 四年十二月癸亥 以定方爲神丘道大摠管 劉伯 英爲嵎夷道行軍摠管 按定方時討都曼 未爲神丘道摠管 舊 書唐曆皆誤 今從實錄 以春秋爲嵎夷道行軍摠管 因堯 典宅嵎夷曰 暘谷而命之 將新羅之衆與之合勢 將卽亮 翻 … 八月 … 蘇定方 引兵自成山濟海 … 百濟 傾國來戰 大破之 … 百濟王義慈及太子隆 逃于 北境 定方進圍其城 … 於是 義慈 隆 及諸城主 皆降 … 十一月戊戌朔 上御則天門樓 唐六典 東都 宮城南面三門 中曰應天 後以武后號則天 邃更曰應天也 受百濟俘 自其王義慈以下 皆釋之 『唐會要』, 卷95, 百濟 顯慶五年 八月 十三日 左衛大將軍蘇定方討平之 虜其王義慈 及太子崇 將校五十八人 送于京師 … 義慈事親以孝行 聞友于兄弟 時人號爲海東曾 閔 及至京數日病卒 葬于孫皓陳叔寶墓側 至麟德 三年已後 其地爲新羅靺鞨所分 百濟之種邃絶 (비교자료:『通典』, 卷185, 邊方 1, 東夷 上, 百濟) 顯慶五年 遣蘇定方討平之 … 其舊地沒於新羅 城傍餘 衆後漸寡弱 散投突厥 及靺鞨 其主夫餘崇 竟不敢還舊 國 土地盡沒於新羅 靺鞨 夫餘氏君長邃絶	
664:扶餘隆	『舊唐書』, 卷84, 列傳 34, 劉仁軌傳 仁軌又上表曰 … 又遣劉仁願率兵渡海 與舊鎮兵 交代 仍授扶餘隆熊津都督 遣以招輯其餘衆 『舊唐書』, 卷199上, 列傳 149, 東夷, 百濟 孫仁師與劉仁願等 振旅而還 詔劉仁軌代仁願 率 兵鎮守 乃授扶餘隆熊津都督 遣還本國 共新羅和 親 以招輯其餘衆 『新唐書』, 卷108, 列傳 33, 劉仁軌傳 仁軌具論其弊 … 又表用扶餘隆 使綏定餘衆 帝 乃以隆爲熊津都督 『資治通鑑』, 卷201, 唐紀 17, 高宗中之上 麟德元年 冬十月庚辰 檢校熊津都督劉仁軌上曰 … 乃上表陳便宜 上時掌翻 自請留鎮海東 上從之 仍以扶餘隆爲熊津都尉 考異曰 實錄作熊津都督 按時 劉仁軌檢校熊津都督 豈可復以隆爲之 明年實錄稱熊津都尉 扶餘隆 與金法敏盟 今從之 使招輯其餘衆	册封

年度:百濟王	出　典　　　内　　　　　　　　　容	備考(朝貢:冊封)
665:扶餘隆	『三國史記』, 卷6, 新羅本紀 6, 文武王 5年 秋八月 王與勅使劉仁願 熊津都督扶餘隆 盟于熊津就利山 … 於是 仁軌領我使者及百濟 耽羅 倭人 四國使 浮海西還 以會祠泰山 『舊唐書』, 卷84, 列傳 34, 劉仁軌傳 麟德二年 封泰山 仁軌領新羅及百濟 耽羅 倭 四國酋長赴會 高宗甚悅 擢拜大司憲 『新唐書』, 卷108, 列傳 33, 劉仁軌傳 及封太山 仁軌乃率新羅 百濟 儋羅 倭 四國酋長赴會 天子大悅 擢爲大司憲 『唐會要』, 卷95, 新羅 麟德二年 八月 法敏與熊津都督扶餘隆 盟于百濟之熊津城 其盟書藏于新羅之廟 于是帶方州刺史劉仁軌領新羅 百濟 耽羅 倭人 四國使 浮海西還 以赴太山之下	封禪參與
677:扶餘隆	『舊唐書』, 卷5, 本紀 5, 高宗 下 (儀鳳二年 二月丁巳) 司農卿扶餘隆熊津都督 封帶方郡王 令往安輯百濟餘衆 仍移安東都護府於新城 以統之 『舊唐書』, 卷199上, 列傳 149, 東夷, 百濟 儀鳳二年 拜光祿大夫 太常員外卿兼熊津都督 帶方郡王 令歸本蕃安輯餘衆 時百濟本地荒毀 漸爲新羅所據 隆竟不敢還舊國而卒 『新唐書』, 卷220, 列傳 145, 東夷, 百濟 儀鳳時 進帶方郡王 遣歸藩 是時新羅彊 隆不敢入舊國 寄治高麗死 『資治通鑑』, 卷202, 唐紀 18, 高宗中之下 (儀鳳二年) 二月 丁巳 … 又以司農卿扶餘隆爲熊津都督 封帶方王 亦遣歸安輯百濟餘衆 仍移安東都護府於新城以統之 … 隆亦竟不敢還故地 … 扶餘氏遂亡	冊封
則天武后朝:扶餘敬	『舊唐書』, 卷199上, 列傳 149, 東夷, 百濟 (儀鳳二年 … 隆竟不敢還舊國而卒) 其孫敬 則天朝襲封帶方郡王 授衛尉卿 其地 自此爲新羅 及渤海 靺鞨所分 百濟之種遂絶 『新唐書』, 卷220, 列傳 145, 東夷, 百濟 (儀鳳時 … 隆不敢入舊國 寄治高麗死) 武后又其孫敬襲王 而其地已爲新羅 渤海 靺鞨所分 百濟遂絶 『御定淵鑑類函』, 卷231, 邊塞部 2, 百濟 1 儀鳳二年 拜熊津都督帶方郡王 令歸本蕃 安輯餘衆 時 百濟本地荒毀 漸爲新羅所據 隆不敢還舊國而卒 其孫敬 則天朝襲封帶方郡王 授衛尉卿 其地自此爲新羅 及渤海 靺鞨所分 百濟之種遂絶	冊封

2) 中國史料에 나타나는 扶餘氏

(1) 扶餘

扶餘康信

『冊府元龜』, 卷970, 外臣部, 朝貢3

扶餘隆

「黑齒常之 墓誌銘」

『天地瑞祥志』, 卷20, 盟誓條

『唐會要』, 卷95, 新羅

『唐大詔令集』, 卷129, 蕃夷, 盟文, 扶餘與新羅盟文

『舊唐書』, 卷5, 本紀 5, 高宗 下

『舊唐書』, 卷84, 列傳 34, 劉仁軌

『舊唐書』, 卷199上, 東夷, 百濟

『新唐書』, 卷108, 列傳 33, 劉仁軌

『新唐書』, 卷220, 東夷, 高麗

『新唐書』, 卷220, 東夷, 百濟

『資治通鑑』, 卷201, 唐紀 17, 高宗 龍朔3年 9月 戊午條

『資治通鑑』, 卷201, 唐紀 17, 高宗 麟德元年 冬10月 庚辰條

『資治通鑑』, 卷201, 唐紀 17, 高宗 麟德2年 秋7月 己丑條

『資治通鑑』, 卷202, 唐紀 18, 高宗 儀鳳2年 春正月 乙亥條

『資治通鑑』, 卷202, 唐紀 18, 高宗 儀鳳2年 2月 丁巳條

『玉海』, 卷191, 兵捷, 唐熊津道行軍總管破百濟

『玉海』, 卷191, 兵捷, 露布, 唐神丘道行軍總管蘇定方俘百濟

『冊府元龜』, 卷170, 帝王部, 來遠

『冊府元龜』, 卷366, 將帥部, 機略 6

『冊府元龜』, 卷966, 外臣部, 繼襲

『冊府元龜』, 卷981, 外臣部, 盟誓

『欽定續通典』, 卷96, 兵, 明賞罰

『欽定續通典』, 卷102, 兵, 攻其必救

『欽定續通志』, 卷216, 列傳, 唐, 劉仁軌

『欽定續通志』, 卷635, 四夷傳 1, 百濟

『東家雜記』, 卷上, 歷代崇奉

『幸魯盛典』, 卷5, 先師廟行禮

『御定淵鑑類函』, 卷231, 邊塞部 2, 百濟 1

『山東通志』, 卷11의 3

扶餘文宣

『新唐書』, 卷215上, 列傳 140上, 突厥

扶餘生

「唐 劉仁願紀功碑」

扶餘崇

『太平寰宇記』, 卷172 下, 四夷 1, 東夷 1, 百濟國

扶餘映

『宋書』, 卷3, 本紀 3, 武帝下
『南史』, 卷1, 宋本紀 上 1
『通志』, 卷11, 宋紀 11

扶餘勇

『舊唐書』, 卷84, 列傳 34, 劉仁軌
『冊府元龜』, 卷366, 將帥部, 機略 6

扶餘義慈

「大唐平百濟國碑銘」
「唐 劉仁願紀功碑」
『文館詞林』, 卷364, 貞觀年中撫慰百濟王詔一首
『舊唐書』, 卷3, 本紀 3, 太宗 下
『舊唐書』, 卷4, 本紀 4, 高宗 上
『舊唐書』, 卷199上, 東夷, 百濟
『冊府元龜』, 卷117, 帝王部, 親征 2
『冊府元龜』, 卷434, 將帥部, 獻捷
『唐大詔令集』, 卷130, 蕃夷, 討伐, 親征高麗詔
『孝詩』, 百濟王扶餘義慈
『太平御覽』, 卷110, 皇王部 35, 唐高宗天皇大帝
『太平御覽』, 卷781, 四夷部 2, 東夷 2, 新羅

扶餘璋

『舊唐書』, 卷1, 本紀 1, 高祖

『舊唐書』, 卷3, 本紀 3, 太宗 下

『舊唐書』, 卷199上, 東夷, 百濟

『新唐書』, 卷220, 東夷, 百濟

『資治通鑑』, 卷190, 唐紀 6, 高祖 武德7年 春正月 丁未條

『資治通鑑』, 卷196, 唐紀 12, 太宗 貞觀15年 5月 丙子條

『唐會要』, 卷95, 百濟

『冊府元龜』, 卷964, 外臣部, 封冊 2

『冊府元龜』, 卷970, 外臣部, 朝貢 3

『冊府元龜』, 卷981, 外臣部, 盟誓

『玉海』, 卷154, 朝貢, 獻方物, 唐百濟獻明光鎧

『玉海』, 卷191, 兵捷, 露布, 唐神丘道行軍總管蘇定方俘百濟

『太平御覽』, 卷781, 四夷部 2, 東夷 2, 百濟

『太平寰宇記』, 卷172 下, 四夷 1, 東夷 1, 百濟國

『欽定續通志』, 卷635, 四夷傳 1, 百濟

『御定淵鑑類函』, 卷121, 封爵部 4, 異域降附封 2

扶餘準

『新唐書』, 卷216下, 列傳 141下, 吐蕃

『舊唐書』, 卷134, 列傳 84, 渾瑊

『舊唐書』, 卷196下, 列傳 146下, 吐蕃下

『冊府元龜』, 卷444, 將帥部, 陷沒

『冊府元龜』, 卷981, 外臣部, 盟誓

扶餘昌

『隋書』, 卷1, 帝紀 1, 高祖 上
『北史』, 卷11, 隋本紀 上 11
『通志』, 卷18, 隋紀 18, 大定元年 冬10月 乙酉條
『冊府元龜』, 卷963, 外臣部, 封冊

扶餘忠勝

『舊唐書』, 卷84, 列傳 34, 劉仁軌
『舊唐書』, 卷199上, 東夷, 百濟
『新唐書』, 卷108, 列傳 33, 劉仁軌
『新唐書』, 卷220, 東夷, 百濟
『欽定續通志』, 卷216, 列傳, 唐, 劉仁軌

扶餘忠志

『舊唐書』, 卷84, 列傳 34, 劉仁軌
『舊唐書』, 卷199上, 東夷, 百濟
『新唐書』, 卷108, 列傳 33, 劉仁軌
『新唐書』, 卷220, 東夷, 百濟
『冊府元龜』, 卷366, 將帥部, 機略 6
『欽定續通典』, 卷102, 兵, 攻其必救
『欽定續通志』, 卷216, 列傳, 唐, 劉仁軌

扶餘豐

『舊唐書』, 卷84, 列傳 34, 劉仁軌

『舊唐書』, 卷199上, 東夷, 百濟

『新唐書』, 卷108, 列傳 33, 劉仁軌

『新唐書』, 卷220, 東夷, 百濟

『資治通鑑』, 卷201, 唐紀 17, 高宗 總章元年 12月 丁巳條

『冊府元龜』, 卷366, 將帥部, 機略 6

『冊府元龜』, 卷966, 外臣部, 繼襲

『欽定續通典』, 卷102, 兵, 攻其必救

『欽定續通志』, 卷216, 列傳, 唐, 劉仁軌

『欽定續通志』, 卷635, 四夷傳 1, 百濟

『御定淵鑑類函』, 卷223, 武功部 18, 劍 2

** 扶餘氏 銘文이 발견된 洛陽 龍門石窟 877번 佛像 왼쪽의 작은 龕室(조선닷컴 2004. 11. 7)

(2) 夫餘

夫餘康信

『欽定滿洲源流考』, 卷3, 部族 3, 百濟

夫餘隆

『太平寰宇記』, 卷174, 四夷 3, 東夷 3, 新羅國
『欽定滿洲源流考』, 卷1, 部族 1, 夫餘
『欽定滿洲源流考』, 卷3, 部族 3, 百濟
『欽定滿洲源流考』, 卷4, 部族 4, 新羅
『欽定滿洲源流考』, 卷5, 部族 5, 靺鞨
『文獻通考』, 卷325, 四裔考 2, 高句麗
『文獻通考』, 卷326, 四裔考 3, 百濟

夫餘崇

『欽定滿洲源流考』, 卷3, 部族 3, 百濟
『通典』, 卷185, 邊防 1, 東夷 上, 百濟

夫餘映

『欽定滿洲源流考』, 卷3, 部族 3, 百濟
『文獻通考』, 卷326, 四裔考 3, 百濟

夫餘腆

　『太平寰宇記』, 卷172 下, 四夷 1, 東夷 1, 百濟國

　『欽定滿洲源流考』, 卷1, 部族 1, 夫餘

　『欽定滿洲源流考』, 卷3, 部族 3, 百濟

　『通典』, 卷185, 邊防 1, 東夷 上, 百濟

夫餘璋

　『太平寰宇記』, 卷172 下, 四夷 1, 東夷 1, 百濟國

　『欽定滿洲源流考』, 卷3, 部族 3, 百濟

　『文獻通考』, 卷326, 四裔考 3, 百濟

夫餘昌

　『通典』, 卷185, 邊防 1, 東夷 上, 百濟

夫餘忠勝

　『欽定滿洲源流考』, 卷3, 部族 3, 百濟

　『文獻通考』, 卷326, 四裔考 3, 百濟

夫餘忠志

　『欽定滿洲源流考』, 卷3, 部族 3, 百濟

　『文獻通考』, 卷326, 四裔考 3, 百濟

夫餘豊

『欽定滿洲源流考』, 卷1, 部族 1, 夫餘
『欽定滿洲源流考』, 卷3, 部族 3, 百濟
『欽定滿洲源流考』, 卷9, 疆域 2, 謹按
『欽定滿洲源流考』, 卷18, 國俗 3, 祀神
『文獻通考』, 卷326, 四裔考 3, 百濟

(3) 餘

餘慶

『魏書』, 卷100, 百濟國
『北史』, 卷94, 列傳 82, 百濟
『通志』, 卷194, 四夷傳 1, 東夷, 百濟
『朝鮮史略』, 卷1, 三國
『欽定滿洲源流考』, 卷3, 部族 3, 百濟

餘古

『南齊書』, 卷58, 東南夷, 東夷, 百濟國
『欽定滿洲源流考』, 卷3, 部族 3, 百濟

餘固

『南齊書』, 卷58, 東南夷, 東夷, 百濟國
『欽定滿洲源流考』, 卷3, 部族 3, 百濟

餘昆

『宋書』, 卷97, 夷蠻, 東夷, 百濟國
『冊府元龜』, 卷966, 外臣部, 繼襲
『欽定滿洲源流考』, 卷3, 部族 3, 百濟

餘句

『欽定滿洲源流考』, 卷3, 部族 3, 百濟

餘紀

『宋書』, 卷97, 夷蠻, 東夷, 百濟國
『南史』, 卷79, 夷貊 下, 百濟
『通志』, 卷194, 四夷傳 1, 東夷, 百濟
『欽定滿洲源流考』, 卷3, 部族 3, 百濟

餘都

『宋書』, 卷97, 夷蠻, 東夷, 百濟國

餘歷

『南齊書』, 卷58, 東南夷, 東夷, 百濟國

餘禮

『魏書』, 卷100, 百濟國
『北史』, 卷94, 列傳 82, 百濟

『通志』, 卷194, 四夷傳 1, 東夷, 百濟
『欽定滿洲源流考』, 卷3, 部族 3, 百濟

餘婁

『宋書』, 卷97, 夷蠻, 東夷, 百濟國
『欽定滿洲源流考』, 卷3, 部族 3, 百濟

餘流

『宋書』, 卷97, 夷蠻, 東夷, 百濟國
『欽定滿洲源流考』, 卷3, 部族 3, 百濟

餘隆

「梁職貢圖」, 百濟國使
『梁書』, 卷54, 諸夷, 百濟
『南史』, 卷79, 夷貊 下, 百濟
『通志』, 卷194, 四夷傳 1, 東夷, 百濟
『冊府元龜』, 卷966, 外臣部, 繼襲
『文獻通考』, 卷326, 四裔考 3, 百濟
『朝鮮史略』, 卷2, 新羅紀
『欽定滿洲源流考』, 卷3, 部族 3, 百濟

餘歷

『欽定滿洲源流考』, 卷3, 部族 3, 百濟

餘毗

「梁職貢圖」, 百濟國使
『宋書』, 卷97, 夷蠻, 東夷, 百濟國
『梁書』, 卷54, 諸夷, 百濟
『南史』, 卷79, 夷貊 下, 百濟
『文獻通考』, 卷326, 四裔考 3, 百濟
『通志』, 卷194, 四夷傳 1, 東夷, 百濟
『欽定滿洲源流考』, 卷3, 部族 3, 百濟
『欽定滿洲源流考』, 卷17, 國俗 2, 政教

餘宣

『翰苑』, 卷30(?), 蕃夷部, 百濟
『隋書』, 卷81, 東夷, 百濟
『欽定滿洲源流考』, 卷3, 部族 3, 百濟

餘映

『宋書』, 卷97, 夷蠻, 東夷, 百濟國
『梁書』, 卷54, 諸夷, 百濟
『南史』, 卷79, 夷貊 下, 百濟
『冊府元龜』, 卷966, 外臣部, 繼襲
『文獻通考』, 卷326, 四裔考 3, 百濟
『欽定滿洲源流考』, 卷3, 部族 3, 百濟

餘乂

　　『宋書』, 卷97, 夷蠻, 東夷, 百濟國
　　『欽定滿洲源流考』, 卷3, 部族 3, 百濟

餘勇

　　『舊唐書』, 卷84, 列傳 34, 劉仁軌
　　『冊府元龜』, 卷366, 將帥部, 機略 6

餘暈

　　『宋書』, 卷97, 夷蠻, 東夷, 百濟國
　　『欽定滿洲源流考』, 卷3, 部族 3, 百濟

餘爵

　　『宋書』, 卷97, 夷蠻, 東夷, 百濟國
　　『欽定滿洲源流考』, 卷3, 部族 3, 百濟

餘憧

　　『翰苑』, 卷30(?), 蕃夷部, 百濟

餘璋

　　『北史』, 卷94, 列傳 82, 百濟
　　『通志』, 卷194, 四夷傳 1, 東夷, 百濟
　　『隋書』, 卷81, 東夷, 百濟

『文獻通考』, 卷326, 四裔考 3, 百濟
『欽定滿洲源流考』, 卷3, 部族 3, 百濟

餘腆

「梁職貢圖」, 百濟國使
『通志』, 卷194, 四夷傳 1, 東夷, 百濟

餘昌

『北史』, 卷94, 列傳 82, 百濟
『隋書』, 卷81, 東夷, 百濟
『通志』, 卷194, 四夷傳 1, 東夷, 百濟
『冊府元龜』, 卷966, 外臣部, 繼襲
『文獻通考』, 卷326, 四裔考 3, 百濟
『欽定滿洲源流考』, 卷3, 部族 3, 百濟

餘太

「梁職貢圖」, 百濟國使

餘豐

『舊唐書』, 卷84, 列傳 34, 劉仁軌
『冊府元龜』, 卷366, 將帥部, 機略 6

餘孝

「大唐平百濟國碑銘」

餘暉

『欽定滿洲源流考』, 卷3, 部族 3, 百濟

3) 中國 河川名·地名으로서의 百濟

『宋史』, 卷91, 志 44, 河渠 1

著作佐郎李垂上 導河形勝書三篇幷圖 其略曰 … 如夏書過洚水 稍東
注易水 合百濟 會朝河而至于海 …

『續資治通鑑長編』, 卷77, 眞宗, 大中祥符 5年 春正月 戊戌條

著作佐郎聊城李垂上 導河形勢書三篇幷圖 其略曰 … 如夏書過洚水
稍東注易水 合百濟 會朝河而入於海 …

『續資治通鑑長編』, 卷121, 仁宗, 寶元元年 2月 壬午條

詔 瀛州百濟河 上通潯沱河 遇夏秋瀑溢 而所屬官司能完固堤防者 與
理爲勞積 若致衝決 則加罪之

『續資治通鑑長編』, 卷122, 仁宗, 寶元元年 11月 己未條

河北屯田司言 欲於石塚口導百濟河水 以注緣邊塘泊 請免所經民田稅

從之

『續資治通鑑長編』, 卷245, 神宗 熙寧 6年 5月 辛酉條

河北路察訪副使趙子幾言　自西山道口　東至百濟村　二百餘里　栽楡桑
科買桑椹　石數不少　種在民田　牛羊不敢牧 …

魏嵩山,『中國歷史地名大辭典』(廣東敎育出版社, 1995), p.379

百濟墟 卽今廣西南寧市邕寧區南百濟鎭

邕寧縣 行政文書

百濟圩 Bǎijìxū [Daejbak-cae]

在邕寧縣駐地東南.　系百濟鄕　百濟村公所駐地.　約于淸光緖五年(公元
1879年)建圩.　daej爲壯語haw(圩)的方言;　"百"是壯語bak的諧音　意爲口;
"濟"是壯語cae的諧音　指犁頭.　因圩處地形似犁頭口　故名.　有171戶
1100人　壯族爲多　少數漢族.　爲鄕政治　經濟　文化中心.

* 廣西壯族自治區　邕寧縣　百濟鄕　百濟墟에서는　지금도 "百濟街" "邕寧縣地方稅
務局 百濟稅務所" "邕寧縣百濟鄕 人民政府" "百濟文化院" "百濟旅社" 등 "百濟"
라는 이름을 쉽게 볼 수 있다.

(참고자료:『資治通鑑』, 卷201, 唐紀17, 高宗 總章 元年條)
十二月丁巳　上受俘于含元殿 東內正殿日 含元殿 唐六典日 含元殿 卽龍首山之東趾 階上高於平地
四十餘尺 南去丹鳳門四百餘步 東西廣五百步 殿前玉階三級 每級引出一螭頭 其下爲龍尾 道委蛇屈曲 凡七轉
以高藏政非已出　敕以爲司平太常伯員外同正 司平太常伯 卽工部尙書 按舊書 永徽五年 尙藥奉
御蔣孝璋員外特置 仍同正員員外 同正自此始　以泉男産爲司宰少卿 司宰少卿 卽光祿少卿　僧信誠
爲銀青光祿大夫　泉男生爲右衛大將軍　李勣以下　封賞有差　泉男建流黔中 黔音琴 扶
餘豐流嶺南

(참고자료:『新唐書』, 卷220, 列傳145, 東夷, 高麗, 乾封 3年條)
十二月 帝坐含元殿 引見勣等 數俘于廷 以藏素脅制 敕爲司平太常伯 男産司宰少
卿 投男建黔州 百濟王扶餘隆嶺外

**   廣西壯族自治區 邕寧縣 百濟鄕 百濟墟 位置圖(東亞日報, 2004年 6月 1日)